世界分身神話

篠田知和基

八坂書房

双子として生まれたアポロンとアルテミス
ルカス・クラーナハ画　1526年頃
ロンドン、ロイヤル・コレクション

［扉の図］
アシュヴィン双神の誕生
『ハリヴァンシャ』写本の挿絵　1585年頃
ロサンゼルス郡立美術館

❖『世界分身神話』目次

双子として生まれたカストール、ポリュックスの兄弟と
ヘレネ、クリュタイムネストラの姉妹
チェーザレ・ダ・セスト（レオナルド・ダ・ヴィンチに拠る）
《レダと白鳥》部分　1510年頃　ウィルトン・ハウス（イギリス）

はじめに——分身とは

「私が二人いる」。

「分身」は日常生活のなかにあらわれるもっとも神話的なモチーフのひとつである。

福永武彦の『死後』の例を見よう。山の中の渓流の水面すれすれに網をはるクモを見ているうちに、水に流されてゆくクモを幻視した。「彼はもう一つのもの、彼自身であるところのものを見た。それはこの夜の流れの中を、何処までも漂い続ける一匹の小さなクモのむくろだった」。

同じ作者の『世界の終り』。もし誰かがこの道を見ていたら、同じ私が二人、一人は先に、一人はあとから、歩いてゆくのを見るに違いない。私が二人いる。私は、もうひとりの私がどこへ行ったのか知っている。

世界が終わったしるしにお前は私にあったはずだ。

誰が私にあったのだろう。あの町に通じる一本の道の上で誰が私にあったのだろう。

それは私だ。

私は私の後ろから来、私の先へ歩いていったあるものに出会った。それが誰であるか私は知っている。

『死後』『世界の終り』ともに死の誘惑にとりつかれた人間が、自分をさがしてさまよう物語だ。道を歩いていると、もう一人の自分が先を歩いている。あるいは後からついてくる。あるいは、谷川の上に巣を張っているクモをみつめる。すると魂がそのクモに吸い寄せられるように思う。気が付くと自分はクモになって谷川に流されている。[1] 和泉式部なら闇の中をとびかう蛍にあこがれ出た魂を見た。文学者たちは、さまよい出る魂に自分そっくりの「分身」を見て、どちらが本当の自分かわからなくなって惑乱する人物を描く。それは近代社会の抑圧からくる自己の分裂のあらわれのようでもあるが、古代社会にも神話として存在していたものだった。

分身の諸相には次のようなものがある。自分が二人いる（ドッペルゲンガー）。意識が体を離れて外部から自分を見る、特に自分の寝ている姿を上の方から見る（自己像幻視）。自分が知らないうちに別なところに行って知らない行動をする（多重人格）。双子（jumeau, twin）。自分が誰だかわからなくなる、自分のすることに責任がもてなくなる（自己の分裂）。

そのような分身のほかに、分身と名指さない分身、仮面をかぶった分身、あるいは仮面自体などに分身性がみとめられる。例えば、ルネ・ジラールは身代わり山羊に古代社会の「分身」を見た。間男・不倫などの場合も夫と妻という二人だけの世界にもうひとりの人物がはいりこむことで、そこから、自分自身に対する確固たる確信がくずれ、分身が見えてくるのは、泉鏡花の『眉隠しの霊』などの場合に見られる隠れた構造である。変身や、演劇において役になりきってしまう俳優の場合なども分身を派生させる契機となる。河合隼雄は、『とりかえばや物語』に分身葛藤を見た。[2] 三島由紀夫は自分には双子の兄弟がいて、いま座談会にでている自分と、家にとじこもって小説を書いている自分とがいるのだと言っていたが、双子も分身妄想を発生させるものである。古典文学における生霊、物の怪、憧れ出る魂なども前分身的なもののあらわれだろう。ジャン・パウルには名前を交換して、別人物になりきる話もある(『ジーベンケース』)。同姓同名の別人物との葛藤もあるだろう。亡母と継母なども「本当の母親」と「偽の母親」に分裂する可能性をもっている。そのほかに、孫悟空のように、自分の体を無数の分身にわけて、敵に立ち向かわせる例もある。

それらを分類すると、つぎのようなものが分身の境界例としてあげられる。

敵兄弟……瓜二つの人物がつねに敵対し先行する。山幸と海幸、影の反逆(アンデルセン『影』)
影武者……精霊、生霊、二人女房、俳優と役柄
仲介者……ネルヴァルにおけるサチュルナン、ホフマンの物語にでてくるベルカンポ[3]
追跡者……『レ・ミゼラブル』で主人公を執拗に追いかけるジャヴェール、夏目漱石『道草』の島田
先行者……ドストエフスキー『分身』の主人公ゴリャートキン(これは分身そのものだが)
余計もの……間男、妾、一夫多妻の妻たち、これらも分身妄想の契機になる

代行者……ドストエフスキー『カラマーゾフの兄弟』の下男スメルジャコフ、『ドン・ジョヴァンニ』のレポレッロ
戯画像……ドン・キホーテに対するサンチョ・パンサ
同行者……梅崎春生の『幻化』で主人公を死へいざなう人物
秘密の共有者……共犯者、遠藤周作『沈黙』のキチジロー
石地蔵……夏目漱石『夢十夜』に出てくる負いかぶさるもの

これらの境界例を含めて、分身を神話と文学に見ていこう。

I 神話にみる分身

一、ギリシャ神話

自分とはいったいなんだろう。そう考えたときにもっとも有効であるべき神話において、「分身神話」と分類されるような神話は少ない。しかし「影武者」のように「神が二人いる」例は少なくない。

神話に頻出する「変身」のモチーフは、「分身」のそれを包含している。変身して別人になるのである。例えば、ゼウスは牛や白鳥に変身するが、動物分身を送りだした本身はそのままである。

ゼウスの情事

ゼウスが人間の女を誘惑しにいっているとき、彼は往々にしてサチュロスの姿を借りたりする。そして、その間、オリュンポスではもうひとりのゼウスが神々の会議を主宰している。なんといっても、神々の会議を抜けでることは許されない。不倫も公になれば大問題である。正妻のヘラがだまってはいない。アルクメーネーのところへ忍んでいったときも、アンフィトリオンの様子をしていった。そうでなければ貞淑なアルクメーネーが彼を褥に迎えいれることはない(1)。そしてその情事が三日にわたって続いた間、オリュンポスでは、彼の「分身」が神々の会議に姿をあらわしていたのである。その三日の間、ゼウスの不在は気づかれなかった。そのかわり、アンフィトリオンの館では、そうはいかなかった。分身と本物が鉢合わせをするのである。アンフィトリオンが戦場から予定より早く戻ってきたのである。その前にはアンフィトリオンの従僕のソジーが先に戻ってきて、ソジーになりすまして、アルクメーネーの寝室の前で番をしていたヘルメス(2)と鉢合わせをしている。神々の情事は分身劇を必要条件とするのである。神々は表向きにはオリュンポスの会議を欠席することはない。彼らの情事は「変身」をした「分身」がおこなっている。あるいは、彼らの情事の間、「分身」が神々の会議で座を占めている。どちらが「分身」なのかわからない。

ゼウスが白鳥に変身してレダを誘惑したときは、ヘレネとクリュタイムネストラ、それに双子のカストールとポリュックスが生まれた。この双子も分身同士である。

アルクメーネーとの情事のときはヘラクレスとイピクレスが生まれた。そのうちヘラクレスは神の種で、イピクレスはアンフィトリオンの種であるという。そのせいでイピクレスは臆病で、武勲もたてなかった。

ゼウスが誘惑したニンフからは双子のゼトスとアンフィオンが生まれた。彼らは正式にはゼウスによって認知されなかったが、ゼウスの子であるのはまちがいなかった。二人は容姿も性格もまったく似ても似つかなかった。アンフィオンは音楽の才にめぐまれ、イルカをその竪琴の音で魅惑したりしたが[3]、ニオベと結婚して、ニオベ親子がアポロンの怒りを買ったときは、巻き添えをくらって、アポロンに殺された。

ギリシャ神話の双生神

容姿、職分が異なる双子ではアルテミスとアポロンの兄妹がいる。ともに弓の達人だが、アルテミスは月の女神

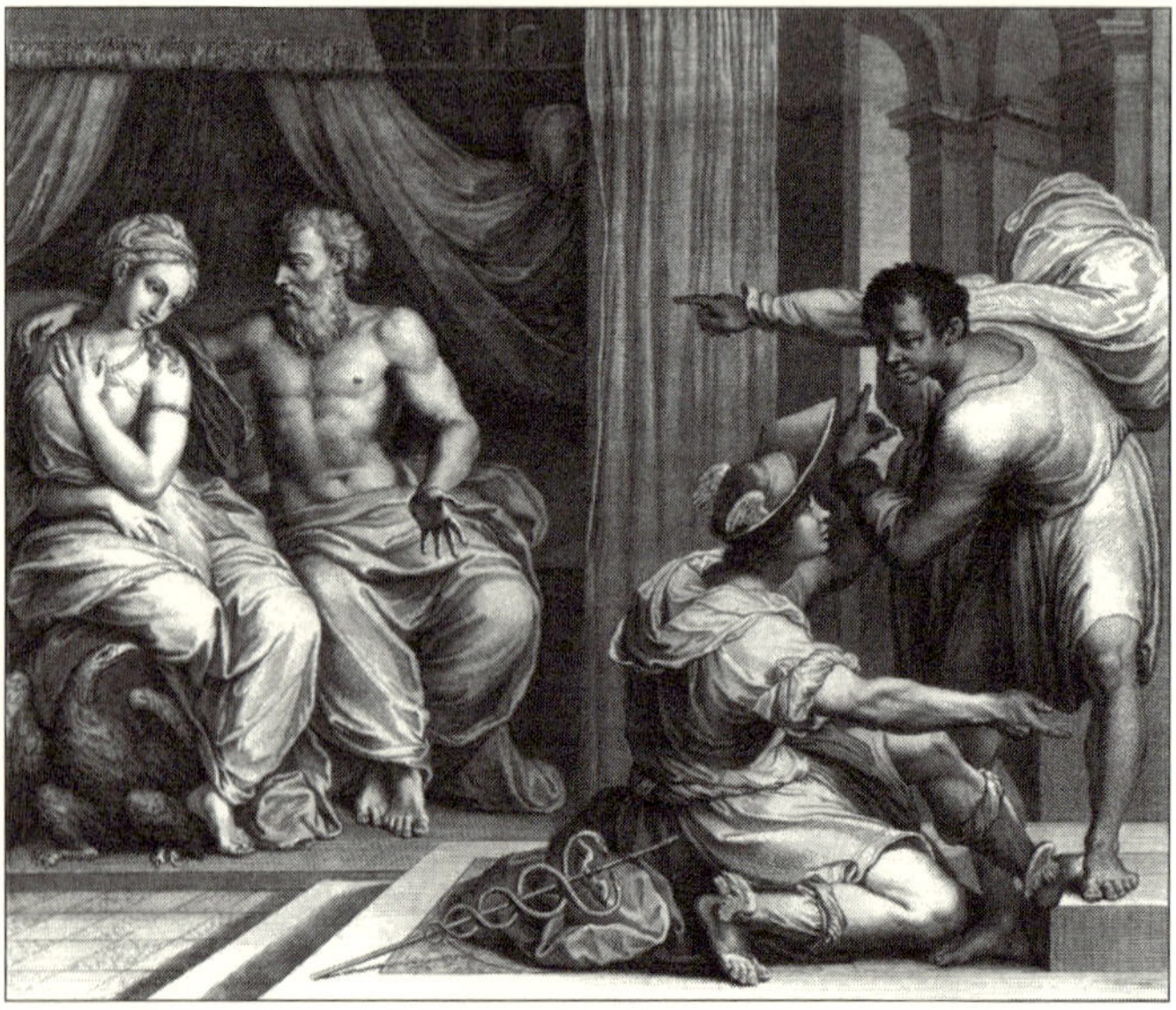

ゼウス（ジュピター）とアルクメーネー（従僕のソジーとヘルメスが鉢合わせしている）
18 世紀　銅版画　大英博物館

で、アポロンは太陽神だった。ほかの神話でも日月は双子であっても仲が悪いのがふつうで、日本神話でもアマテラスとツクヨミは顔もみたくない間柄となる。

ギリシャの双生神の代表、カストールとポリュックスはゼウスがレダに産ませた子供である。この二人をディオスクロイと呼ぶ。二人はアルゴナウテスの遠征に加わる。その後、二人はいとこの二人がいいなずけにしていた娘たちをさらって妻にし、それぞれ子を産ませた。しかしいとこたちは承知せず、戦いとなって、カストールは殺された。ポリュックスはそれを悲しんで、カストールと共に星になることを願って、双子座になった。

ゼウスとプロメテウス

ゼウスの覇権に反抗して立ち向かったのはプロメテウスである。プロメテウスもゼウスと同じ巨人族だが、ゼウスが巨人たちと戦ったときには、プロメテウスはゼウスの側についた。ゼウスがのちに人間たちをつくったときは、人間の側について、人間に火を与えもした。そして、ゼウスの覇権が長続きしないこと、ゼウスがテティスによって子供を得たときには、その子供によってゼウスは失墜することを予言した。ゼウスはその「内なる敵」であるプロメテウスを捕らえ、カフカス山に縛りつけて、鷲が毎日その肝臓をついばむように定めた。それを救ったのはヘラクレスである。(4)

ルーベンス《繋がれたプロメテウス》1612年頃
フィラデルフィア美術館

プロメテウスとゼウスとの葛藤では、いけにえの肉をめぐる人間と神々の取り分の争いもあった。プロメテウスが裁定をくだしたのだが、彼は骨を脂肪でくるんだものと、肉を内臓でくるんだものを用意してまず神々に好きなものをとるように言った。神々（ゼウス）は脂肪でくるんだ骨をとった。それによって、神々は骨のように不死になり、人間は肉のようにくさりやすい死すべきものとなった。いずれにしても、ゼウスにとってプロメテウスは同じ巨人族からでた宿敵であり、目のうえのたんこぶだった。(5) 以来、西欧的コスモロジーにおいては、主権者に対抗する敵兄弟的、分身的反抗者がいることになった。神とその永遠の敵サタンとの抗争の根源がそこにあるともいえるのである。

アポロンとアルテミス

ゼウスがニンフのアンチオペを誘惑したときには、ゼウスはサチュロスの姿をかりていた。このときは分身同士の鉢合わせはなかったが、生まれたのはゼトスとアンフィオンの双子だった。(6) ゼトスは武勇にひいで、アンフィオンは音楽にひいでていた。テーベの街を建設したとき、アンフィオンが竪琴をかなでると、石がひとりでに飛んでいって、城壁を築いた。しかし、彼はニオベと結ばれたばかりにアポロンの怒りを買って、一四人の子供たちとともに殺されてしまう。

アポロンはマルシアスとの音楽の競争のときにみられるように、残酷な神だった。競争に負けたマルシアスを生きながら皮を剥いで殺したのである。アポロンはアルテミスとともに双子として生まれている。彼には音楽の神としての文化的な性格とともに、アンフィオンやマルシアスを平然と殺すような残酷さがあった。多重人格といってもいい。ドティエンヌのアポロン論では「ナイフを手にしたアポロン」といわれるような殺し屋の性格があったのである。

アルテミスでもその点は同じで、彼女は狩りを好んで、獲物を殺しては、血まみれになって獲物の皮を剥いでいた。彼女のおつきのニンフだったカリストはゼウスに誘惑されて身ごもった。それを見た処女神アルテミスは怒り狂って、カリストを熊に変えてしまった。のちに雌熊は息子アルカスに出会い、なつかしさのあまり抱きしめようとした。アルカスはあわてて弓に矢をつがえて、雌熊を射殺そうとした。ゼウスがそれを見て、アルカスに母殺しをさせまいと天空に投げ上げて大熊座と子熊座にした。そのような狩人神であると同時に、彼女は産褥にある女たちを力づけるような神で、豊穣の機能ももっていた。

　アポロン兄妹は、相矛盾する性格をもった多重人格的な神だった。そればかりではない。アルテミスは月神であり、アポロンは日神だったが、それぞれセレネとヘリオスという同じ機能を持つ対抗神をもっていた。[7] あるいはアポロンはデルポイの神殿では、ディオニュソスとともに祀られていた。アポロンが冬のあいだ北の国々へ巡行すると、ディオニュソスがその留守をあずかるのであった。アポロンとディオニュソスといえば、ニーチェの『悲劇の誕生』以来対立的な文化要素として有名になったが、オリュンポスの神々の機能分化においても、この二人は相補的だった。アポロンの分身としてはヘルメスも忘れてはならない。ディオニュソス同様、異母兄弟だが、ヘルメスは生まれた時か

マルカントニオ・フランチェスキーニ《ピュトンを殺すアポロンとアルテミス》
17世紀　リヒテンシュタイン美術館

ら、ゆりかごを抜けだして、アポロンの牛を盗みに行った。そこへアポロンがやってきて追及するが、牛なんて見たこともないと平然と見え透いた嘘を言う。結局は、彼が亀の甲羅で作った竪琴をアポロンに進呈して、一件落着となる。ヘルメスはのちに神々の伝令になる。がまた、ヘルメス学の創始者となったともされ、アポロン的霊感とならぶ神秘学の領袖となる。なおケレーニイはプロメテウスとヘルメスを比較し、似ているという。プロメテウスは火を盗んだ。ヘルメスは牛を盗んだ。またともに牛を神々への犠牲にささげた。プロメテウスについて、ケレーニイはつぎのように言っている。「プロメテウスはより完備した存在様式を人類に調達してやることによって、自分が人類の分身であることを表明し、人類に付きまとう基本的にして不完全なる存在形式の永遠の写しとして存続する」。

これをディオスクロイ的構造といってもいい。カストールとポリュックスである。あるいはプロメテウスとエピメテウスの兄弟の関係でもいい。二つの相反する性格を内包した兄弟、あるいは神ということでは戦の神であると同時に技芸の神であるアテナもいる。(8) 美神アプロディテも本来は武装した戦の神だった。これはスサノオを高天原に迎えたときの武装したアマテラスをも思わせる。アマテラスが隠れる神であるとともに光の神であったように、ギリシャでは、デーメーテールがやはり隠れる神だった。地におちて「死んだ」種が春になると復活して芽吹くように、死と生の相反する性格をもっているデーメーテールは、ペルセポネの母としても死と再生をつかさどる神だった、ペルセポネは年の三分の二は地上ですごし、残りの三分の一は死の王宮ハデスの宮ですごすのだった。それが植物霊として当然の形であるなら、日本でもイザナミは年の半分は地上ですごしてもよかった。とくに日本神話では分身の神話が頻繁に語られているのだからなおさらである。日本の分身神話については次の章で詳しく述べる。

隠れる神と開示する神

その前に、日本神話にも類似のモチーフがでてくる「隠れる神」についてみてみよう。(9) 日本ではアマテラスだが、ギリシャではデーメーテールである。娘コレを亡くしたデーメーテールは老婆に身をやつして、娘を探しながらエレウシスの地にやってくる。老婆は女神の分身なのである。もとは同じだが、世の中に豊穣をもたらす神の要素はもっていない。マイナスの豊穣神になっている。その彼女を笑わせ、世の中に春をもたらしたのは「開示する女神」バウボである。裾をからげ、陰部をさらけだし、陰唇を伸ばしたり縮めたりして、百面相を演出する。女陰にもう一つの顔を描いていて、その女陰の顔を伸び縮みさせたのである。女神は思わず笑ってしまう。それとともに、マイナスの豊穣神がもとのプラスの豊穣神に転化する。それを導いたのがバウボである。しわだらけの老婆もしわひとつない永遠に若い女神に戻る。隠れた神は開示する女神の導きで岩屋の中からでてくる。バウボはデーメーテールの分身だった。これはアマテラスと同じである。バウボの役はウズメが演じる。笑うのは八百万の神々である。大勢の神々の哄笑がこだまする。ウズメはアマテラスのかわりに陰部を開示し、世界に笑いの春をもたらした。デーメーテールは馬女神で

アントワーヌ＝フランソワ・カレ《娘を略奪させたゼウスに抗議するデーメーテール》
1777年　ボストン美術館

もあった。馬の姿になっているところを馬になったポセイドンに犯された。アマテラスは天の機屋で機を織っているところへ馬の皮を投げ込まれて、[10]ホトを傷つけて岩屋へ隠れる。これは馬の姿でスサノオをのがれようとしていたアマテラスをスサノオが馬になって犯したことを、馬の皮剥ぎであらわしたものとみられる。馬になったデーメーテールが若い女神の分身であったなら、アマテラスにも動物神の分身がいても不思議はない。ただ、日本神話では、神々が動物に変身するところは例が少ないだけのことである。[11]ギリシャではゼウスも牛や白鳥になって女たちを犯すのである。この変身は分身と同じである。ちなみに日本では動物変身の例が少ないといったが、ヤマタノオロチは怪物としての神の変身体である。そしてゼウスは蛇体となってペルセポネやオリンピアと交わった。ヤマタノオロチもいけにえの乙女を食べるのではなく、性的に所有するのだとみることができる。乙女を性的に消費する蛇体の神怪は日本においても三輪山説話など珍しくはない。ほかにはもちろん猿神がいるし、馬娘婚姻譚もある。飼っている馬に恋した女の話である。あるいは馬が娘に恋した。蛇猿馬は性的なコノタシオン（含意）のなかで、連関をなしているのである。

機屋のなかの馬についてもう少しみてみよう。[12]アマテラスは飛び込んできた馬（あるいは馬の皮）に驚いて、ホトを筬《おさ》で傷つける。これはヤマトトトビモモソヒメでも同じだが、どこを傷つけたといって、ホトを傷つけたというのは、普通のいでたちでは考えられないことだ。モモソヒメの場合は、舞台は寝室である。姫と神は褥の中で共寝をしていたのである。櫛笥をあけた姫の姿は寝乱れた姿で、裾もひらいていたかもしれない。アマテラスの場合も裾をあけっぴろげていなければ、いかに馬に驚いても筬がホトに飛びこんでくるわけがない。馬はもちろん性的動物である。スサノオの勃起した性器であってもいい。石原慎太郎の『太陽の季節』で障子を突き破って飛び込んでくる男根を思わせるようなショッキングな場面である。それを迎えるアマテラスも裾もみだれて、腿もあらわにしている。そこへ、

両面宿儺像（岐阜県高山市・千光寺）

筬が飛びこんでくる。ここはアマテラス自身ではなく、腰元のような役をしているワカヒルメが犠牲者だったという一書もある。アマテラスにはここに分身がいるのである。その分身が岩戸の場ではウズメにすりかわる。ホトを開示する女神としては同じである。そもそもウズメはどこからきたのか謎である。どこにも彼女の出自を語るところはない。イザナギ・イザナミの神生みの場にも登場しない。これはアマテラス自身の中からでてきたのにちがいない。岩戸を開けると光があふれる。ウズメが裾をひろげると、ホトがあらわれる。これはもう一つの太陽だった。ウズメはアマテラスの分身だったのである。

　ウズメは扉を開ける女神だが、扉の神としてはローマ神話に双頭のヤヌスがいる。日本でも両面宿儺《りょうめんすくな》がいる。ヤヌスは古い年と新しい年をつかさどる年神である。両面宿儺もふたつの顔をもっていた鬼神である。

メレアグロスの最期

　メレアグロスは燃えさしの薪が燃えつきたら死ぬことになっていた。カリュドンの狩りで、叔父を殺したメレアグロスは母親が薪を火にくべたので、死んでしまう。この薪の燃えさしは彼の分身だった。

アキレウスの鎧

　トロイ戦争で、戦いに参加しないで傍観していたアキレウスの鎧をパトクロスが借りて戦場へ出た。[13] それを見て、アキレウスだと誤認したヘクトルが彼を槍でついて殺した。この時のパトクレスはアキレウスの分身だった。日本では戦国時代はどこの武将も影武者をかかえていた。

ピュグマリオンとガラテア

キプロスの王、ピュグマリオンは理想の女にめぐりあえないために、地上の女には絶望して、象牙を彫って理想の女をつくりだした。アプロディテがそれを憐れんで、彼の像に生命を与えた。女をガラテアという。彼らの間には一女が生まれた。ガラテアと彫像とは、同時に現れれば分身同士である。

負傷したパトロクロスを治療するアキレウス
前 500 年頃　旧博物館（ベルリン）

ジャン＝レオン・ジェローム
《ピグマリオンとガラテア》1890 年

二、日本神話

日本神話では「彦姫」構造のように男女対偶神が頻出する。イザナギ・イザナミもそのひとつで、彼らも本来双生児であったかどうかは不明ながら、分身同士のような対偶神なのである。その他の対偶神は速秋津日子《はやあきつひこ》と速秋津日女《はやあきつひめ》のように同一機能を分治する神々であるか、あるいは、天の水分、国の水分のように同一機能をその職分の場所において分治する神々であるが、これらも水神ポセイドンなどの例をみると、鹹水《かんすい》も真水もともに治めるので、水の種類や場所によって神がわかれる必要もないようにも思われる。

　日本神話ではもうひとつ特徴的なこととして三人兄弟が三つ子として生まれながら、中のひとりが消え去ってしまう「中空構造」があって、残された二柱の神が対立する構造をもっていることである[14]。これは最初の造化三神である天御中主《あまのみなかぬし》と神産巣日《かみむすび》、高御産巣日《たかみむすび》においても、あるいはアマテラス、ツクヨミ、スサノオの三貴子においてもみられることだが、ニニギの子供の山幸、海幸の場合も三人目が消えて典型的な分身同士が残る三つ子である。オケ、ヲケ兄弟の場合は三つ子ではなかったが、たがいに皇位をゆずりあう関係であり、分身構造といえるだろう[15]。

　分身抗争がより顕著にあらわれるのはヤマトタケルの場合で、大碓《おおうす》、小碓《おうす》の兄弟として生まれながら[16]、大碓を殺してしまうだけではなく、熊襲の国へ行ったときは熊襲猛《くまそたける》の兄弟を殺し、以後ヤマトタケルと名乗るがよいといわれる。そのあとで、出雲猛も狡知をもって殺しているが、分身の存在をゆるせない英雄であった。兄弟といえども対立者を殺して権力を確立するのはローマの始祖、ロムルスの場合でも同じだが、雄略天皇でも骨肉相食む争いをして皇位を占めている[17]。雄略といえば、葛城山《かつらぎさん》に狩りに行って、向こうの山稜をゆくそっくりの狩りの一行をみて、驚き、それが一言主《ひとことぬし》の神であると知って恐れかしこむ話がある。これも分身譚である。あるいは仁徳天皇のとき、王宮と大臣のところで同時に子が生まれ、そこに鳥が飛び込んできたので、鳥にちなんだ名前をつけ[18]、大臣とそれぞれの子の名前をとりかえた話もある。これもひとつの分身譚であろう。

　分身抗争としては春山の霞壮夫《かすみおとこ》と秋山の氷下壮夫《したびおとこ》の妻争いもある。春山が藤の花に化けて、女の厠へしのびこむ。女はその藤の花を美しいと思って藤の花をとり、自室へ持っていって、床の間にでも置いたのだろうか。春山は女が寝ているあいだにもとの姿にもどって、女と添い寝した。秋山のほうはそれを知って激怒したが、もう遅かった。

　分身抗争の神話の代表は山幸、海幸の神話だろう。よく知られている話だが、山幸は山でけものをとって暮らし、海幸は海で魚をとって暮らしていた。その二人がある時あって、ひとつ二人の得物をとりかえてみようということになった。山幸は弓矢を海幸に渡し、海幸は釣り竿と釣り針を山幸に渡した。そして山幸は海で魚をとろうとし、海幸は山でけものを追った。しかし結果はいずれもはかばかしくなかった。それどころか、山幸は海で釣り針を失くしてしまった。魚がくいちぎって持って行ってしまったのだ。山幸はそのかわりにと自分の刀を砕いて、釣り針にしてそれを海幸にうけとってもらおうとした。しかし、海幸は承知しなかった。自分の釣り針を何としてでも返してもらおうという。山幸は途方に暮れて、海辺にゆく。そこに塩土のおじがやってきて、話を聞くと、目無堅間の籠をつくり、これにのって海神の宮へゆくがいいという。いわれたとお

竜王からもらった潮満珠を操る山幸（『彦火々出見尊絵巻』明通寺）

りにするとやがて竜宮につく。竜宮の門の前には井戸があり、そこに桂の木が生えていた。山幸はその木にのぼって待っていると、竜宮の女官がでてきて、山幸を見、すぐにひきかえして、これこれしかじかという。その話を聞いて、竜宮の乙姫、トヨタマヒメが出てきて、山幸と目と目を見合わせて、その場で意気投合する。二人は夫婦となって、山幸はそのまま三年も竜宮にとどまるが、三年経ったところで、望郷の念にかられ、そこまできた理由を初めて明らかにする。それを聞いて竜王は魚たちを集めて、調査をして、失くした釣り針を見つける。山幸は意気揚々と故郷へ帰るが、その際、竜王から、潮干珠と潮満珠をもらってくる。海水を自由自在に操る珠である。それをもって山幸は海幸に会いにゆく。そして潮満珠を取り出して、海水を噴きださせ、海幸を散々に苦しめる。海幸は以後、山幸に服従をすることを誓う。分身抗争は無事に終焉した。

分身が抗争するのではなく、協力する例は大国主と少彦名であり、大物主であろう。大物主は自分は大国主の和魂幸魂であるといい、少彦名の場合は神産巣日が、大国主にむかってこれは自分の子である、大国主と兄弟となって国づくりにはげめというので、偽兄弟である。大物主も少彦名も海からやってくる。とくに大物主は海を輝かしてやってきて、蛇神として三輪山に鎮座する。少彦名のほうはガガイモの莢にのってやってきて、最後は粟の茎にのぼって、はじかれて常世へ去った。なお常陸国風土記では大洗海岸に石神として大国主とともに漂着したという。ヒルコと同じく海から寄り付く神である。

大国主は八十神という兄弟がいた。そういう名前であったのか、数多くの兄弟がいたということかわからないが、兄弟葛藤はきびしいものだった。はじめは因幡の白兎で、ワニに皮をむかれて赤裸になっていた兎をなおしてやった。次は猪と偽って、山の上から真っ赤に焼けた大石を落としてよこしたのを抱きとめて、全身にやけどをおった。兎をなおしてやった代わりに、今度は彼自身が貝の女神に生き返らせてもらうのである。その次は木をさいて、そのなかに押し込まれた。その時は母神がやってきて、木から抜きだしてやるとともに、これ以上ここにいたら、殺され

鹿島立神影図　14-15 世紀
春日大社

てしまうから、根の国へゆくがいいという。そして根の国での試練がはじまる。まず手始めに蛇の室にいれられる。次はスサノオが放った鏑矢をとりにいって、野に火をはなたれる。このときはネズミがでてきて、地下のネズミの国に避難させてもらう。これは狭い洞穴をくぐる試練で子宮回帰の試練ともみられる。以上の試練を経て、スサノオの娘スセリ姫を手に入れて帰ってくる。最後の試練ではスサノオと分身抗争をおこなうのである。

　スサノオには、永遠の駄々っ子のようなところがあり、年齢不詳で大国主とも対等に争うのである。スサノオはひげが腰にたれるまで泣き叫んでいた。同じような性格はアジスキタカヒコネや、ホムチワケにもみられ、いずれも分身と考えられる。ホムチワケも火の試練をくぐりぬけて生まれている。母と叔父が天皇にそむいて砦にこもって火をつけられたときに火の中から救出されたのである。彼もひげが腰にとどくまで物を言わなかった。あるとき白鳥が空を飛ぶのを見て、口をうごかしたので、その白鳥をつかまえてきたが、それでも口はきけなかった。占いの結果は出雲の神のたたりだというので、出雲まで行って口がきけるようになった。そのあと、簸の川のほとりにいたヒナガヒメとまぐわいをしたが、翌朝、見ると大蛇だった。姫が蛇に変身していたのである。彼とスサノオには、ひげが腰までたれるという話以外に接点はないが、影の分身であろう。

日本神話では動物変身は稀である。しかし三輪山の山の神も大物主も蛇体だった。そして鹿島の神は鹿だった。図像では神が鹿にのって春日へやってくる図柄があるが、鹿にのった人物像を円光のなかにあらわしたものもある。あるいは鹿だけの場合もある。これはいうまでもなく、鹿によりついた神なのである。鹿に神がのった姿は見えないものを可視的に描いた説明である。神話的には神が鹿にとりついたのだ。鹿島の神が、鹿という分身に姿を変えたのだ。これは変身ではなく、神の憑依である。タケミカヅチは鹿が春日にわたったのちも常陸にいるのであり、春日にいるのは彼の分身なのだ。なお、鹿は本性として蛇喰いである。岡本太郎が石田一良との対談で「日本の神というのは、人間のダブル」であるといっている。「自分のもう一つの存在である」というのだ。自分のもう一つの存在というのを例えば、バウボについてみると、彼女は陰部にもう一つの顔をもっていた。それがもうひとつの自分だった。ウズメもホトを露出して猿田彦にたちむかう。猿田彦とサルメはのちに夫婦になるが、猿楽衆の祖でもあり、同じもの同士である。その同じもの同士が陰部をさらけだして対決する。そこにだけは同じものがない。[19] 勝負は、吉野裕子のいう「女陰」のちからで、ウズメが勝つのである。女陰信仰は縄文土偶でも顕著で、女陰の三角形に割れ目まで刻んでホトを露出した女神を描いている。これらの土偶においては、女陰こそ「もう一つの自分」だったのだ。

書紀一書にイザナギ・イザナミは日月につづいてヒルコを産むとある。三つ子であり、三人目が抹殺される構造である。[20]

仏教の日本的受容をあらわす本地垂迹《ほんじすいじゃく》は分身の観念をもとにしている。大日如来が日本にきてアマテラスになる。薬師如来が香取の神になる。本地ではそれぞれ、大日、薬師として存在している。日本のそれは出張所のようなものだが、独立した神格を主張すれば、分身である。仏像の造形でも海外から伝わって日本で発達した特異な形に三尊形式がある。釈迦如来を中心にして文殊・普賢両菩薩を脇侍とし、薬師如来の左右に日光月光菩薩を配するとか、阿弥陀如来の左右に観音と勢至菩薩を配するなどである。これは仏法僧の三法になぞらえたものとも考えられるが、観音信仰の普及にあたって、観音は如来ではないので、一種の権威づけに阿弥陀如来をもってきたとも考えられる。薬師如来の場合は、その如来の功徳が天下にあまねくゆきとどくよう、日月を配したとも思われる。これらは三つ子信仰ではなく、むしろ脇侍が主神であり、如来が影の位置にしりぞいているともみられる。とくに日月の場合は、双子神とみられ、薬師如来は影にしりぞく感もなきにしもあらずである。また仏国土を法性土、報土、化土の三種にわける見方や、仏の三種の徳（知徳、断徳、恩徳）をあらわすともいわれる。これを中心を抹消する中空構造とはいいがたいが、阿弥陀如来を背後においた観音菩薩などの場合は、衆生を済度する観音を手前において、その精神的背景を背後におくともみられる。いずれにしても三尊そろって尊崇されることはすくなく、そのうちの一尊か二尊がとりわけ尊崇されるところに日本的仏像造形の特異点があるといえよう。もっとも止利仏師《とりぶっし》の手になる法隆寺の釈迦如来像は、まさに三尊一体の秀作である。

法隆寺金堂　釈迦三尊像

御霊信仰で、悪霊を仏教僧が、仏を呼び出すことで、折伏する。竜神などでも同じで、彼らのなかに仏教の論理によって折伏される要素があるのか、いずれも何らかの仏の垂迹した形であって、本地佛によって制御されるものであるなら、悪しき分身である。

死者の身代わりとして地獄へ行った女が、地上へ戻されたものの、本物の死者と奇妙な分身関係になるのが、『霊異記』にある次の話である。

ある女地獄の鬼が彼女をとらえようとするとき、供応をして、鬼に身代わりの女をすすめる。閻魔王はこの身代わり女の寿命がまだつきていないことをもって、地上におくりかえす。しかし、もどろうとした遺骸はすでに火葬にされていた。そこでさきに寿命のきた女の体にはいって蘇生し、元の女のほうは地獄にむかえられた。身代わり女のほうは霊魂の父母と体の父母と、四人の父母を得た(21)。

仏教では仏像が使われ、神道あるいは民間芸能では、仮面が使われた。神、あるいは鬼が仮面によってあらわされたのである。その両者をつなぐものとしては本地垂迹説があった。アマテラスは大日如来の化身であり、分身であった。さらに民間呪術では、藁人形、泥人形にくぎを打って人を呪い殺す呪法があった。あるいは時期をきめて、人形に罪汚れを背負わせて川に流す祭りがあった。ひな人形の起源がそれであったともいう。西洋ではいけにえの羊がそれにあたろう。乾燥地ではいけにえを川に流そうにも川はない。そこで荒野に放ったのである。あるいは燔祭において火に投じた。幸田露伴の『観画談』では、絵をみているうちに、そのなかにすいこまれてしまった学生の話がある。民間伝承の昔話では、絵を掛けておくと、そのなかの女が抜けだして、家の掃除をし、炊事をして食事の支度をしている。あるとき、隠れていて女が絵を抜けだしてくるのをみた男が女をつかまえて嫁にする。西洋の話ではバジルの鉢から女がでてくる。

狐の怪異譚で、二人女房という話がある。今昔物語集にもあるが、都に正妻と屋敷とを置いて、地方へ赴任してきた役人が、赴任先での一人暮らしの無聊《ぶりょう》をかこっていると、あるとき妻とそっくりの女がやってきて、夫婦生活をするようになる。そこへもうひとり都の妻がやってくる。女が二人になって、役人はどうしていいかわからずにうろたえ、どちらかが狐の化けたものだろうと、切って捨てることにする。どちらが本物であるか見定めがついたわけではない。

思い切って、手近の女を切ると、死骸は、狐に変わった。

四国遍路の人々のあいだで語られる話で、一人もうでの遍路には大師がついてくるといい、それを「同行二人《どうぎょうににん》」という。独り者の遍路の笠に同行二人と書いておいたりする。この同行二人はとりわけ難路とされる遍路地に気配だけであらわれ、口はきかず、宿が近づくとふっと消える。

三、北欧神話

フレイとフレイヤは男女の双子で、性格も異なっている。北欧の主神オーディンにはフギンとムニンという二羽のカラスがいて、世界の情勢をつげる。フギンはムニンの分身だが、ともにオーディンの分身でもある。オーディンはまたヴィリ、ヴェーと三人兄弟である。

ニョルズはフレイとフレイヤの父親だが、ネルトゥスの分身だという解釈もある(ルクトゥ)。ニョルズはスカディと結婚した。海と山の結婚である。一致は不可能で、結婚は破局に至る。酒宴で乾杯をするとき、まずオーディンに、ついで、ニョルズとフレイに杯がささげられた。ともにヴァン神族の主神である。

ロキについては、「十、双生児の神話」を参照。

四、エジプト神話

オシリスとイシスは同時に生まれた双子だが、ほかにセトとその妻ネフティスも同時に生まれている。

ハトホルとセクメトは同一神格の二重性ともみられる。ハトホルは温和な牝牛女神であり、セクメトは獰猛なライオン女神である。さらに子だくさんの猫女神バステットもハトホルの多重神格のひとつとされている。ただしハトホルは同時にセクメトであることはできず、同一人の人格転換をする。ジキルとハイドである。

世界の始めに大空を支配していた大ホルスがいて、その後、ラーがその地位を奪ったが、ラーが老いるとオシリスの息子小ホルスがそのあとに指名された。古いホルスと若いホルスがいるのである。

朝日をケプリという。その後、昼の太陽が空をわたって西の空に沈むと、夜の太陽になる。朝の太陽と夕べの太陽を二頭のライオンで示すこともある。夜の海を夜の太陽の舟に乗ってわたるのは多くホルスである。

古代エジプト人の霊魂観にはバーとカーがある。石上玄一郎によれば、「呼吸を霊魂とみなし、これをバーとなづけた」とある。人が死んで呼吸がとまると、バーが離脱して外在魂となる。これが人頭鳥身の霊となって、死者から離脱する様子がパピルスなどに描かれる。それにたいしてカーは「個人の出生とともに存在するが不変であり、独立している」。「カーはまた個人の運命を来世へ導き、あるいは来世に居住して、その至るのをかしこでまっている」。「カーは死者を援けて、神の前に彼を弁護士、あるいは死者を太陽神ラーの前に導く」。かくて、死後はバーとカーが死者の旅に随伴する。死後の二重の霊魂である。

死者から離脱するバー
(『アニのパピルス』前 1300 年　大英博物館)

バウボ、ウズメについて「ホトを開示する女神」が太陽を導き、万物に春をもたらすことを示したが、エジプト神話ではそれに相当するのは太陽神ラーの娘ハトホルである。ラーは老齢になって後継者を決めなければならなかった。候補はセトとホルスである。議論は白熱し、いつまでも結論はでない。ラーは長引く議論に嫌気がさして、会議場を抜けだして、自室に戻り、そこで寝込んでしまった。そこへ娘のハトホルがあらわれて、裾をもちあげてホトを開示した。それをみてラーは元気を回復してたちあがり、会議場へ戻って、ホルスを後継者に指名した。エジプトでは、ほかに、イシスが性器を開示した姿であらわされることが多い。[22] ハトホルとイシスは分身同士なのである。二人とも「おおいなる女神」であり、神々の母である。また二人ともラーの娘である。娘が父親に性器を開示してみせるというのは、父子相姦を思わせるが、娘が幼い間は排尿の際にも父親が娘の性器を見たりさわったりすることはあたりまえで、男の子が母親の子宮に戻ることを願望するように、娘は父親と交わることをひそかに願望するのだろう。父子相姦の例は、ギリシャ神話ではアドニスの母ミュラとその父との関係[23]や、アトレウス神話にも見られる。敵対するアトレウスに報復しようとするチュエステスは、娘のペロピアと交わって得た子供によって報復せよという神託を得て、そのとおりにした。なお一族で殺しあったアトレウスとチュエステスは罪と呪いにからめとられた分身兄弟だった。[24]

これらの神話では多くは娘が正体を隠して父と交わる。本当の娘と、偽の娘との一人二役的な分身関係ともいえるのである。

五、インド神話

インド神話では医術に通じたアシュヴィン双神がある。アシュヴィンは区別のつかない双子の兄弟の神だが、両親が異なるとも言われ、一方は人間と天神の子とされる。

『マハーバーラタ』によれば、クル国の王パンドゥは女にふれると死ぬという呪いをうけた。[25] そこで、跡継ぎをうるために、妃のクンティーと第二夫人マードリーに、神を

馬の顔をもつアシュヴィン双神
(『神々の起源』1959 年、バンコク)

迎えて子をさずかる呪法をおこなわせた。第二夫人マードリーは、アシュヴィン双神の種をうけてナクラとサハデーヴァの双子の男子を産む。クンティーの産んだ三王子は、それぞれ正義と法の神ダルマ、風神ヴァーユ、雷神インドラの種から受胎しているが、各々の神の地上的現れであり、人界における「分身」であるとされる。

アシュヴィン双神の子ナクラとサハデーヴァは瓜二つだが、肉体的にはナクラが卓越し、精神的にはサハデヴァがすぐれている。ナクラは怪力の持ち主である次男ビーマと親しく、サハデーヴァは徳の高い長兄ユディシュトラと親しい。

ヴァルナはミトラと並べて讃歌を捧げられる。

六、メソポタミア神話

メソポタミアやペルシャでは双子の神を崇拝していた。[26]メソポタミアではギルガメシュと野生人エンキドゥが分身関係である。森の王フンババを退治するのに協力し、エンキドゥが死んだときは死の国から彼をひきだそうとして地下への冒険をする。それがかなわないときは、ギルガメシュ自身が悲しみのために死のうとさえする。

メソポタミアでは「身代わりの王」の制度が伝統的にあった。月食などの凶兆にたいして、身代わり王をたて、一〇〇日間、玉座にすわらせた。期限がくると身代わりは殺された。

ヘファイスティオンは大王の「第二の自我」ともいうべき一心同体の人物だった。大王は彼と二人でペルシャ王家の娘三人を独占した。ヘファイスティオンは早世した。大王ははげしく悲しんだ。

七、朝鮮神話

朴赫居世《ぼくかくきょせい》とその妃は双生児として生まれ、別々に育った。伽耶神母正見は日光に感じて双生児を産む。脳窒朱日《のうちつしゅにち》と脳窒青裔《のうちつせいえい》、大伽耶王と金官国王である。

百済は朱蒙の子温祚《おんそ》によって建てられたとされている

が、その際、沸流との兄弟葛藤があった。[27]

申来絃『朝鮮の神話と伝説』には「乾坤二竜」と題して、一人の英雄を共に愛した双子の姉妹かとも思われるほどよく似た姉妹が、英雄の死の知らせに、ともに抱き合って、竜淵に身を投げた話がある。姉妹はその淵にすむ竜となったとはこの本には書かれていないが、口碑ではさしずめそのような結末が語られるだろう。

ほとんど同一の話が、朴栄の『韓国の民話と伝説』にあるが、こちらでは、二人が身を投げた淵のほとりに二本の藤の木が生え、からみあっていると語る。同書では、男女で生まれた双子が岩になったいわれが語られている（双子岩）。子のない夫婦に待ち望んでいた子供が授かったが、男女の双子だった。双子は幼いうちに死ぬといわれている。そこで女の子のほうを海中の離れ小島に捨てることにした。しかし、食べ物を山ほどもらった娘は、やがて、畑をつくり自活するようになった。そしてある日、男の子のほうが島に煙が立つのを見て、誰が住んでいるのかとでかけていってみた。そうやって双子の男女は二〇年を経て出会い、はげしく求めあった。そのとたんに天地も裂けるような雷鳴がとどろきわたり、二人は岩になってしまった。

同書にある「魂魄《こんぱく》の影武者」はちょっと変わった話だ。影武者というのは訳が不適当だろう。「青衣の魂魄」とでもしたらいいだろう。讒言によって一族全員が殺されるところを助けて以来、人には見えない魂魄としてつきしたがう青衣の童子がいて、海彼への使節に任じられたときも護ってくれた。その主人がいよいよ死ぬとき、墓をふたつつくって、傍らに青衣の童子を葬った。

八、アメリカの神話

マヤ・アステカの神話

アステカ神話の第二の太陽神ケツアルコアトルは風の神エエカトルを分身にもつ。また、ショロトルもケツアルコアトルの対立分身だった。そもそも二元性はメソアメリカの世界観や実用的な考え方に共通の特徴のひとつだった。[28]

マヤ神話の『ポポル・ヴフ』には双子神フン・フナフプ、

ヴクブ・フナフプと冥界神との戦いなどが叙述されている。

イロコイ族の神話(29)

はじめ、地上におりた女が女の子を産み、その子がカメの精によって双子をはらむ。この双子は母の胎内にいるときから争っている。二人のうち、ひとりは通常の出口からでたが、もうひとりは、脇の下からとびだして、母親を殺してしまう。おばあさんがそれを怒って、二人の双子のうち無実の子のほうをつかまえて、藪に投げ捨てるが、この子は死なずに成長し、メープル・スプラウトと呼ばれる建設的な創造主となり、人間やトウモロコシを創造する。一方の母を殺した子のほうは、兄弟の真似をして、ワニなどの有害な動物や、出来損ないの人間としての「神をまねる猿」をつくる。やがて双子の兄弟は最後の戦いをし、善が悪を打ち負かし、悪は「地母であるおばあさんと一緒に地上から姿を消し、東の果ての地で死者の神として生きてゆく」。ここはスサノオとイザナミの神話を思わせるところである。

九、聖書

聖書、あるいはヘブライの宗教で、もっとも独創的な観念は三位一体説だろう。父なる神と子なる神、それに精霊としての神の三位が一体となるというのは、子なる神、すなわちキリストが認識されるまでは存在しない観念だが、さらに時代をくだると母なる神の信仰がすすんで、父、母、幼な子の聖家族を形成するようになる。そのときは精霊としての神がどこかへいってしまったようにも思われるが、マリアは精霊によって受胎したのだと考えると、子なる神は精霊としての神の化現であるとも思われる。いずれにしても神は地上をおさめるのに彼の代理人の覇権を必要とした。神の代理人とされたのは、のちにはローマ教皇だが、そのころは、子なる神はすでに地上を去っていて天上の神となっていた。しかし、そこでもまだ神の支配権は全宇宙にはおよばなかった。地獄の問題があるのである。地獄はヘブライ思想でもシェオールとして認識されていたが、そこを支配するサタンの登場は創世期の時代をはるかにくだらなければならなかった。神が世界をつくり、楽園とともに悪の観念が生まれ、天使の失墜の観念も生まれた。地上と地獄である。地上の王であるキリストと、地獄の王であるサタンが生まれる。神観念が善と悪に分裂したのだ。グノーシス主義では悪しき造物主という観念まで生まれる。キリスト教に内在する悪の問題がマニ教的世界観をとりいれて、二元構造の聖性をつくりだす。聖書の随所に、双子の神話があらわれるが、それこそマニ教との姦淫関係から生まれた神の分身の思想である。

　双子の神話としてはエサウとヤコブの話がある。エサウは狩人で、ヤコブは農耕民だった。エサウは毛深く、ヤコブは滑らかな肌をしていた。二人は双子でもエサウのほうが先に生まれた。父親のイサクが年老いて後継者を決めるときに、エサウが長子権をもらうのは当然と思われていたが、ヤコブは母親のリベカの入知恵で、策略を用い、イサクの祝福を受けて、長子権をとった。エサウはなにももらえなかった。

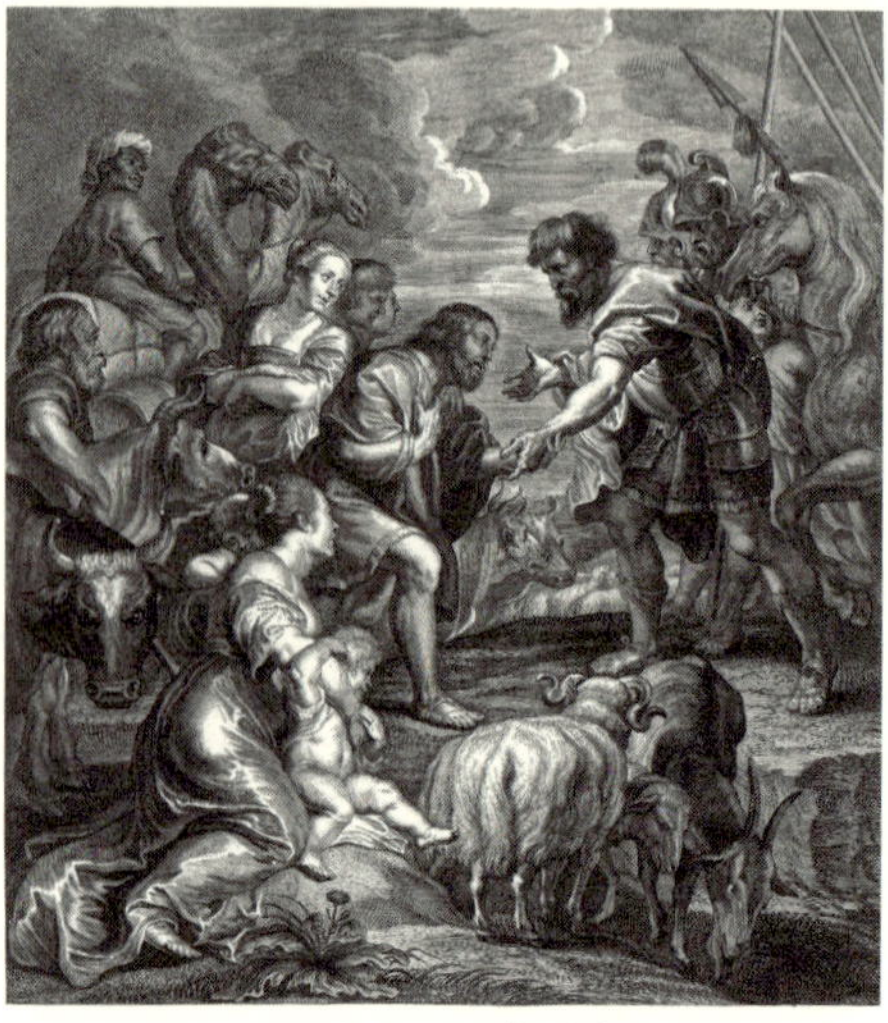

エサウとヤコブの和解
（銅版画、1652 年、アムステルダム国立美術館）

アベルとカインの兄弟も仲はよくなかった。二人の間には争いがたえなかった。そしてある日、カインはアベルを打ち殺した。これが地上の殺人のはじめだという。

　ヘブライ語聖書ではヤーヴェの代わりにエロヒムがでてくる。

　新約聖書ではアンチキリストという名前がでてくる。アンチキリストは「二人のメシア」のひとりとも、神話的なベリアルであるともいうが、「ヨハネの手紙」では「イエスがキリストであることを否認するもの。父と子を否認するもの、そのようなものがアンチキリストである」とある。アンチキリストは終末の日に現れ、キリストによって打ち砕かれるものともいうが、今が終末の日であり、アンチキリストはすでに現れているともいう。キリストに対する対抗的分身であろう。

十、双生児の神話

カストールとポリュックス、[30]あるいはインドのアシュヴィン双神における双生児の神話は、世界的にどこにでもあるようであると同時に、意図的に隠蔽されているようにも見える。神話的役割をもたされないアシュヴィンがその好例である。

双生児、あるいは三つ子は世界的に驚異ないしは神的領域のできごととされる。中でも三つ子はめずらしい。しかし日本神話では同時に生まれた三貴子の神話をはじめ、山幸兄弟の話の三つ子など、三つ子の例がすくなくない。瓜二つの双生児の例はカストールとポリュックスのほか、ゼトスとアンフィオンなどだが、ヘラクレスとイピクレス、[31]プロメテウスとエピメテウスのように対照的な性格をもって生まれた兄弟の場合もあり、アポロンとアルテミスのように性を異にしているものもいる。双生児ではないが、互いに補い合い、一つの仕事を共同しておこなうペアでは大国主と少彦名がいる。あるいは同一神殿にまつられながら、対照的な性格をもったペアとしてはアポロンとディオニュソスがいる。悪の問題をめぐっては、絶対神とその対抗神としてヤーヴェとサタンもある。[32]キリスト教はサタンの問題を抱える以上は唯一神教ではない。

同じようなことが北欧神話でも見られる。ロキの問題である。ロキやフェンリルがいなければ、北欧神話はただの多神教である。しかしロキのいたずらによって、最高神オーディンを長とするアスガルドの体制がゆらぎだすと、その元凶としてのロキをどう処分するかが問題になってくる。ロキは神々の分身なのである。アスガルドという均質な神の共同体のなかに忍び込んだ悪を彼らは簡単に処罰したり、排除したりできない。ロキなしでは場合によってはアスガルドがなりたたないのである。

フォン・フランツは言う。「神話における双生児のモチーフは、つねに、一人はより内向的もう一人はより外向的、一人は男もう一人は女、一人はより精神的もう一人はより動物的である二つの存在を示している」。

ゼウスとユピテルなども分身関係といっていい。両者が同時に同じ場所に現れるわけではないが、例えば鍛冶神ウルカヌスはヘーパイストスの分身である。月神ディアーナはアルテミスの分身であり、同時にセレネの分身でもある。いずれも異なる神話体系で同一の機能をはたす神である。エロスとアンテロスは同一機能のプラスとマイナスの二相である。[33] 神と悪魔はその極端な例である。神と子と精霊の三極に分化したキリスト教の神格は悪のあらわれとしての悪魔をその三格に対置させ、次いで、キリストにのみ対置させる。黒い天使、死神なども善神としてのキリストに対置するものであり、父なる神は、その双方を包含している。

レダの産んだ双子、カストールとポリュックス
(レオナルド・ダ・ヴィンチ作品に拠る《レダと白鳥》16世紀、ボルゲーゼ美術館)

II　神話的文学の分身

古典的分身文学としては　影の喪失（シャミッソー）、影との対立（アンデルセン）、なりすました殺人者（ホフマン）、名前を騙るもの（ドストエフスキー、ポー）、ジキルとハイドなど神話的作品群のほか、追跡者（夏目漱石『道草』）、多重人格（遠藤周作『悪霊の午後』）、嘲弄者（遠藤周作『スキャンダル』）、先行者、自己像幻視（泉鏡花『星あかり』）、遊魂（梶井基次郎、円地文子）、生霊（『源氏物語』）などの日本文学の例があり、代行者（ドン・ファアン、『カラマーゾフの兄弟』のスメルジャコフ）、代苦者（ネルヴァル『夢と人生』）などにも神話の類型化が見られる。これらについては、ランクの分身論、河合隼雄の『影の現象学』、ジラールの『ドストエフスキー』などを参照する。(1)

一、昔話（民話・伝説）の分身

昔話では双生児は少ない。多いのは継子《けいし》継母《けいぼ》である。米福粟福の米福、粟福は本当の姉妹ではない。米福の母親が死んで、父親は再婚をした。その新しい母親が連れ子を連れてくる。そして継子をいじめる。連れ子と継子とはおおむね良好な関係をもっている。しかし長者との結婚に当たっては、継子が選ばれ、連れ子は排除される。継子は死んだ母親が動物になって援助する。そこではいい母親と悪い母親、死んだ母親と生きている母親という二重関係もある。

エジプトの「最古の物語」という二人兄弟では、兄嫁が弟を誘惑する。断られると誘惑されたと讒言して復讐する。

フランスの三人兄弟の昔話では、三人兄弟がそろって、金の鳥あるいは命の水をさがしにでかける。上の二人が旅籠屋で、遊興にふけっているあいだに末息子が金の鳥を獲得してくる。兄たちは弟を遠ざけて、奪った金の鳥をもって王宮へ帰る。あるいは日本の甲賀三郎譚では、末っ子が地下世界の冒険におりてゆき姫を救いだす。兄たちが姫を自分のものにして、弟を地下世界へ放置する。弟は、地下での冒険を経て、地上へ帰る。

絵姿女房では、多くは天人女房を殿様に取り上げられる。桃売りになって、城へゆくと、召し出され、殿様が桃売りと衣服を交換して、桃売りになる。そうすれば絵姿姫が受け入れてくれると思ったのだ。しかし実際は桃売りになった殿様は、城の役人たちに桃売りには用はないと追い出され、絵姿女房の亭主が殿様になり、女房を取り戻す。これはマーク・トゥエンの『王子と乞食』のシチュエーションである。王子と乞食、あるいは殿様と桃売りは分身同士である。

アレクサンドロスの征服と神話

アレクサンドロス大王は、蛇の姿でオリュンピアスのところへ通ってきたゼウスの子であるという伝説がある。アレクサンドロス物語では、ものいう花の森とか、水中にもぐる潜水艇などの奇譚が描かれる。ゼウスの子として驚異の世界に通じているとされるが、死ぬときは普通の人の子として死んだ。

ジュリオ・ロマーノ《ゼウスとオリュンピアス》1530年頃
パラッツォ・デル・テのフレスコ画（マントヴァ）

オルソンとヴァランタン

オルソンとヴァランタンは双子として生まれた。母は双子を連れて旅に出た。とある川を渡るところで、一人ずつしか運べなかった。そこでまずオルソンを抱いて川を渡り、もう一度もどってヴァランタンを抱いて川を渡った。ところが、オルソンが川岸で母親の戻ってくるのを待っているあいだに、森からクマがやってきてオルソンをさらっていってしまった。母親は悲嘆にくれたが結局はこれも運命とあきらめて、ヴァランタンだけをつれて、宮廷へ向かった。ヴァランタンは宮廷で武技を磨きながら成長した。あるときヴァランタンは森へ狩りにでかけた。すると毛むくじゃらの野生人がでてきた。それこそオルソンだったが、ヴァランタンには知る由もなかった。二人は格好の相手としてたがいにとっくみあった。そしてオルソンは負けて縛りあげられ、狩りの獲物として宮廷へ運ばれた。そこで彼は風呂へ入れられ、石鹸をつけて全身の毛を剃られた。するとヴァランタンと瓜二つの美青年が誕生し、誰もが二人が双子であることを認めた。

ピーテル・ブリューゲル《オルソンとヴァランタンの仮面舞踏会》1566 年

龍退治

冒険の旅に出た少年が竜を退治して王女を救う。それを見ていた炭焼きが王女をさらってゆき、自分が竜を退治したと申し立てる。そこへ少年が竜の舌をもってあらわれて、本当の竜退治の英雄であることを明かす。偽の英雄、ここでは炭焼きが少年の分身である。少年は、犬と馬と同時に生まれることもある。その場合は実際に竜を退治するのは犬である。この犬の首を切ると王子があらわれることもある。

怠け者と働き者（グリム33番）

二人の職人がつれだって旅をしている。一人は放蕩もので、途中でいなくなる。片方の職人が旅をつづけていると、絞首台の下で、寝ているもとの連れに出会う。そこへ二羽のカラスがやってくる。そのうちの一羽が落ちる。片方のカラスがそれを介抱する。旅の二人はカラスをつれて旅をつづける。次の街で、泊まった家の娘がカラスを気に入って、抱きしめて接吻する。すると美しい若者があらわれる。父親に呪われて、美しい娘が接吻してくれるまでカラスになっていたのだ。怠け者のカラスのほうはそのままで死んだ。旅の二人はそれを見て勤勉になった。『美女と野獣』と同じ「恐ろしい接吻」(2)の話だが、カラスの話と旅の職人の話の二重になっている。(3)『九羽のカラス』も母親の呪いでカラスになっていた九人兄弟の話だ。呪いは妹が口をきかずに九枚のシャツを織りあげることで解除される。九人の兄弟と一人の妹だが、これで分身のセットになっている。類話ではカラスの数は変動し、場合によっては一人でもいい。白鳥の話の場合には、兄弟の一人だけ、白鳥のまま残る。白鳥の騎士だが、彼は白鳥の牽く舟にのってやってくる。白鳥分身である。

「グリム伝説集」より

ピピンには二人の息子がいたが、この二人は異母兄弟だった。そして瓜二つだった。

カールは寵姫に夢中になって、その死後も添え寝をつづけた。カールの口中に秘宝の石があり、それを捨てると目が覚めて、死者との添え寝もやめた。石がもう一つの人格だったのである。

シュヴァーベン公バルタザールには子がなかった。そこで生まれたばかりの猟師の子を隠密にひきとって、公子として育てた。大きくなった公子は猟師と瓜二つだった。

二人の金髪の若者（『ハンガリー民話集』より）

三人娘が仕事をしていると王子がとおりかかる。それを見て、三人目が言う。わたしと結婚すれば、二人の金髪の子供を産むわ。王子はその娘と結婚する。娘は金髪の双子を産む。宮殿には鉄の歯をした老婆がいて、子供たちを二匹の子犬とすり替え、子供たちは池のほとりに埋める。そこから二本の木が生える。王女の代わりに王子の妃には老婆の娘がなる。池のほとりの木の葉をヤギが食べ、金色の毛のヤギを二匹産む。老婆はヤギを殺させるが、骨のかけらから二匹の金色の魚が生まれる。それを猟師がとると金髪の二人の青年になる。二人は殺された王子たちであることがわかり万事うまくゆく。

『備後国風土記』より

蘇民と巨旦は兄弟で、兄の蘇民将来は貧しく、弟の巨旦将来は豊かだった。武塔神が訪れ、宿を求めた。豊かな弟は断り、貧しい兄が歓待した。昔話だと、宿を断った金持ちのほうは、一家全員猿になったなどと語る。

『アイヌの昔話』より(4)

パナンペがいた。ペナンペがいた。

パナンペは毎日川へ行って、氷に穴をあけてそこへマラをいれた。するとそのまわりに魚がよってきた。それをすくいあげてたくさん魚をとった。ある日、ペナンペがやってきて、その秘密をおしえてもらった。ところが一晩氷のなかにマラをつけていたら、マラが抜けなくなった。そこでカカをよんで鉞で氷を割ってもらった。ところが鉞がそれてマラを切ってしまった。「しっぽのつり」として世界中に分布する話。

むかしパナンペがいた。ペナンペがいた。

パナンペはごちそうをつくると浜辺へいって、おかみさんを仰向けにねかせて、手足と頭を砂にうめ、「真ん中の穴の」ところにごちそうをつめてかえった。そこへ、米や酒をいっぱい積み込んだ舟がやってきて、ごちそうをみつけてたらふく食べ、「穴のなかに指を突っ込んで撫でまわし、指についた汁をなめた」。するとその穴がひくひくと動いた。それを見て舟の人たちは、ばけものだと叫んで逃げだした。パナンペがそのあとへやってきて、米や酒を回収した。その話を聞いて、ペナンペは真似をして失敗する。

二、海外の文学

陳玄祐《ちんげんゆう》『倩娘《せんじょ》』唐代

王宙は子供のころからいとこの倩娘と一緒に育って、将来を誓い合った仲だった。が、娘はほかの男のものになろうとしている。王宙は絶望のあまり、都へ上る船に乗った。しかし、娘はその後を追ってきた。二人はそのまま夫婦になって五年が経った。子供も生まれた。

倩はいちど親の家へ行ってみたいといいだした。そこでまた船に乗った。そして叔父の家へ行ってみると、意外な話が待っていた。倩娘は、王宙がたってから病に伏し、いままで寝たきりなのだという。しかし病人は王宙の姿を見ると、立ち上がって外へ出てきた。そこへ船の中から、もう一人の倩娘がでてきて、二人はぴったりあわさってひとりになった。(5)

中世文学『アミとアミル』

アミとアミルは父母を異にしながら、瓜二つの騎士として育った。二人は兄弟の誓いをたて、一方が王への讒言で決闘をしなければならなくなったときは、身代わりにたって、相手を打ち負かした。その後、彼は業病に冒され、人々の恐れ、遠ざける存在となったが、兄弟の誓いをたてたアミルはアミをあたたかく彼の城に迎えた。そしてある晩、天使が訪れて、友を癒やそうというのなら、彼の子供たちを殺してその血をアミにそそげばいいと言って去っていった。アミルは逡巡ののち、天使の言うとおりにして、アミを全快させた。殺された子供たちも生き返る。これはグリムの「忠実なヨハンネス」、日本の「孫の肝」などのモチーフである。孫や幼子を犠牲にすると友人の業病が癒え、幼な子も何事もない。

セルヴァンテス『ドン・キホーテ』一六〇五年

「この主人と家来のような一対の気違いはこの世でも誰も見たことはなかったろう」。同じことを公爵夫人もいう。「ドン・キホーテ・デ・ラ・マンチャ様が気違いで、足りなくて、おバカさんなら、従士のサンチョ・パンサはそれを知りながら、それでもその人に仕えてついて歩き、雲をつかむような約束を後生大事にしているんだから、これはもう間違いなく、ご主人に輪をかけた気違いで馬鹿にきまっている」。雲をつかむような話というのは、サンチョ

『ドン・キホーテ』(1863 年版)挿絵

に島をひとつくれてやって、それを治めるようにという話である。その話は一〇日間という期限付きではあるが、公爵のいたずら心から実現する。その間はサンチョが後編の主人公になる。前編では、有名な風車相手の決闘ではサンチョは傍観者にとどまるが、そのあとの馬方たちとのいざこざなどでは、サンチョもドン・キホーテとともに殴るけるの乱暴を受け、半死半生の目にあう。そこでドン・キホーテが調合した霊薬を飲んで、サンチョがはらわたがひっくり返るような目にあい、そのあとは学生たちのいたずらの犠牲となって、毛布に乗せて、空中に放り投げられるような目にあう。これもサンチョだけの災難である。この宿屋には後編でも一行は立ち寄り、大騒ぎを演ずるが、この時はサンチョは傍観者にとどまる。主役はドン・キホーテで亡霊相手の戦いのつもりで、葡萄酒の革袋を突き刺したりする。最後の冒険は某王国の王女で、巨人に王国を略奪されて、ピレネの山中に亡命しているという設定の美女を助けて、王国の王権回復にむかう冒険だが、最後に立ち寄った例の宿屋で狂人檻にとじこめられて村に帰ることになる。サンチョは女房と娘に迎えられて、目がさめるだろう。いずれにしてもドン・キホーテとサンチョ・パンサのペアは長身痩躯の主人と短身肥満の従士の組み合わせで、西洋文学をとおして屈指の道化主従である。騎士物語のパロディというよりは、騎士物語を読みすぎて頭のおかしくなった郷士とその従者として、神話的な人物像といえよう。(6)

ポトツキ『サラゴサ手稿』一八〇五年

盗賊ゾトの二人兄弟、異国の美女エミナとジベデの二人姉妹、二重の冒険、全編二重性に支配されている。ユダヤ人女性レベッカは天上の双子の花嫁になる運命である。レベッカの兄はシバの女王の二人の娘と結婚させられることになっている。レベッカのいいなづけたちは鏡のなかに姿をあらわす。

作者ポトツキはフランス語で書いたポーランドの外交官。

シャミッソー『影をなくした男』一八一四年

ペーター・シュレミールはある富豪の家で灰色の服を着た奇妙な男に出会う。男は彼に影を売らないかという。ペーターは深く考えずにその申し出を受けいれる。男はペーターの影をくるくると巻き取って、ポケットに入れ、代わりに無尽蔵の金袋をくれる。金をいくら取り出しても、袋はすぐいっぱいになるのだ。彼はその金で立派な屋敷を買い、下男を雇って、豪勢なくらしをする。しかし、彼が行くところではどこでも、彼に影がないことがわかって追いだされる。森林官の娘に惚れて、結婚を申しこむが、影がない人には娘はやれないと断られる。絶望にくれたペーターは屋敷も下男も捨てて、放浪に出る。その旅の途中、彼は例の灰色の服を着た男に再会する。男は魂とひきかえに影を返そうというが、ペーターは男をふりきって逃げだす。そしてとある町の市場で長靴を買うと、それが七里靴だった。その靴のおかげで彼は世界をまたにかけて、歩きまわる。

『影をなくした男』(1823 年版) 挿絵

ホフマン『大晦日の夜の冒険』一八一四年

エラスムスはいたずら女ジュリエッタの懇請に負けて鏡像を渡してしまう。旅から帰ると子供がお父さんは鏡のなかにいないといいだす。エラスムスはなくした鏡像をさがしに旅に出る。

ホフマン『悪魔の霊酒』一八一五年

修道士メダルドゥスが不思議な霊感をうけるようになったのは、戸棚にしまわれていた小箱のなかの「悪魔の霊酒」を飲んでからだというように思いこむ読者が多いが、それだけではないだろう。説教をしているときに柱の陰になったようなところにもたれかかっている異国の画家の姿を見たときから[7]、彼は不思議な分身の世界にみちびかれたのだ。遠藤周作の『スキャンダル』でもそれは講演会の最中におこった。戸口に近いところに立って皮肉な笑みをうかべて彼のほうを見ている男に気がついたときから、彼の分身の迷路のなかの彷徨がはじまったのだ。ホフマンの場合は、それは彼の運命をつかさどる異国の画家フランチェスコの亡霊だった。彼が魔女と交わって産ませた子供から呪われた一族の係累が生まれたのだ。彼はそのことはまだ知らなかった。しかし彼が垣間見て狂おしい恋に身をこがしたアウレリエも、彼の分身となってつきまとうヴィクトリンもいずれもその呪われた家系の末裔だった。そして彼の破滅は「悪魔の霊酒」に手をだしたときにはじまった。その呪われた酒を一口飲んだときから、彼は霊感にみたされるのを感じた。彼の説教は霊感にとんだ熱弁によって、評判になった。やがて彼は修道院の特使としてローマに派遣されることになった。その旅の途中、とある崖の上で眠っている軍服姿の男を見た。ちょっと身動きすれば崖から落ちてしまう。メダルドゥスは思わず声をかけ、男の肩に手をかけた。びっくりした男は跳ね起きたときの勢いで、そのまま崖から落ちていった。これが、彼にどこまでもつきまとう分身のヴィクトリンだった。ヴィクトリンは崖から落ちても死ななかった。崖をよじのぼった彼は木のうろに隠されたメダルドゥスの僧衣を着こんで、その僧衣に書かれた名前のメダルドゥスになったつもりになって、本物のメダルドゥスのあとを追うことになる。メダルドゥスのほうは、運命のいたずらから、立ち寄った城でヴィクトリンと間違われ、男爵夫人の火のような接吻をうける。しかし彼の心にはふと見かけたアウレリエのことしかなかった。そのアウレリエの部屋へ押し入ろうとするときに彼の邪魔をしたのは、これも彼の分身の一人になるヘルモーゲンだった。メダルドゥスはヘルモーゲンを殺して、城を逐電する。以来彼には死んだと思ったヴィクトリンと彼が殺したヘルモーゲンの亡霊が分身となってつきまとう。さらに彼の冒険には理髪師のベルカンポがつきまとい、危険な目にあうたびに彼を救いだす。これも彼の友好的な分身だった。究極は異国の画家が残した手記で明らかになる。ヴィクトリンは彼の異母兄弟だった。アウレリエも彼の父親ののち添えの娘だった(8)。

ホフマン『マドモワゼル・ド・スキュデリ』一八一九年

パリ警察の捕吏デグレはさんざん考えた末に、幾人かのデグレをつくるというトリックを思いついた。歩き方、身振り、言葉遣い、姿かたち、顔つきに至るまで、彼らは実物そっくりだった。

ゲーテ『ファウスト』
第一部 一八〇八年、第二部 一八三三年

『ファウスト』は分身劇である。メフィストフェレスはファウストの魂をめぐって、神と賭けをする。この段階では彼は神の敵対的分身である。そしていよいよファウストの魂の誘惑にかかると、今度は彼の分身となって、地上の幸福を彼に教える。教授者的分身である。彼はファウストにマルガレーテを誘惑させる。子供が生まれる。マルガレーテはその子供を殺して牢にいれられる。牢に彼女を訪れたファウストの背後にはメフィストフェレスの影が見える。

ウジェーヌ・シベール
《ファウストとメフィストフェレス》
1900 年頃

ファウストは彼女の兄と決闘して相手を殺す。第二部ではヘレネがでてくる。ファウストは盲いて死ぬ。メフィストフェレスは賭けに勝ったかに見える。

テオフィル・ゴーチエ『恋する死女』一八三六年

ロムアルドは司祭叙任の日にクラリモンドをみかけ恋のとりこになる。しかしC村の司祭にとって、浮かれ女と会う機会はない。そんなある日、臨終の秘跡をさずけてくれと言ってきたものがいる。連れられてゆくと、女が死んで横たわっている。顔にかけられた布をもちあげてみるとそれはクラリモンドだった。死んだ女はにっこりと笑っておきあがる。以来、ロムアルドと女はヴェネチアで、夜ごと歓楽の日々をすごす。彼にはヴェネチアにいるのが彼なのか、C村の田舎司祭が彼なのかわからなくなる。ここではC村とヴェネチアが実際には遠くはなれているのか、それとも、毎日通うことができるくらいの距離なのかは問題にはならない。ヴェネチアは不可能な夢なのだとしておこう。あるときそのヴェネチアで、彼が寝ているとクラリモンドがヘアピンをとって彼の腕に刺し、にじみ出た血をすすっているのに気がついた。クラリモンドは吸血鬼だった。しかしロムアルドは彼女の素性をうたがうつもりはなかった。今が幸せならかまわない。C村での退屈な日々もヴェネチアでの歓楽の夜々がたとえ幻惑であってもそれが続く限り、彼は幸せなのだ。そんな思いの日々のある日、老師

クラリモンドの墓を暴く司祭
『恋する死女』(1855年版)挿絵

がやってきて、お前は死女の幻にとりつかれているといい、彼を墓場につれてゆく。そしてクラリモンドの墓を暴いて、彼女の遺骸に聖水をふりかける。すると、生きているように血色のよかったクラリモンドが消えさって、一握りの灰が残っているだけだった（灰にはフランス語で遺骸と実際の灰の二つの意味があり、ここではどちらを指すのかわからない）。もはやヴェネチアの貴公子は消え去り、C村の司祭だけしかいなかった。

『ウィリアム・ウィルソン』（1935年版）挿絵

エドガー・アラン・ポー
『ウィリアム・ウィルソン』一八三九年

ウィルソンのかよっている学校にウィリアム・ウィルソンという、彼と同じ名前で、顔つきも背格好もそっくりな学生が現れた。学校を終えて、イートン校へ行くようになった時も、ウィリアム・ウィルソンはついてきた。そして、学生同士のカードの賭けゲームでは、語り手のいかさまをウィリアム・ウィルソンは見やぶって、みんなの前で彼をののしった。彼はオックスフォードを追われるようにして退学し、パリへ、ローマへ、転々としたが、そのどこへもウィリアム・ウィルソンはついてきた。そして、最後の時はついにやってきた。彼はウィルソンを掴まえて、小部屋へ引き込み、決闘をした。彼の剣は相手の胸に刺さった。しかし、その切っ先は同時に彼の胸を突き破っていた。

ジェラール・ド・ネルヴァル
『カリフ・ハーキムの物語』一八五一年

ネルヴァルは『オーレリア』で、狂気の発作をおこして留置所へ収容されたときに、彼を引き受けに来た友人たちが、同時に留置所にいれられていたほかの男をつれてゆくのをみて、「そいつじゃない、俺だ」と叫ぶのだが聞いてもらえないという話からはじまって[9]、分身が離脱して彼の「いいなづけをうばってしまう夢などを展開し、物語の最後のほうで、口のきけない、目も見えない青年の患者に出会い、それこそ自分のかわりに贖罪の行に服する分身であると思い込んで、彼に一心に幼い頃聞いた童謡などを歌ってきかせたりしているうちに、その患者の目が開いて心も開いてゆく奇跡を語っている。そうやって同病の患者を癒やしてやったことで、彼自身の試練としての狂気を脱してゆく様子が語られるが、その患者こそ、彼の病気を癒やすために送られてきた分身であると思い込み、夢では、彼と、おおいなる女神とともに、天空を騎行して天のエルサレムにたどりつくのだが、彼にはまだ地上ではなすべき勤めがあるとして、地上に舞い降りるのである。作者の狂気はついに癒えることはなく、冬のある朝、陋巷《ろうこう》の下水取り入れ口に首をくくって死んでいるのを発見される。

その彼は分身譚をいくつか書いているが、『カリフ・ハーキム』はそのひとつで、カリフがハシッシュ宿で出会った彼に瓜二つの青年をめぐる奇譚である。カリフはおしのびで、民衆の生活をのぞいて歩くのを習慣にしていたが、あるとき、ハシッシュ宿で、その青年に出会う。しかしその青年のことは、彼の敵である宰相も把握しており、カリフに瓜二つであるのを幸い、偽カリフとして、宮殿に拉致されてゆく。本物のカリフのほうは、ハシッシュ宿で、自分こそ本物のカリフだとくちばしる狂人として狂人牢にぶちこまれている。カリフは牢でおこった暴動を幸い、牢をぬけだして宮殿に帰るのだが、そこでは灯火があかあかとともり、偽カリフとカリフの妹との婚礼がおこなわれている。彼のいいなづけと分身との婚礼の夢は『オーレリア』でもでてくるが、ここでもひと騒ぎのはてに偽カリフは放逐され、宮殿には秩序がもどったのだろう。しかし、カリフは例の瓜二つの青年に場末の広場に呼び出され、そこで、青年によって殺されようとする。あわやというところで、青年は、カリフをみとめ、二人でその場を出奔する。物語の結末ではカリフは山中の部族ドルーズ族の始祖となったとあって、婚礼の場のところ以降は、悪夢の連続のように描かれていて、物語としては明瞭さを欠くが、分身とカリフとは二人そろって山にこもったというのが、幻想譚としてはふさわしいだろう。ついでにいえば、永遠の花嫁であるカリフの妹も分身たちとともに山に走ったとしなくては、ドルーズの始祖になったという結末にそぐわないだろう。

ネルヴァルは狂人牢にいた国王を自称する狂人の物語も『ラウール・スピファムの物語』に書いている。またゲーテに倣って「人間は二重だ」ともいう。「どんな人間の中にも、観客と役者が、語るものと答えるものがいるんだ」。その代り、自分にそっくりの分身に出会ったことは、カリフ・ハーキムの物語以外には語られていない。そっくりでなくとも、自分の役割を横取りする人物の話は、上述した拘置所での身元引き受けの話にあるが、それ以外は婚礼の夢で、分身が彼の婚約者を横取りして婚礼をあげる場面があるくらいである。作品を書いていると、それがそっくり誰かに横取りされて、その誰かの名前で発表されてしまうという話は、ベルギー幻想派にはあるが、ネルヴァルではない。

ドストエフスキー『分身』一八四六年

ゴリャートキン氏の失脚あるいは精神病院への収容はかならずしも新ゴリャートキン氏があらわれたからではなかった。別にゴリャートキン氏の分身がいないところでも、ゴリャートキン氏はへまな失策をして、上役のひんしゅくを買っているのである。彼がピロシキを食べるところがある。彼はピロシキを一つ食べて、一つ分の支払いをする。するとボーイがいやお客様は一〇個めしあがりましたという。新ゴリャートキン氏がほかの九個を食べていたのである。ピロシキ一〇個というのは異常な量である。間抜けな顔をしたゴリャートキン氏がやってきたのを見て、彼をからかってやろうとして、九個食べて、さっとずらかったのである。それは新ゴリャートキン氏である必要はない。誰でもいいのである。はめられたゴリャートキン氏が間抜けだっただけだ。彼が役所で書類をつくっていて、上役のところへもっていこうとしている。それを新ゴリャートキン氏がさらって、彼の代わりに上役のところへもってゆく。ゴリャートキン氏がまごまごしているすきに、同僚がすばやく行動するのである。こんなことは一回だけのことではないだろう。また、すばしこい同僚は新ゴリャートキン氏だけではあるまい。ゴリャートキン氏は何をするのでもまごまごして、はたで見ていてもいらいらするのである。そこで、誰かが、その書類をさらって、自分がつくったようなふりをして、上役のところへもってゆく。間抜けな役人にはよくあることである。彼は上役の娘の誕生祝のパーティーにでかけてゆく。ところが彼は招かれてはいなかった。招待客のリストにはいっていなかったのだ。うまく立ち回って、招待してもらうように根回しをしていればよかったかもしれないが、彼にはそういうことが苦手なのだ。分身が登場しなくとも、彼が、呼ばれていないパーティーでうろうろするということはよくあることだったかもしれない。事前工作はできなかったが、その代わりに窮鼠猫を咬むといった居直りにおいては、大胆なことをする。裏口からはいりこんで、令嬢と踊るのだ。ただ、彼は何をやらせてもへまばかりやるので、このときも令嬢の足をふんずけたりして散々な目にあう。このときは新ゴリャートキン氏はまだあらわれてはいない。二人が出会うのはその夜更けである。夜中の道を歩いていると彼と同じ方向へ歩いている人物に気がつく。相手は彼の家にやってくる。ゴリャートキン氏はその男が彼の失脚をまって、彼の後釜にすわろうとしていることを予知するどころか、バカ正直に偶然の出会いだと思って喜んでしまい、分身をもてなし、彼の家に泊めてしまう。ところが翌朝になると影も形もない。泊めてもらったことの礼も挨拶もなしに姿をくらましているのである。普通ならそこで、この分身には警戒をしてそのあとは付き合いをひかえるところだろう。しかしどこまでお人好しなのか、彼は分身に出会うと喜んで近寄ってゆくのである。このあたり、ゴリャートキン氏のお人好しぶりがきわだっていて、分身氏と容姿が似ているとか、彼に不利になるような行動をするといったことは、ゴリャートキンは気がつかない。気がつかない以上、そこには分身葛藤は生じていないのである。『分身』と題しているが、ただひたすら小心で、社会適応性に欠ける小役人の間抜けぶりが際立つだけで、分身が登場して、社会的にスキャンダルをおこしたとか、犯罪に近いまでの不器用さをしめしているということはつゆほどもない。分身がいなくとも彼は早晩失脚するはずだし、役所でも社交界でも恥をかかされるのは必定である。

ドストエフスキー『白痴』一八六八年

「ムイシュキンの愛情生活は分裂している。彼はアグラーヤを捨て、不幸なナスターシャのもとに走る。公爵とロゴージンは、互いに相手の分身である。地下の意識の決して切り離すことのできない、二つの半分なのである」（ジラール）。物語は汽車の中で、ラゴージン（ロゴージン）とムイシュキンが出会うところから始まる。次にムイシュキンがモスクワからもどってきたときも、ラゴージンと話す。ラゴージンは言う。「俺はな、おめえが目の前からいなくなると、すぐにおめえが憎くてたまらなくなるんだ」。憎みあう分身である。ナスターシャをめぐって三角関係になる間柄でもある。しかしその心的態度は正反対である。「二人があの女に惚れるのだって、やり口がまるっきり別だ」。彼らは互いの十字架をとりかえて、たがいに首にかける。

アンデルセンの『影』だとそうはいかない。影が自立し、彼の支配を脱するばかりか、彼の主人になりかわって、彼に命令し、彼をふみつけにする。ホフマンの『悪魔の霊酒』だと崖からつきおとされたヴィクトリンが、たまたま林のなかに落ちていた修道士の僧服をきこんで、そこにぬいつけてあったメダルドゥスの名前を自分のものにして本物のメダルドゥスのゆく先々にでてきて、邪魔をし、屋根の上で決闘をしようという。メダルドゥスとしてはこの気の狂った分身にはそれほど存在をおびやかされることはないが、自分自身、誰なのかわからなくなるところはある。

ドストエフスキー『永遠の夫』一八七〇年

主人公はまさしくゆがんだ鏡であり、伊達男ヴェリチャーニノフはこのゆがんだ鏡の中に、彼のドン・ファン的な自己満足の分身を見る。(10) その分身に彼はどこへいっても出会う。分身は彼の家にまでおしかけてくる。T市にいたときにこの分身の女房と関係をもっていた。今この分身がつれてやってきた娘リーザは彼の子供かもしれない。

ドストエフスキー『カラマーゾフの兄弟』一八八〇年

イワンは彼を一目見るなり、自分の心の中にもこの召使スメルジャコフが座り込んでいたことを、そしてほかならぬこの男を心が我慢できずにいることをさとった。

「あいつは俺なんだ。俺自身なんだよ。俺の卑しい、卑劣な、軽蔑すべきもののすべてなのさ」。

カラマーゾフ四兄弟はそれぞれ分身同士である。父殺しに関して、遺産分配の不満と、情婦をめぐる葛藤からもっとも強い動機をもっていたドミトリーは、実行のきっかけをつかめなかった。スメルジャゴフが彼の欲望を代行し、その罪の罰もドミトリーがかわってひきうける。流刑地へすすんで赴くのである。

スメルジャコフ自身はイワンの教唆によって父殺しをおこなう。イワンは犯行をそそのかしたあと、これが実行されるべき日に旅行にでていて、ひそかにイワンの考えていた犯行が実行されることを願っていた。スメルジャコフは父親に認知されずに下男としてこきつかわれる。その恨みはいずれ父殺しになるはずだった。末息子のアリョウシャはドミトリーに親近感をいだいていた。純潔と放蕩、無為と行動、すべてにおいて対極的な兄弟だったが、分身意識は強かった。アリョウシャには教導者的分身とみられる長老ゾシマがいた。イワンには誘惑者的分身として小悪魔がいた。スメルジャコフには最大の敵分身として父親がいた。その父親にたいしてスメルジャコフとドミトリーは同一目標をもった分身同士だった。結果的にも実行者と贖罪者となる。そしてイワンが教唆者であり、アリョーシャが改悛者・代苦者となる。

分身のテーマは、実に様々な形で、時には、それとはわからないような形で、ドストエフスキーの全作品にあらわれている。ジラールは次のように述べている。

「共同の分身としてはカラマーゾフの兄弟とスメルジャ

コフの問題がある。スメルジャコフはイヴァン（イワン）にとっても、アリョーシャにとっても、ドミトリーにとっても、欲望や罪を代行する共同分身なのである。ある意味では彼はスケープゴートでもある。共同体の代理として彼らの罪をせおって死ぬのである。スケープゴート的分身の代表的なものは十字架のキリストであろう」。

　スメルジャコフはイヴァンの分身である。イヴァンに教唆されて父親を殺す。イヴァンは自分は手をよごさずに父殺しをおこなう。しかし裁判では、前から父親を殺してやると言っていたドミトリーが犯人とされ、シベリア送りとなる。彼は真犯人の身代わり分身となる。スメルジャコフは実行犯である。犯罪にかかわらないのはアリョウシャだけだが、彼もゾシマ長老を否認して修道院を抜けだし、父殺し兄弟同盟の一員として、精神的に罪を引き受ける。彼らは分身兄弟であり、悪の誘惑に勝てない存在である。

「人は、ロマン主義的な分裂から人格化された分身へとゆっくり移行していったのと同じように、分身から悪魔へとすこしずつ移行していく」（ジラール）。

　ジラールに拠れば、『カラマーゾフの兄弟』以前には、分身のテーマに悪魔のテーマが混入してくるようなことは一度もなかった。

　また、地下室の心理学全体が、キリスト教の構造の反転イメージとして、すなわち、まさにその分身として、ドストエフスキーの前に現れたのは、『悪霊』からであった。

ハーマン・メルヴィル『白鯨』一八五一年

　エイハブはかつて彼の片足をくいちぎった白鯨を追って

『白鯨』（1892 年版）挿絵

五つの海を経めぐる。そしてついに追いつめた。三日間、鯨と彼とは死闘をくりかえす。勝ったのは鯨だ。エイハブは索にからまって海底へひきずりこまれた。彼にとって白鯨は不倶戴天の敵としての分身だった。

ヴィクトル・ユゴー『レ・ミゼラブル』一八六二年

ジャン・ヴァルジャンのあとを執拗に追いつづけるジャヴェール警部は彼の分身である。最後はジャン・ヴァルジャンの生き方に感化され、セーヌ河に身を投げて死ぬ。「ジャヴェールを驚かした一事は、ジャン・ヴァルジャンが彼を許したことであり、彼を茫然自失せしめた一事は、彼自らがジャン・ヴァルジャンを許したことであった」。

フォルチュネ・デュ・ボアゴベイ『鉄仮面』一八七八年

鉄仮面はルイ一四世の双子の兄弟で、生涯鉄の仮面をかぶせて、海の中の牢獄に幽閉されていたという伝説があるが、ボアゴベイは、まったく違った独自な解釈をもとにしている。生涯仮面をつけて収監されていたのは、国王暗殺の陰謀をくわだてたモリス・デザルモアーズという人物で、双子などとは関係がない。仮面も似た生涯をおくった別人物とあえて混同するようにかぶせられていたのではなく、仮面をかぶせられた囚人は何人かいたというだけで、仮面の謎は追及されない。ただ人物を特定できないために、ソワソン伯爵夫人が、自分の恋人ではないかと思って、彼の周辺につきまとったという話はあるが、夫人は自分の身が危なくなると、国外へ逃亡して囚人のことは忘れてしまう。

ジャヴェール警部
『レ・ミゼラブル』(1862 年版) 挿絵

マーク・トウェイン『王子と乞食』一八八一年

トム・キャンティは王太子に瓜二つだった。彼はあるとき宮廷に紛れ込んで、王子と話をする。王子は冗談として互いの着衣をとりかえてみようという。そしてトムの襤褸着を着た王子はちょっとしたきっかけで王宮の外へ飛び出し、衛兵たちに乞食として追い払われ、その間にトムが王子として、そして間もなく国王としてあつかわれることになる。最後は本物の王子が宮殿にもぐりこんで戴冠式で、それまで行方不明だった玉璽のありかを明らかにして国王として認知される。

『王子と乞食』(1881 年初版)挿絵

スティーヴンソン『ジキルとハイド』一八八六年

ジキルは変身の秘薬を発明した。それを飲めばハイドに変わる。容貌は醜怪で、寸詰まり、精神は極悪で、さまざまな犯罪に手をそめる。ジキルは薬の効用で自由にハイドになり、ジキルにもどっていたが、あるとき、薬が効かなくなったのに気がついた。薬の成分が変化して変身できなくなったのである。

モーパッサン『ル・オルラ』一八八七年

セーヌ川をみわたす家で川を見ていると、白い瀟洒な三本マストのブラジル船籍の船が通ってゆく。それとほぼ時を同じくしてブラジルで新しい疫病が流行っているという報道に接する。彼は、そのブラジルの疫病の主が彼の家にとびうつってきたのではないかと思う。夜中に水差しの水が飲んだ覚えがないのになくなる。家のなかに誰かがいる気配がする。本のページがひとりでにめくられる。庭ではバラの花が目のまえで見えない手によって摘まれる。鏡に姿をうつしてみると、彼と鏡の間に何者かがいるように、鏡に彼の姿はうつらない。彼はその何ものかが、ル・オルラという名前の知られざる新生物でもあるかのように思われる。とうとう彼は、そのル・オルラを焼き殺そうとして、家に鍵をかけて、火をつける。分身はしかし殺されはしなかった。

アンブローズ・ビアス『双子の一人』一八八八年

ヘンリーには双子の兄弟ジョンがいた。ジョンはジュリアと婚約をした。ヘンリーはある晩、街を歩いていて、見知らぬ男女の密会の場を目撃し、その二人がいかがわしい家へはいってゆくところを見届けた。ヘンリーがジョンの婚約者を紹介されたのはそのあとである。ヘンリーは彼女にあなたと瓜二つの人を見かけたとうちあけた。女は毒をのみ、なぜかジョンがピストル自殺をした。女には知られてはならない秘密があった。ジョンの自殺はヘンリーとの瓜二つの相似と関係があるだろう。数年後ヘンリーは街で女の密会の相手とばったり出会った。男はジョンの名前をあげて、こぶしをふりあげた。男はジョンが彼らの密会のあとをつけ、秘密を暴露したものと思い込んでいたようだ。あるいは彼ら二人の秘密の情事にジョンもくわわっていたのかもしれない。

オスカー・ワイルド
『ドリアン・グレイの肖像』一八九〇年

ドリアン・グレイと画家はさるサロンで宿命的な出会いをする。以後、彼がいないと制作ができない。霊感のもとなのだ。そしてある日、ついにドリアンの肖像を描くことになった。出来は申し分ない。若さと美の極致である。しかしドリアンは変わった。すさんだ生活をして女を捨て、自殺に追いこみ、友人を殺しまでした。その都度、肖像画をみると、そこには悪徳のためにしわのよった顔があった。彼の代わりに肖像画が歳とればいいと願ったのだ。「刻一刻、一週間また一週間と画布の上の姿は老けてゆく」。そしてナイフを胸にさしてその悪徳の生涯に終止符をうったとき、かたわらには永遠に変わらぬ若さと美との典型である彼の肖像があった。

ジャン・ロラン『仮面の孔』一九〇〇年

舞踏会にゆく。仮面たちが壁にずらりと並んでいる。その仮面を持ち上げてみると、その下にはなにもなかった。

ギヨーム・アポリネール
『贋救世主アンフィオン』一九一〇年

彼は世界八四〇カ所に神出鬼没装置を設置し、同時にその八四〇カ所に出現できるようになった。彼をピストルで撃つと、世界の八四〇の街で彼がピストルで撃たれて倒れた。

フランツ・エレンス『法律にない犯罪』

作家である私は着想がゆたかに沸き起こってくるのを感じながら、いざそれを書こうとすると一行も書けなかった。

そのうち彼は、ゴムリという男が彼の頭の中にしかないはずの着想を利用してつぎつぎに作品を発表しているのに気がついた。ゴーストライターというものがあるが、これはまさに分身としてのゴーストライターだった。「私」の作品はすべて彼によって剽窃され後には何も残っていなかった。

アルジャーノン・ブラックウッド
『ミリガンだった男』一九二三年

幸田露伴の『観画談』に似た作品。中国の山水画で、舟とそれをこぐ人物が描かれている。それを愛玩していた男が画面にすいこまれて、いまや舟にのっている。舟にのっているのが二人の男だと思っていたら、ひとりになっていた。そこへ電報がとどく。「ミリガン死す」。

ジュリアン・グリーン『地上の旅人』一九二七年

青年は地方都市の大学へはいるために、その都市にやってきた。はじめての街で途方にくれていると親しげに近づいてくる学生がいる。彼はその学生に身の上をうちあけ、頼りにする。どこへゆくのにもこの学生についてきてもらわないと何もできない。そのうちに下宿においていた金がなくなる。いつも自由に彼の部屋へはいりこんでいるその学生が金を盗ったのではないかと疑う。だれも信じられなくなった彼にその学生は本当の素性を明らかにしてゆく。最後は悪魔的な力とはげしく戦ったあげく、谷川に突き落とされて死ぬ。見知らぬ学生は悪魔としての分身だった。残されたものの証言によると、彼はいつもひとりぼっちで、下宿に訪ねてくるものもいなかったという。彼の分身ははじめから、彼を誘惑する幻影としての分身だった。

ジュリアン・グラック　『アルゴールの城にて』一九三八年

アルベールが一人で住んでいる城に謎の女ハイデと、彼の分身エルミニアンがやってくる。三人の関係はハイデの死とエルミニアンの殺害でおわる。

マルセル・エメ　『第二の顔』一九四一年

セリュジェはある朝、起きてみると顔が変わっていた。その顔で役所に手続きでゆくと、写真が似ていないといわれる。外を歩いていて、昔からの友人に出会うと知らん顔をされる。しかたなしに第二の自分になったつもりで、家には外国へ出張してくると言って、外国にいっていることにする。三カ月ほどすると変身はやんでいて、もとの顔にもどっていた。

ジャン＝ポール・サルトル　『出口なし』一九四四年

俺は俺自身を付け狙った。俺の後を尾行した。なんだか一生涯、自分を尋問し続けたような気がする。出口のない密室に幽閉された三人はいざ、扉があいてみると外へでることをしり込みする。密室の中で、分身同士、追いつ追われつの戦いをつづける。出口のない状況は世界大戦をまえにした状況と同じである。地球脱出の可能性があっても、だれひとり、脱出をこころみるものはない。

カルヴィーノ『真っぷたつの子爵』一九五二年

戦場で砲撃をうけて二つに割かれた男が片側ずつ生き延びて、善半と悪半となって、善と悪をなす。二人は決闘をして、たがいに切り分けられたところからくっついて合体する。

三、日本の文学

六条御息所の生霊

産褥にある葵の上に物の怪、生霊などが取り憑いていることは源氏も目撃する。御息所が生霊（分身）となって葵の上にとりついていることは、衣服についた辛子の匂いか

葵の上に取り憑いた六条御息所の生霊
（葛飾北斎『北斎漫画』より）

ら御息所本人にも認識される。結局、葵の上は死ぬ。

芥川龍之介『二つの手紙』

手紙の主は妻と有楽座へゆき、休憩のときにトイレにいって戻ってくると、妻が廊下で彼にそっくりな男と話している。「私は、その時その男に始めて私自身をみとめた」。二度目は駿河台下の街頭で「私と私の妻とが肩を並べながら、睦まじそうに立っていた」。家へ帰ってから、妻にといただしたが、外出はしなかったという。三度目は家のなかで、妻と男が彼の日記を読んでいるところへ帰ってゆく。「私はこのとき、第二の私と第二の私の妻とを、咫尺の間に見た」。世間は彼をあざけり始めた。手紙の主の妻は失踪した。彼が自分の分身を見たというのは個人的な問題で、公衆の面前で彼が二人に分裂するのを目撃されているわけではない。とすると、にもかかわらず世間の噂になっているというのは彼の思い込みで、「赤の他人の癖に、思いもよらない侮辱をくわえるものも、決して少なくはございません」となると、被害妄想をうたがわれる。妻の失踪も妄想とみられるが、渡邊正彦が、「妄想ではなく、事実であろう」と言っているのは奇妙である。第二の私を見たというのも「事実であろう」となりかねない。ただ、『歯車』で鏡のなかに第二の僕を見たといっているのは「事実」であってもかまわない。

梶井基次郎『ある崖上の感情』

二人の青年がある崖の上のながめについて話している。そこから見える家々の窓から、絡み合う男女の姿が見える。そう話していた青年は自分の窓から崖の上を見ている。するとその話を聞いていた青年が崖の上にあらわれる。

「あれは俺の空想が立たせた人影だ。俺と同じ欲望で崖の上へ立つようになった俺の二重人格だ。俺の欲望はとうとう俺から分離した」。

梶井基次郎『Kの昇天』

満月の夜に海岸で溺死した青年の死についての想念で、ハイネの詩をもとにシューベルトが作曲をした曲がでてくる。「ドッペルゲンゲル」である。青年は自分の影にみいられている。「『影とドッペルゲンゲル』私はこの二つに、月夜になれば憑かれるんです」。

泉鏡花『眉隠しの霊』

幽霊あるいは自己像幻視の例であるが、蒸発した男の消息を聞きに山の温泉にきた女が、湖の伝説の奥方の扮装をして眉をそりおとすと、それにそっくりな女がむこうからやってくる。それを先導する番頭と提灯もゆらゆらとゆれる。女とすれば、男をとりこにするという伝説の湖の奥方になってみたい。そんな自分をさがしにその山の宿にやってきているのである。男に逃げられたというより、男が山住みの女に手をだしたと言われて恥をかかされた女が、こんな私がいるのに、といってやってきて、その湖の伝説を聞いて、眉をそりおとして雪のなかをひとり歩いているところを妖怪だとみあやまった猟師の鉄砲にあたって、死ぬのである。

鏡花には自己像幻視の名編『星明り』もある。鏡花については、第三部に「自己像幻視と分身」として、詳述した。

宮沢賢治『双子の星』

天の川の西の岸にチュンセ童子とポウセ童子の水晶の宮がある。二人はそこで、星めぐりの歌に合わせて、一晩銀笛を吹く。あるとき二人はほうき星にだまされて、天の川の河口のほうから、海の底へ落される。しかし二人は竜巻にのって天の水晶の宮にもどる。

萩原朔太郎『月に吠える』

　　見知らぬ犬

この見もしらぬ犬が私のあとをついてくる、
みすぼらしい、後足でびつこをひいてゐる
不具の犬のかげだ。

ああ、どこまでも、どこまでも、
この見もしらぬ犬が私のあとをついてくる、

きたならしい地べたを這ひまはつて、
わたしの背後に後足をひきずつてゐる病気の犬だ、
とほく、ながく、かなしげにおびえながら、
さびしい空の月に向つて遠白く吠える
ふしあはせの犬のかげだ。

この犬は同行者か、追跡者か、どこまでもついてくる放れ犬がいるものだ。人恋しげに、一片の愛撫と一片のパン切れをもとめてついてくる。もちろん詩人の病んだ意識の投影だ。どこかの曲がり角で、ふっといなくなる。すると、まるで、影を喪失したかのようににわかに頼りなくなる。病気の犬でも同じく病気の詩人にとっては心のささえになる同行者だった。同じようにさびしい人影がなつかしいこともある。

さびしい人格が私の友を呼ぶ、
わが見知らぬ友よ、早くきたれ、
ここの古い椅子に腰をかけて、

二人でしづかに話してゐよう、

（さびしい人格）

幸田露伴『風流仏』

旅の彫り物師珠運は、木曽路の宿でお辰に会ってこれこそ天の恵みと祝言をしようとする日に、お辰は都へさらわれるように去ってゆく。女の叔父は恋も未練も所詮影法師への執着というが、珠運はその面立ちを古木に彫って女菩薩もかくなるべしと腕を振るう。しかし都の女がほかの男のものとなるという便りをきいて、斧をとり、渾身の思いをこめた菩薩像を打ち割ろうとしたとき、ピグマリオンの故事さながら、彫像に血がかよって、玉の腕が仏師の首を抱きしめ、唇がひたいにおしつけられる。影法師は仏師の執念をうけて生ける分身となった。

幸田露伴『五重塔』

ライバル同士の十兵衛と源太、竣工を前にして大嵐となった日、源太は「ぐるぐるぐる大雨を浴びながら塔の周

りをまわっていたそうな」「親分ではない商売上敵じゃそうな」。わずかな瑕疵でもあれば、詰め腹を切らせるつもりだったライバル分身である。

太宰治『人間失格』

道化を演じていた少年はやがて成人に達するが、酒と女に身を持ち崩し、まともな人間ではなくなる。そのとき彼を退廃のほうへ導いていたのが、友人堀木だ。

「自分と堀木。形は二人似ていました。そっくりの人間のような気がすることもありました」。「堀木と自分。互いに軽蔑しながら付き合い、そうして互いに自らをくだらなくしてゆく」。

堀木「この世の人間の営みから完全に遊離してしまって、戸惑いしている点においてだけは、たしかに同類なのでした」。彼らは「ヴィヨンの妻」が言う「人非人」である。「人非人でもいいじゃないの。私たちは、生きていさえすればいいのよ」。脳病院への収容は、ドストエフスキーの『分身』の最後を思わせる。

渡辺啓助『盲目の人魚』

戦地帰りの鴨志田にそっくりの分身がつきまとう。それが遅れて復員してきた本物の鴨志田で、鴨志田になりかわっているのは顔の似ているいとこである。

小川未明『港に着いた黒んぼ』

あるとき港についた黒人が、娘を見て、あなたは南の島で笛を吹く盲目の少年と一緒に歌をうたっていた娘さんではないかという。それを聞いて、弟が行方不明になった娘は「もう一人、この世の中には、自分というものがあって、その自分は、わたしよりももっと親切な、もっと善良な自分なのであろう」と思う。この分身は害をなす分身ではなく、遠くの島にいる、まったく同じような運命の分身である。

谷崎潤一郎『友田と松永の話』

物語は松永儀蔵の妻の手紙からはじまる。松永は三、四年ごとに姿をくらます。姿をくらましているあいだは、上海やら欧州やらで肉食中心の生活をして二〇貫の堂々たる体躯になるが、日本にもどっているあいだは一二貫の痩せ男になる。太った男は友田で、痩せは松永だ。その二人は同一人のようでもあるが、違う人間のようでもある。ジキルとハイドだ。松永の妻はその間の事情をかぎつけたらしい。東京や横浜でカフェにいりびたり、金髪娘の淫売宿を経営する友田こそ、彼女の悲しいうらびれた夫のもう一つの顔なのだ。

江戸川乱歩『パノラマ島奇談』

菰田と人見、その二人は　顔かたちから、背格好、声音にいたるまで、まるで瓜二つだった。その瓜二つの富豪が死んだ。それを聞いて人見は、まず自分が海で自殺したことにして消し去り、ついで瓜二つの死者を墓から掘り出して、その墓から死者が生き返ったことにして、富豪になりかわり、死者の財産を横領する。完全犯罪は建築現場からコンクリート詰めの死体があらわれて発覚する。それよりも後をつけてきた探偵が、彼のすべてを見抜いていた、こちらのほうが追跡者としての本当の分身であろう。

山川方夫『お守り』

友人がダイナマイトはいらないかという。自分が自分でなくなるときのためのお守りだ。友人は公団住宅に住んでいる。同じような建物がならんでいる。ある日、彼にそっくりな男が彼の前を歩いていて彼の住んでいる棟にあがってゆく。そして彼の家のドアを開けて、中へはいる。彼もそのあとについてはいると妻がびっくりする。男は違う棟の同じ番号の部屋に住んでいた。棟を間違えたのだ。男はいつもカバンを大事そうにもっていた。カバンにいれてもって歩いていたのはダイナマイトだった。あるとき、それが爆発して死んだ。

佐藤春夫『田園の憂鬱』

彼のそう叫んだ声は、あの人影の声とそっくりであった。そうしてすぐに同じ言葉を呼び返したために、彼の声はちょうど人影の声の山彦のように聞こえた。もしや、あの時俺が、この俺自身の同一人が二人の人間に分かれたのではなかったか。

梅崎春生『幻化』

五郎は病院を抜けだして、飛行機に乗った。隣に会社員が乗っている。同行者だ。枕崎まで車で同乗した。その途中、会社員が最近妻子を交通事故で失ったことを聞く。枕崎でわかれたが、阿蘇へゆくと、またその会社員とあった。会社員は奇妙な賭けを申し出た。これから火口をまわってくる。そのあいだに火口へ飛び込んだら勝ち、とびこまなかったら負けという。五郎は承知した。そして気がつくと、会社員にがんばれと言っている。彼も火口に飛び込みかねないのだ。そこへくるまでの坊津では終戦間際に同僚を死なせていた。海に泳ぎにでて、帰ってこなかったのだ。五郎が病院へはいっていたのもそのＰＴＳＤだった。第三部の「近代文学における分身像」で詳述。

三島由紀夫『金閣寺』

金閣寺には徒弟が三人いた。そのうちの一人鶴川は主人公の陽画といわれる。主人公が陰画である。

その鶴川は交通事故で死ぬ。「私と明るい昼の世界とをつなぐ一縷の糸が、彼の死によって絶たれてしまった」。それによって彼の決断はすすめられた。「私の内界と外界との間のこの錆びついた鍵がみごとにあるのだ」。金閣寺を焼くのである。彼の分身は金閣だった。そこに至るまで、彼を後戻りできないまでに悪へおしやったのはもうひとりの分身柏木である。柏木がいなければ、彼も陽画の世界にとどまっていたかもしれない。

三島由紀夫『孔雀』

動物園で孔雀が大量に虐殺された。被害は数回におよんだ。近くに住む孔雀好きでしられた富豪がうたがわれた。その富豪と刑事が張り込みをしていると、野犬をひきいる人物の姿が月の光のもとにうかびあがった。それはその富豪の若いときの写真にそっくりな青年だった。富豪の執念が投影された分身だった。

つまらぬ一人の男の無為で退屈な人生を長らえさせるために、彼の幻影の美少年が不断の殺戮を繰り返している。現実の彼は、無気力と凡庸の代表者となり下がった存在であるが故に、孔雀の殺戮者としての資格を欠く。そこで内なる分身が出動したのであろう。

稲垣足穂『一千一秒物語』

「ポプラが両側に並んでいる細い道を行くと、その突き当りに、自分によく似た人が住んでいるという真四角な家があった。近づくと自分の家とそっくりなので　どうもおかしいと思いながら戸口をあけて　かまわずに二階へのぼってゆくと　いすにもたれて　背をこちらに向けて本を読んでいる人があった『ボンソワール』と大きな声で言うと向こうはおどろいて立ち上がってこちらをみた　そのひととは自分自身であった」。

福永武彦『世界の終り』

人影はどんどん近寄ってくる。

私は知っている。それが誰だか。
それはお前だ。
もう一人の私が街のほうに向かってどんどん遠ざかって行くのを。私の後ろからきて私に先立って歩いて行く者の姿を。
もちろん私がしょっちゅう探していたのは、もう一人の私だったに違いない。
私は遠い所へ行っていた。ずっと北の寂しい河のほとりだった。
誰かほかの人の口
私の本当の口はどこかへ行ってしまった
私よ、もう一人の私よ
もう一人の私が持って行ってしまった。思い出とか、希望とか、愛とか、愉しみとか、感情とか
あの女は影のように私につきまとい、決して姿を見せず、私をあざわらっている
この女が私を殺し世界を終わらせる
あれはいったいだれなのか。それはもう一人のお前だ。

離人症の女がそれは私ではないといいながら、夫の病院の診察室へはいりこみ、睡眠薬か何かをとって、自殺をはかった。そのときは早く気が付いて、処置をしたので、命はとりとめたが、もう一人の私という幻覚はいやまし、再度自殺をこころみる。地方のさびしい町のちいさな病院で、姑と夫と三人でくらしている。楽しみも気晴らしもない。自分自身と顔を突き合わせていて、その閉塞状況をのがれるすべがない。他人とはすべてもう一人の自分である。そんな世界を終わらせたい。

福永武彦『めたもるふぉおず』

夢のどの場面でも、冷血な、仮面をかぶったような無表情な男が部屋の隅にいて、虐げられる伊沙子をじっと見守っていたが、文平にとって一番怖かったのは、その男が実は彼自身にほかならないことを、彼が自分のうめくような恐怖の叫びの中でさとった瞬間だった。

石川淳『山桜』

昔関係のあった女のところへゆくと、途中で「おじさん」とよびかける子供の声がする。その子供の顔をみてぞっとする。「今目のあたりに見る顔は私の顔よりほかのものではない」。子供の案内で目指す家について、ベランダに招かれると、そこに昔の女と、彼女をさらった男とがいる。女は彼のほうを見ようともしない。彼は女の顔をデッサンする。そこではっとした。女は二年前に死んでいるのだ。

円地文子『小町変相』

死を賭して舞台にたつ老女優の凄絶な最期を予測させる中編のなかほどに、ドッペルゲンゲルという言葉がふと出てくる。マネジャーのような役割の女と女優とが分身同士だというのである。女優は長い女優生活のあいだに、一人の男と深い仲になったことがあった。その男はライバルの女優にとられたが、その息子が不思議な縁で彼女の生活にはいってきた。その青年との愛はかつての失恋の復讐の意味ももっていた。青年はかつての恋人の分身だった。

円地文子『遊魂』

葵祭の翌日、小糠雨に濡れながら、上賀茂の境内を流れる疎水のほとりにたたずんでいると、「細い流れの縞をかきよせるように不確かな女の顔が揺れ、それはまさしく自分の顔でありながら」他人の顔にも見えるのだった。そして「昨日、下賀茂の社頭で東遊の舞の間に鳴っていた冴えない琴の音がほろほろとおぼつかなく聞こえるように思われて振り返ると、自分よりも少し若いかとおもわれる女が……仄暗い中に浮かんで見えた」。その知らない女は、彼女の中から滑り出てきたのだ。以後、彼女はその彼女の中の女と会話をかわす。「私が心でだけ思っていて、果たせないこと、それをやってくれるものがあれば、あなたのほかにはない」。その傘がすうっと立ち上がった。「やっぱりあなただったの」。そのあと、さまよいだした彼女の魂は新幹線に乗って、婿の欣吾の席へいって、熱海でともにおりて、ホテルへゆく。しかし彼女の本当の思いは、そのころ一〇年ぶりにアメリカから帰ってきた三厨のほうへ漂いだしている。本格的に降り出した雨のなかに三厨の声が雨をつたって聞こえてくる。しかしそれもふっと聞こえなくなる。「雷雨の中に聞いた声が、自分のうちに蘇ってくるのを待っていたが、スウィッチの切れたように、そのあとはふっつり聞こえなくなった」。その声は欣吾の肉体をもとめる。

「私の上にくぐもっていて、私自身にさえ正体の知れないあいまいなあの女のほかには彼の内側へはいってゆく能力をもっているものはない」。「それは、意識しないうちに、自分の中から抜け出していったあの女が三厨に」会っている。

円地文子『うしろすがた』

車に乗っていてふと見た女のうしろすがたが気になる。いつかどこかで見た女のような気がする。いや「あれは誰でもない、どこで会ったというでもない、自分のうちに昔々から住んでいる女だった」。

円地文子『鬼』

熊野の旧家の娘に家付きの鬼がとりつく。結婚話があるたびに鬼がでてきて、相手の男をとり殺したり、あるいは相手の男が乗り換えようとした女を自殺させたりする。「鬼が非常手段をとる時がきた。彼女のうちの鬼が、某女を殺したのである」。「華子は、自分のうちに母から移ってきた鬼が潜まっていることをほとんど意識の外へ締め出していた」。しかし彼女が行くところ、いたるところで人死にがある。この分身は内心の鬼なのである。

大岡昇平『野火』

ころがっている人肉をくおうとして右手を伸ばすと、その手を左手がおさえる。

「これが私が他者により、動かされだした初めである」「私の半身、つまり私の魂は、その鷺といっしょに飛び去った。

第三部の「近代文学における分身像」で、詳しく論ずる。

遠藤周作『スキャンダル』

彼とそっくりの男がいる。講演会の会場にも現れて、入り口近くで皮肉な笑みをうかべていた。「嘘をついているなお前は」と男が言っているような気がした。

パーティーでは見知らぬ女がちかよってきて、また遊びに来てという。彼にそっくりの男がいかがわしい界隈に出入りし、いかがわしい「遊び」をしているらしい。彼もその仲間に引き入れられる。そしてそのホテルから、相手の少女をつれて外へでたところを、彼をつけていたジャーナリストにフラッシュをたかれて、写真をとられた。ジャーナリストはその写真を出版社に持ち込んで恐喝をした。

いかがわしい店でいかがわしい「遊び」をする。そのためにはかならずしも分身が登場しなくともいいだろう。誰にでも意識の下に隠している欲望がある。それがそとへ現れるなら、二重人格で、分身ではない。事実、「スキャンダル」では、彼に瓜二つの人物は物語の進行に不可欠ではない。むしろエヌ夫人という女性のほうが、彼・小説家に「わるい遊び」の導きをする。もうひとつ、この小説家はカトリックの信者である。それも小説の筋には直接関係はしない。

安部公房『他人の顔』

化学の実験で薬液をかぶって顔面にひどいやけどをしてケロイドだらけになった男が、仮面を作りだす。昔の夢でもう一人の父が戻ってきた。前の父と全く同一人物で、ただ、かぶっている帽子だけが違っている。その夢を見たころ、仮面が完成した。仮面をつけて鏡を見る。見知らぬ男が、冷ややかに僕を見返していた。そしていよいよ出かける。新しい他人の顔を通って、新しい他人の世界に出かけよう。翌日はアパートの隣の部屋を「弟」のために借りた。「弟」というのは、むろん、もう一人の仮面の僕のことである。仮面製作のあいだは出張をしていることにした。そして彼は仮面をつけて、彼の妻を誘惑しにでかける。僕が二重の存在だったように、お前も二重の存在になっていた。僕が他人の仮面をかぶった別人なら、お前は、本人の仮面をかぶった別人だった。あとでわかるように、このとき妻は仮面に気がついていた。僕は自分を回復するつもりで、仮面を作ったはずなのに、できてみると、仮面は僕から勝手に逃げ出してしまい、それでは大いに逃亡を楽しんでやろうとひらきなおると、今度は僕がその前に立ちはだかって邪魔をする。仮面をつくって自分をとりもどそうとした彼は失敗する。隠れ家の管理人の幼い子供にさえ、彼の仮面はみやぶられていた。妻は家を出てゆく。もっともこの結末は明示されない。彼は待ちつづける。結末の二ページ前におかれた映画は何をいいたいのだろうか。顔半分にケロイドをおった娘が兄に接吻をもとめて海で入水自殺するという映画である。

「素顔に対する仮面が、派生的に二重化された主語であり、二重化された意味されるものであるとすれば、地謡や合唱隊に対する表としての仮面や舞台面は、反対に、派生的に二重化された述語であり、二重化された意味するものである」（坂部恵「仮面の解釈学」）。

岡田秀文『影ぼうし』

自分は誰なんだろう。記憶喪失の男のところへ執拗な電話がかかってくる。「ワカナマコト、お前はお前の罪を贖わなければならん」。ワカナマコトというのは彼の分身なのだろうか。調べてゆくと、若菜というのは女を誘惑しては金を貢がせ、金づるがつきたとみると、駅のホームやビルの屋上から女を突き落とすといった犯罪をかさねている男だった。その誘惑魔と自分が違うことをどうやって証明したらいいのだろう。被害者の親は娘の部屋に残されていた髪の毛と彼の髪の毛のＤＮＡ検査をして、同一人だという。しかし彼は白血病で、骨髄移植をしていた。若菜の血液が彼の体内にはいっているのだ。すべての証拠が彼こそ誘惑魔の若菜であると告げている。最後はもちろん若菜の仮面がはがされ、彼の無実は証明される。

阿刀田高『しらない旅』

「分身が見たり聞いたりしたことは、当の本人は全く知ることができない」。「私」は昔の女と名古屋のホテルで、あいびきをすることにした。しかしホテルには彼の妻らしい女がちらちらとするだけで、昔の女はこない。いや、一度はきたのだが、すぐに姿が消えた。そして、その旅のあと、都合がつかなくなって名古屋へいけなくなったという手紙がきた。彼女の訃報がとどいたのはそのすぐあとである。名古屋へ来たのは彼女の分身だった。

森真沙子『エイプリル・シャワー』

予備校生の哲也はマンションの窓から同じマンションの向かい側の部屋の女を望遠鏡で覗いている。ある時、哲也は望遠鏡で覗くだけでは我慢ができなくなって、屋上から向かい側の部屋へしのびこむ。」そこの窓から見ると向かい側に自分のマンションの窓が見える。そこから、ほかならぬ自分がこちらをじっと観察しているような錯覚におそわれる。女は黒い革のベルトで拘束されていて、足元には男があおむけに横たわっている。その男の顔は哲也の顔だった。彼の欲望がそこに横たえた分身だった。このあたりは梶井基次郎の崖の上からの覗き屋の情景を思わせる。女はあおむけに寝た男の顔の上にかがみこむ。やがて女の股のあいだからは金色の細い流れがちろちろとほとばしり、しだいに勢いをまして、熱帯雨林のスコールのような奔流となってくる。哲也はその生暖かい液体を自分の頬に感じ、黄金のシャワーに包まれて至福と陶酔をあじわう。女の股の下に横たわる男は哲也の欲望がそこに投影した分身だった。

赤川次郎『忘れられた姉妹』

中年の父母がそれぞれ不倫をしている。その現場を娘の克子が目撃したものと思って両親はあわてる。そんなはずはない。克子は部屋で寝ていたのである。しかしボーイフレンドの増田も克子と寝たという。克子には覚えがないことだ。知らないうちに彼女の分身が両親の情事を目撃し、ボーイフレンドとホテルに行っている。克子には双子の妹がいた。生まれてすぐに死んでしまったが、克子は、その双子の妹があの世から戻ってきて、彼女の周囲にあらわれるのではないかと思う。「私とそっくりの誰かが、私を騙って、勝手なことをしている」。家へ帰るとソファに自分がすわっている。「母の浮気、父の浮気、どっちもちゃんと知っていたうえで、もう一人の自分として見に行った。「見た」事実は予想以上に残酷だった。しかしそれがどこまで「事実」かはわからない。思春期の娘の分身幻想である可能性は高い。双子の妹がいたという妄想に加えて、父母がそれぞれ不倫をしているというのも妄想かもしれない。少なくとも父の相手が自分であったというのは、エレクトラ・コンプレックスだろう。

東野圭吾『分身』

分身というのは自分とそっくりのもうひとりの人間に出会うときに成立する。そっくりというのは瓜二つというのとはちがって、役割がおなじだけで、容姿は違っていてもかまわない。東野のこの小説では本当の意味の分身はでてこない。そっくりな人物が二人いるが、その二人は最後のところではじめて遭遇する。それまでは二人は出会わないのだ。したがって、そっくりな分身が主人公の目の前にあらわれたり、あるいはしらないところで、悪さをしていて、主人公の評判をおとすといった分身劇は演じない。ただし写真があって、そっくりな人物がいることは主人公には知らされる。テレビにでて、それを見た人が主人公だと思ったりする。この主人公と分身には、誕生の秘密があることがぼんやりと推測される。双方の母親が不慮の事故をおこして死ぬ。彼女たちはどうやって生まれたのか、母親たちはどうやって死んだのか謎を解明しようとする。その二人の謎解きのルートは最後の邂逅に向けて進んでゆく。

北川歩実『もう一人の私』より

「分身」　交通事故で植物人間になった青年に瓜二つの「僕」がなりかわる。青年には妻がいる。事故は彼女が起こした。高速道路の壁にぶつかったのだ。彼女は別居をしているが、妊娠している。彼女は義母としめしあわせて病人を殺した。「僕」が分身の役をする必要はなくなった。

「替玉」　福山はバーで会ってホテルへ一緒にいった女のアパートへ行った。ドアが開いていたので、中へはいると女が殺されていた。あわてて逃げ出したが、殺しの容疑者になるとまずい。まえに替玉受験をして医学部へいれてやった男のことを思いだして、呼びだして、今度は彼の替玉になってもらうことにした。ところが事態は意外な展開をする。女を殺したのはその替玉の男だった。彼は殺害の時刻についてアリバイが必要だった。福山は彼に女のアパートにゆく前に寄った食堂のレシートなどを渡す。いまやアリバイが必要になったのは福山のほうだった。福山と替玉の男とは顔が似ていた。

「婚約者」　ある時、部屋へ帰るとドアがあいていて、見知らぬ女がいた。彼の婚約者だという。彼になりすました男が約束をしたのだ。そして金を要求した。彼の目的はそこにあったようだ。女はその男を花瓶で殴って殺した。そしてその足で語り手のところへ来た。そして準備していた婚約パーティーにでてくれという。名前を騙られたうえに、いまや殺人の嫌疑までかけられるようになっている。死体がそこにある。加害者は彼の「婚約者」だ。いまさら婚約は「もうひとりの自分」がしたことだなどと言って通るわけがない。

村上春樹『ダンス・ダンス・ダンス』

札幌のホテルで主人公は羊男と再会する。そこは一種の欄外の世界だ。羊男を内部にかかえた主人公はその周辺に影のような人物たちを配置して彼の世界をつくっている。「私はあなた自身の投影にすぎない」。映画俳優の「五反田君は僕自身なのだ」。五反田とかかわりのある女たち、キキとメイは殺される。「僕は自分の影を殺すみたいに彼女を絞め殺した」。五反田も海に車を突っ込んで死ぬ。

村上春樹『街とその不確かな壁』

一九八八年の『世界の終りとハードボイルド・ワンダーランド』の「世界の終り」の部分を発展させたもの。三五年後の改作である。一七歳の少女は「本当の私が生きて暮らしているのは、高い壁に囲まれたその街の中なの」。「今ここにいる私は、本当の私じゃない。その身代わりに過ぎないの。ただのうつろうかげのようなもの」と言っていた。

図書館と壁の中の街（この中にも図書館がある）にそれぞれ、二重の人物がいる。毎日図書館にかよってきていた少年はあるとき、神隠しにあったように姿を消すが、壁の中の街にその姿をあらわす。この世で愛を誓った少女は、壁の中の街で記憶をうしなって図書館の司書をしている。この世界で、田舎の図書館の館長をつとめる主人公は、壁の中の街に第二の人生をもっている。その複数の人物のあいだで、時折彼は、自分は誰なのだろうと問う。

「どうしてこの少年が私であり、私がこの少年であるのか？

深く暗い夜の眠りの中で、私とイエロー・サブマリンの少年とは一つに混じりあったのだ。」少年はイエロー・サブマリーンの絵のついたパーカーを着ているので、そう呼ばれている。

「君と僕とはお互いのたりないところを補い合っている。」

主人公の二重化はすでに壁の中の街を去るときに生じていた。それは彼の「影」とその喪失だった。

「僕はもう一度、その影と一体になることを求めている」。そこへ、イエロー・サブマリンの少年がやってくる。

少年は夢読みとして主人公のあとを継承する。

「あなたの分身を信じることが、そのままあなた自身を信じることになります。」

この世の田舎の図書館とそこでの館長としての地位がすでに夢魔の中の場所であり、夢の人格であったなら、壁の中の街という場所とそこでの生活は、さらに一段深く降りた夢の中のそれだった。

一六歳の少女は高い壁の街のことを語る。主人公はその街にはいりこみ、少女に出会う。影をせおって、南の溜まりへいって、影を放してくる。五五歳の中年の主人公は山の中の町の図書館の館長になる。それは高い壁の街の図書館のダブルである、そこで彼は、影のように感じる。思い出の街で少女は影をともなっていた。

「そうその世界では人はみんな影を連れて生きていた」。彼女は壁の中の街では、図書館ではたらいている。彼も図書館にかよって「夢」を読んでいる。「この町では人は影をもたない」。この第九章の冒頭の二句の矛盾はどう解すればいいのだろうか「そこでは」というのを現実の街とすればいいのだろうか。それにたいして、「ここでは」「人は影をもたない。街へはいる人は入り口で門衛に自分の影をあずけなければいけなかった」。「影を身につけたまま壁の内側に足を踏み入れることはできない」。この「影」が「分身」であることは「自分の分身をみすてようとしている」という文章に明らかである。この「分身」をいずれのちほど背負って行って、「溜まり」に捨てる。

彼は彼女と「もうひとりの彼女」について話す。「それは私の影のことかしら」。

物語はそのあとは、現実世界の地方都市の図書館の話になる。そこのもとの館長はいう「あなたは影を失った経験をお持ちのかただ」。そのもと館長は、「もう死んでしまった人間」だとうちあける。図書館に毎日のように通ってきていた少年がいたが、ある日、失踪した。例の高い壁のある街へいってしまったのではないかと思われる。彼も夢でその街に戻っていた。そこには昔会っていた少女がいた。しかし彼女は言った「わたしたちは二人とも、ただのだれかの影にすぎないのよ」。また、向こうの街で図書館にかよっていた少年もいた。「わたし」は少年にたずねる。「そんなことが可能なんだろうか。もう一度自分の影と一緒になるなんて」。少年は可能だという。そして「わたし」の影についていう。「大丈夫です。心配はいりません。あなたの影は外の世界で無事に、しっかり生きています」。「そのことを信じていてください。あなたの分身を信じることが、そのままあなた自身を信じることになります」。

この分身は彼の存在をおびやかすようなものではない。ひっそりとどこかで生きている影だ。少年は彼と一体化する。一体化して、彼をとおして図書館の夢を読む。しかし外の世界では彼はZ町の図書館に館長としてつとめている。そしてときおりコーヒーショップの女性と夕食をともにしたりする。その館長室には元の館長の亡霊がときおりやってくる。また彼はときおり、「壁」を越えて、壁の中の街に戻る。それは夢であるかもしれない。しかし館長の亡霊との出会いもこちら側での夢にちがいない。彼は夢の回路をとおって、こちら側の図書館と、向こう側の図書館にいったりきたりする。彼は向こう側の図書館へいったときに影をなくしている。その後、こちら側でも「影をなくした」男となっているはずだ。彼の影はこちら側のどこかで無事に元気に生きているという。それも彼の分身のひとりだろう。向こう側の図書館で夢読みをしている男も彼の分身のひとりだ。こちら側の図書館にかよってきていた少年は神隠しにあって、こちら側では消滅した。向こう側でも正規のてつづきをへて街にはいったわけではない。夢読みと一体化して、一緒に夢を読む以外に存在はできない。この分身は彼に一体化している。一緒に川遊びをした少女は向こう側では図書館の貸し出し係をしているが、記憶はない。こちら側で、彼とときおり食事をともにするコーヒーショップの女性は向こう側にはいないが、忘れたい過去をもっているはずだ。

こちら側と向こう側、「私は何らかの力によって、ある時点で二つに分かたれてしまったのかもしれない」。「もう一人の私は今もあの高い壁に囲まれた街にいて、そこでひっそりと日々を送っているのかもしれない」。何らかの選択肢。そのつど別の選択をした分身が別の生活をしてゆく。四五歳、長年勤めた会社をやめ、山間の地方都市の図書館員になる。そのとき勤めをやめずに会社をつづけていった彼もありえただろう。「あるいは私は自分のふりをしている、自分ではない私なのかもしれない」。「それはいかにも私のように見える、そして私とそっくり同じ動作をする別の誰かなのかもしれない」。Z町の図書館は壁の中の街のダブルかもしれない。すくなくともそこは「街」のアネックスのようなところだ。そこには影のない亡霊がやってきてお茶を飲む。壁の中でも、影のない存在である「私」は図書館の女性のいれてくれる薬草茶を飲む。ある種の薬草を飲むと、幻覚剤を服用したときのように、街の中にシフトされる。少年も神隠しにあったように、街の中にシフトされてきた。Z町の図書館は、「私」のつとめていた会社でもなければ、少年のかようべき学校でもない。こちら側の社会でぽっかりとあいた穴のように、そこから向こう側の街の中にシフトされる。コーヒーショップも向こう側への入り口かもしれない。そこで飲むコーヒーが向こう側への旅の切符なのだ。あるいはこのコーヒーショップは図書館の地下にでも通じているのかもしれない。そして彼女にも影がないのかもしれない。影のない存在が行き来する亡霊の街を誰もが心の中にもっていて、なんらかの秘儀のしぐさをすれば、扉をあけて、その街にいける。そこには彼の一七歳のときの恋人もいるが、その少女は影を持たないように、記憶ももっていない。分身には記憶がないのだ。

村上春樹『羊をめぐる冒険』

背中に星型の斑点のある羊を探して、北海道の果てまでやってきた「僕」は、山の下の都会にもうひとりの彼をおいてきたような感覚をおぼえる。「この世界にもうひとりの僕が存在していて、今頃どこかのバーで気持ちよくウイスキーを飲んでいるような気がしはじめた。そちらの僕のほうが現実の僕のように思えた。どこかでポイントがずれて、本物の僕は現実の僕ではなくなってしまったのだ」。それは鏡に映った僕だったかもしれない。「まるで、僕が鏡に映った像で、像としての平板な僕が本物の僕を眺めているように見えた」。山荘を出てゆくとき、彼は鏡の前に立って言う。「うまくゆくといいね」。「うまくゆくといいね」

と相手は言った。

冒険のきっかけは「ネズミ」からの手紙だった。そして「組織」からの脅迫だった。その組織の要求するまま、背中に星の斑点のついた羊を探す旅にでた。ついたところは山の上のさびれた羊牧場だった。そこで彼は見失っていた彼自身をみつけだす。それはねずみ男であり、羊男であり、彼の分身だった。羊男は『ダンス・ダンス・ダンス』にもでてくるが、作品は続編ではない。『羊をめぐる冒険』で「なにもかもおわっている」。イルカホテルも建て替えられた。羊山荘も爆破された。羊があらたにとりついた先はわからない。

村上春樹『海辺のカフカ』

僕が僕自身を遠く離れて、漂ってゆく。自分探しの少年のオデュッセイアだ。図書館があり、森がある。森の中ではどのような他者もここで君に害をおよぼすことはない。彼は一五歳のとき、「そこにいると、自分が後に引き返せないくらいそこなわれてゆくような気がし」て家を出た。その前に母親も彼を捨てて家を出ている。彼はなぜか高松にきて、図書館で母親によく似た女性をみいだした。彼には「父親を殺し、母親とまじわる」という呪いがかかっていた。父親殺しのほうは、遠隔地に分身を派遣する超能力をもって実行し、母との姦淫のほうは、少女のころの母親の亡霊と夢の中で交わることによって行う。あるいは世代をこえた恋人として愛し合う。「あなたの恋人であり、あなたの息子です。カラスと呼ばれる少年です」。「君はそこで別の誰かになり、別の何かになる。君は別のどこかにいる」。『街とその不確かな壁』とは図書館と森との二つの地理学的トポロジーによって共通する。分身としては彼に人生の方向を指示するカラスもでてくるが、途中で消えてゆく。あるいは彼と一体化する。猫と話をする老人も死ぬ。分身を発生させる能力については、「時々自分の中にもうひとりの誰かがいるみたいな感じになる」という。彼は対象の二重化もできる。「その少女は今もあなたの中にいます。いつもはあなたの中で眠っている。でもあなたが眠ると彼女は動き始める」。彼は、そうやって二重化した世界のなかで二重の生をいきている。あるいは「みんな夢の中で生きている」。

村上春樹『ねじまき鳥クロニクル』

「僕」は夢のなかで加納クレタとまじわる。彼女は姉の加納マルタに意識を操作されて娼婦の勤めをはたしている。しかし、あるとき、井戸の底にいる「僕」に会いに来て、同じように井戸の底にとどまって考えているうちに、自分がマルタの道具になっているだけで、ただの通路のようなもの、あるいは霊媒でしかないということに気がつく。そして「新しい自分」を手にいれようとする。まず手始めに「僕」のいなくなった女房の着物をきる。どの着物もぴったりあって、自分の着物のようだ。あるいは「僕」の妻の分身になったようだ。

「少年」は夜中に起きあがって、庭の松の木の下の土を掘り返し、そこに埋められているものを確認したあと、土を戻して、部屋へ帰ってきた。そして自分のベッドに入ってねむろうとした。でもそこにすでに誰かがいることに少年は気がついた。「少年がそこに見たのは彼自身のすがただった」。典型的な自己像幻視の例である。失踪した女房クミコは自分自身によって緊縛されていた。「私の中にはもちろんそこから逃げ出したいと望む私がいました。でもそれと同時に、自分はそこにいるしかないのだ、逃げ出せるわけはないのだとあきらめている臆病で自堕落なもう一人の私がいました」。彼女はそのどちらが本当の自分なのかわからない。「本当の私とはいったいどの私なのでしょう」。

四、双生児の文学

双生児といっても容貌外観が瓜二つであるとはかぎらず、似ても似つかぬ双生児もいる。一卵性と二卵性の違いでもあろうが、文学では、対極的な二人の場合も少なくない。でなければ、漫画の『タンタン』にでてくる双子のように、同じ言葉をくりかえすような戯画的な双生児もある。ルイス・キャロル『鏡の国のアリス』の場合はそれである。

ケストナー『二人のロッテ』

二人のロッテでは、顔つき体つきは同じだが、性格が対照的である。

双子の両親は離婚をして子供をひとりずつ引き取って育てている。休暇の林間学校で、二人の子供は偶然出会って、語りあい、互いに相手になりすまして、それぞれの家へ帰ることにする。両親は離婚を解消し、一緒になる。

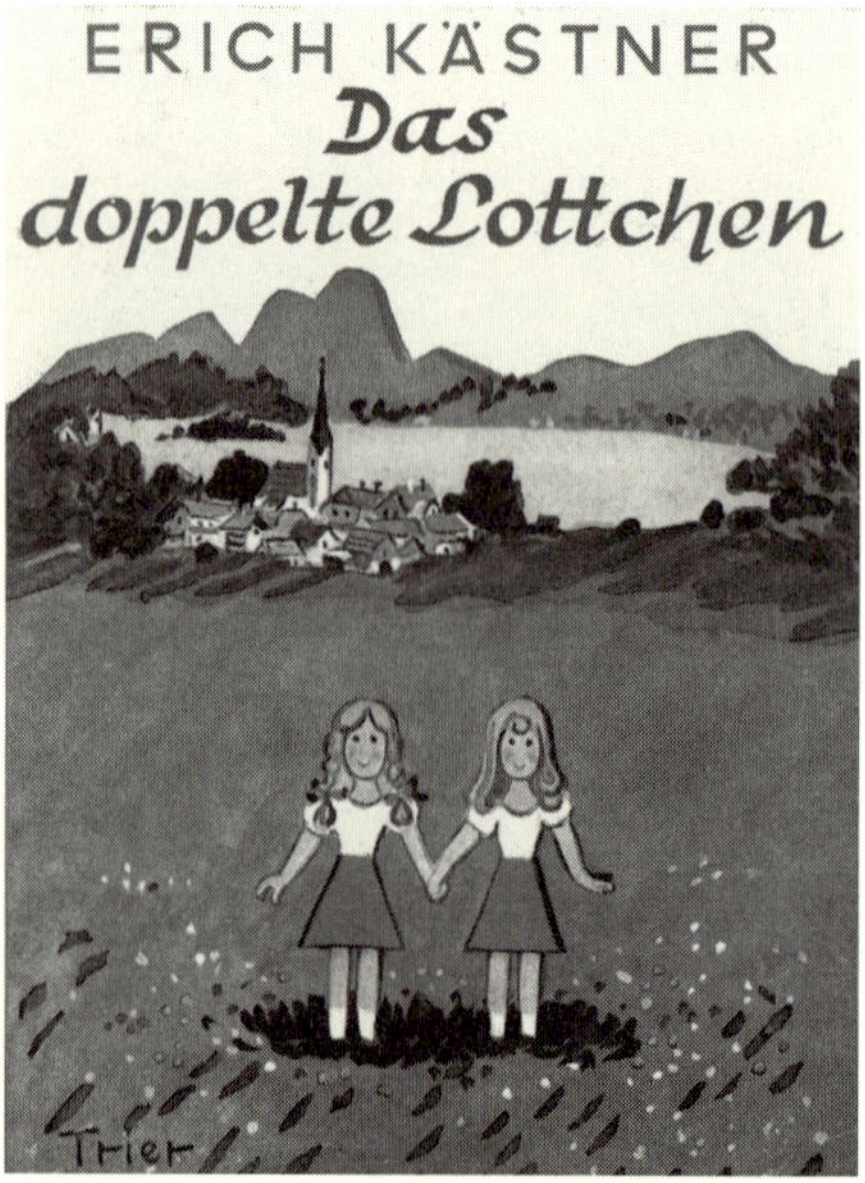

『二人のロッテ』（1949 年初版）表紙

ジョルジュ・サンド『愛の妖精』

対照的な双生児ができて、万事積極的なランドリーと引っ込み思案のシルヴィネの性格の違いが物語を展開する。

ランドリーとシルヴィネの双子の兄弟は離れ離れでは生きていけないほどの仲好し兄弟だったが、ランドリーがファデットと親しくするようになると、シルヴィネは病気になってしまう。そして死にたいと口走り、食べ物もとらなくなる。それを治したのが、魔法使いの孫娘といわれ、村八分になっていたファデットだった。ファデットに説得されて床離れしたシルヴィネは軍隊に志願して勲功をたてる。

双生児については、ルネ・ザッゾ以来、精神分析学者や精神病理学者が症例としてとりあげている。フラー・トリー他著『ふたごが語る精神病のルーツ』（一九九八、紀伊國屋書店）などという本もある。

『愛の妖精』（1851年版）挿絵

III 分身文学序説

一、泉鏡花における自己像幻視と分身

ホフマンと鏡花

泉鏡花をE・T・A・ホフマンと並べて論ずる例は日夏耿之介や斉藤信策の昔から枚挙にいとまがない。近くは笠原伸夫氏が「分身」妄執をひとしくすると説く[1]。鏡花における「分身」のテーマについても数々の論考がある。なかでも「春書」と「春晝後刻」における吉村博任氏の「自己像幻視」の症状の指摘は名高い[2]。一方、ホフマンにおいては、たしかに「分身」のテーマがいろいろな形であらわれ、登場人物や事件の構成はもとより、その世界観にまで影を落としている[3]。

しかし、病理学的な「自己像幻視」と神話・文学的な人物像としての「分身」を比較することはいささか問題である。また一般的に鏡花とホフマンを並べることにも疑問があろう。あえて比較するなら「超自然」を描くにあたっての二人の筆法と、その妄執の文学化の過程を接近させてみることで相異をきわだたせる対照法がとられよう。「分身像」のあり方のちがいもそこからなら浮かびあがろう。

ただし、それはあくまで、双方の文学に通底するところがあるとしてのことである。通底といっても、同じものを描いたというだけでは十分ではない。たとえば井上ひさし風の巧みな戯作家クロード・クロッツの『ドラキュラ親子』とその大元とはいささか比較のしようがない。シルフィードとの恋を描いたと言ってもアナトール・フランスの『鳥料理レーヌ・ペドーク』とカゾットの古典とは叙法に根本的な相異があって比較を不可能にする。

もちろん限りなく遠く見えるものを近づけてみてそこに意外な共通性をみいだすときには、たんなる影響研究などの及びもつかない成果を文学の世界に与えるものであり、たとえばマルト・ロベールの『古いものと新しいもの』などはその好例であろうが、ホフマンと鏡花となると、これ

は比較言語で言う「偽の友達」で、似ているように見えるのがくせもの、本当はまるでかけはなれているのかもしれないのである。

「似ている」と言うのは、まさに二人とも「超自然」を描いたということであろうが、「超自然」を描くとは、たとえば「恋」を描くといったことと同様、その描き方も千差万別、さまざまな流派があって、その中でホフマンは、こんにちでは「幻想文学」として分類される書き手である。(4) ホフマンには「幻想」の近縁ジャンルとしての「フェアリー」と「ゴシック」にそれぞれ接した部分もないわけではない。しかしそれらの部分をもって彼の文学の本質とすることはためらわれる。ホフマンはやはり近代文芸用語の意味での「幻想作家」である。その根本的なきめ手は作品の論理の現実侵犯性である。フェアリーの世界は現実をおびやかさずにその傍らに「付加」される。ゴシックも裏返しのフェアリーである。

そのようなホフマンの作品と比較するには比較可能な世界観をもち、そこから出発する作品でなければ、いたずらに相異のみきわだつことになる。すなわち鏡花のある種の作品について言われる「怪奇譚」という規定もゴシックとフェアリーの境にあって、日常世界に対する超自然の論理の侵犯性を告発するものとするなら、西欧の、そしてホフマンの文脈における「幻想」と比較対照することも不可能ではない。

しかし、そもそもそのような規定が可能なのだろうか。たしかに鏡花には超自然の要素が介入する作品が少なくない。しかしその描き方には告発よりは陶酔がありはしまいか。怪異を描いてもその目はどこか親しげではないだろうか。

日本と西欧の文学風土、精神風土はおのずから感触を異にしているから、西欧の分類基準に従って編纂した『日本昔話集』（小沢編）は西欧の学者からは昔話ではなく伝説の集成であるとみなされた。ホフマンと鏡花は、いかに相同的な作品を並べても、あるいは特定の妄執を重ねあわせても、その本質的なところで大きくくいちがってはいないだろうか。

鏡花の妖美世界を「怪奇」と言い、あるいは「幻想」と言っても、それは西欧の文脈におけるそれとはかなりへだたっていよう。その中では「高野聖」などはゴシック性を持っているとも言え、接点がないわけではない。しかし問題の「春晝」となるとそうはいかない。

他に、よく引かれる「化鳥」、「繪本の春」、「草迷宮」などを、ただちに「幻想」とも言いがたいし、「怪奇」ではさらにない。(5)

つまりホフマンと鏡花では作品の質も種類も必ずしも比較に適した近縁性を持っているかどうか疑わしいのである。

百閒とホフマン

わが国でホフマンに比較される作家では内田百閒がある。鏡花と百閒では、ネルヴァルとの対比でも並んで名前をあげられて、百閒のほうが近いと言われる。(6)ネルヴァルはドイツ・ロマン派の継承者としての面を持っていて、またホフマンの翻訳者でもある。(7)百閒がネルヴァルに近いと言うときには、その文学的偏執のみならず、語り口や作品形態における近縁性も指摘できなくはない。

百閒については、そのいわゆる「俳諧趣味」に識者も目をくらまされて、いかにも日本的な「ぶきみさ」を描いたものとされることが多いが、その「怪異」の種は案外に西洋仕込みである。もっとも『冥途』は世紀末調で、「山高帽子」は精神分析派好み、日本の世紀末である大正期の雰囲気につかった初期の作品はホフマンの時代まではさかのぼらない。ただ、その、「怪異」になじみ、物怖れする心を「フモール」で包んだ後期の世界には、漱石以上の「猫」派のおもかげがある。ここであえて「フモール」と言って「ユーモア」とも「ユムール」とも言わないのは、なんといっても百閒が独文育ちであるからだ。もうひとつ「猫」派と言っても「青猫」や「猫町」の猫ではなく(『冥途』はむしろそちらの「猫」だが)、『ムル』の流れを言う。ムルをさかのぼればさらに「長靴をはいた猫」、すなわち由緒正しいカラバス家の血筋があるが、日本文学の西洋かぶれはそこまで血統をさかのぼれない。

百閒にはまたホフマンを読んでいた形跡もあり、気質や趣味の点でもさして遠くはない。ネルヴァルは読んでいなかったとしても、ネルヴァルに吸収され、来たるべき世紀末的、神経症的雰囲気に色づけされたホフマンは百閒の世界にふしぎに似通ったところを持っている。

それに対して鏡花ではホフマンの直接的影響はまずありえないし[8]、作品の質や形でもあまり重なりあうところはない。またその叙法の性格や文学的感性でもむしろ二人は対蹠的であると言ってもいい。たとえばホフマン的フモール、あるいは自己嘲笑の動きにしても、鏡花の「しゃれ」や被虐趣味とは、自己の対象化の動機と方法において根本的に相異しているとみられよう[9]。

モーツァルト狂のホフマンの音感は、文体にも、あるいは「音楽的怪異」の表現においても、たとえば「サラサーテの盤」の百閒のそれに通ずるところを持っていようが、鏡花においては「春晝」の地底のお神楽、「春晝後刻」の唐獅子の小鼓といったところで、むしろ視覚的な芝居の世界の添えものとしてしか「音楽」は機能しない[10]。「歌行燈」は音楽ものというより、いわゆる芸道もの、名人ものであり、盲人を描いても、百閒の「柳検校の小閑」のごとき音感の妙を伝えることはできない。

「分身」を描いた作家としては、近代西洋ではホフマンのほかに、ドストエフスキーもエドガー・アラン・ポーもあげられる。時代が下ればレオ・ペルツの「最後の審判の神」や、ジュリアン・グリーンの「地上の旅人」もある。影の分離や動きだす肖像、二重人格や、他人の体に入りこむ話など類話は数しれない。ネルヴァル、ゴーチエ、シュオップ、モーパッサンにもある。「二重の魂」というテーマならゲーテいらい、むしろこれを扱わなかった作家のほうが珍しい。ところがそれが日本に来るとたんに類例が少なくなる。その中で例外が百閒と鏡花であるのはたしかだ（「歯車」はすでに他で論じたように真正の分身幻覚とは認められない）。しかし「分身」の描き方でも百閒と鏡花はずいぶんちがっている。

そもそも吉村氏は「春晝」の例の場面を「自己像幻視」と言って「分身」とは言わない。

ちなみに村上仁氏は「自我が二つに分離している」という意識は「統一性の異常」、二重人格や憑依状態での「変身感」は「連続性の異常」、自我の喪失感は離人症における「能動性意識の異常」として、いずれも「自我意識の異常」の下位区分とし、それと「自己像幻視」を区別して、後者をセネステジックなもの、すなわち「身体意識の異常」であるとしている。氏によれば「ドッペルゲンゲル」「影の病い」はこの後者である。(11)

「山高帽子」において描かれた、手がひとりでに動きだす感覚は「能動性の異常」になろうし、外からじっと見つめられているように思う意識は、見るものと見られるものへの「自我の分裂」にあたろう。百閒ではこの種の、「視線」の恐怖が、道の曲り角でふりかえった猫や、軒の雀の目によって与えられ、淋しいお堂の中のちろちろと燃える灯明の火には、悔恨の心が宿る。目と鼻の先の揺れる地面から飛びたつ鶴は彼の魂をさらっていって、残った肉体は亡魂のぬけがらだ。すなわち離人症的感覚や二つの自我の相剋は描かれたが、自己像幻視は描かれない。

『冥途』はほとんどが、なんらかの「自我意識の異常」を描いたが「自分の姿」を見る場面はない。その点、「自己像幻視」のあった、そしてそれをそのまま描いた鏡花とは一線を画する。

ドストエフスキー

逆に、ペテルブルクの雪の夜、暗い河面をのぞきこむゴリャートキンの傍らにすっと立った「もう一人の」ゴリャートキンは、たとえば「道連れ」や「土手」には、すくなともその「気配」としては描かれよう。現実よりは幻に属し、描写よりは暗示に近いとしても百閒には西欧的分身の影は最後までつきまとう。死んだ兄弟、死んだ友、いなくなった猫への追懐の情には奇妙な「罪」の意識がからみあう。百閒の分身は死者である。生きている主人公は死に損なった心中の片われである。鏡花でも「縷紅新草」などでは「生きながらえた」「罪」がほのめかされないわけではないが、「死んだ自分」が「罪」の清算を求めにつきまとうという構図はいままで指摘されていない。

一方、西欧近代小説の文脈の中での〈分身〉は、その〈分身〉造出の源には作者の「自己像幻視」があったとしても、ゴリャートキンIIでも、メダルドゥスにとってのヴィクトリンでも、それはなによりもまず〈人物〉であり、現実世界に生きている〈他者〉としての性格と役割を強く持っている。[12]

ウィリアム・ウィルソンでも、その〈分身〉は〈良心〉の投影であることはもちろんであり、その出現を幻とみなすこともできなくはないが、一応、書きだしは同姓同名の二人の人物がいたという設定である。『オーレリア』の分身でさえ、はじめは同じ留置場に入れられていた現実の他人である。[13]

逆に「影」や「映像」の自立の物語でも、はじめは実在しなかった分身も、やがては小説的登場人物の一人の役割を果たすようになる。文学的なテーマとしての〈分身〉は他人の空似から影武者、あるいは映像、さらには亡霊等々と、さまざまな形をとっても、いずれも「登場人物」としての役割、機能を果たすものと考えよう。

それに対して鏡花の「星あかり」や「春晝」舞台の場、あるいは「眉隠しの霊」終段は登場人物がまさに自分自身の姿を自分以外のところに見た「幻覚」であって、幻覚は一瞬後には消える。「分身」として人物の機能を物語の上で果たすことはできない。

しかし、その「星あかり」その他において鏡花世界の語りの主体によって目撃され認識された「自己像」が、その後の三人称作品の人物構造の中に西欧幻想文学の「分身」に似た存在として投影されていないとは限らない。自己像幻視者の「分身」妄想が確実に存在する以上、その文学化された人物像もあってもふしぎはない。それがはたしてホフマンの人物に一致するのか、それともほかの文学的分身像により近いか、あるいはどのようにちがうのか、問題をそのように整理しなおして考えながら、さまざまな「分身」派生のプロセスを考えてみることは、文学における人物創造のメカニズムの解明にとって必ずしも無用のことではあるまい。

そもそも「分身」と言っても近代的な意味においては、

所詮、自我意識の問題である。ヨーロッパにおいてもそれはゲーテ以降のテーマであり、善悪二元論やプラトン的二重性の議論はここでは含まない。昔ばなしにおいて主人公の「影」の部分が対立的な道づれとして随伴するというフォン・フランツの解釈も分身論ではない。ランクの古典的分身研究においても第四章、影についてのフォークロアの部分は分身観の歴史的背景とみるにとどめたい。クレマン・ロッセの最近の分身論も、「アムピトリオン」などの古典劇や、カストールとポリュックスなどの双生神神話をよりどころとする部分の議論はここでは除外する。[14]

近代的自我の成立以前には、自我の輪郭があいまいで、転生や亡霊の遊行が信ぜられていたなら、一人の人間の魂が他人の肉体に入ったり、影とともに逃げ去ったり、同時に二人の人間にひとつの魂が宿ったりすることも必ずしも現実の論理を侵犯することではなかったろう。魔術世界においては孫悟空の分身の術の如き幻術も考えられよう。それに反して一個の社会的人格、ひとつの名前に対してひとつの「魂」しか認められなくなってから、自分が自分でなくなることの恐怖が生じ、反社会的欲望を抑圧・排除された欲望の鬼子が、無意識の暗冥で成長し、宿命の四つ辻に立ちはだかるようにもなったのである。[15]人間が、「文明」の仮面をかぶったときから「森」の本性が復讐の機会をつねづねうかがってはいたものの、「自然」と共存しえていた時代には「森」の報復もさほど目立ったものではなかった。ジキルも十九世紀ロンドンでなければハイド的欲望を自由に発散させていることができたかもしれない。作者スチーブンスンもタヒチへ逃れなくともすんだかもしれない。

わが国においても、日本的な伝統が、西洋的な自我認識を迫られてもだえ苦しみつつ、少しずつ近代的社会構造の中の人間意識を獲得してゆく過程が近代文学の歴史であるなら、自我のドラマは、ひとり「カルマ氏」のドラマではない。漱石でも鷗外でも、そして三島でも大江でも「我」と「他」の拮抗のうちにその文学が築きあげられたはずである。

しかし西欧近代小説世界の二元論的人物構造のかわり

に、「我」と「他」の問題が作者と主人公のあいだの「だましあい」構造に吸収される「私小説」的雰囲気においては「主人公は作者の分身である」という通俗認識が、作者にとっても読者にとっても優先して、人物相互間の同一性の獲得競争は生じなかった。「エンマは私だ」と言うのは単純な逆説である。あるいは部分をもって全体をさし示す提喩である。それを日本の「自然主義」的雰囲気が字義通り受けとったのは、これまた明治以来の性急な近代化の過程の誤解のひとつであった。が、それは同時に、読者の意識も含めた日本の文学、すくなくとも近代文学の特性を示すものでもあった。文学者は作中人物の言行に責任を持たねばならない、「理想主義者」にも「無頼派」にも、強い倫理感を持った私小説作家同様に、それが求められてきた。日本近代文学の小説の主人公は大なり小なり、みな作者の分身である。あるいは代弁者であり、ときには人質的な保証である。作者は自分を投影した全体的な人物像をひとつ設定し、それを特定の状況の中に置いてみて社会との関わり方、人生への対処のしかたを考えてきた。どんなに顔形がちがっても主人公は作者の身替りなのだから、その彼が主体意識を混乱させて分裂しだしては作者の責任がどこかへ行ってしまう。したがって日本の近代小説には物語の中で善悪に別れて争う分身は稀で、おおくは、作者の非分裂的な影像としての単一分身しかみられない。

それに対して西洋近代小説の世界の人物像は、二元論的分裂抗争を含めて、作者の世界観をあらわすものだった。エンマだけがフロベールなのではなく、フロベールの中にはエンマを理解する部分があり、それがたえずオメー的部分、シャルル的部分と抗争している。分裂した自我の統一をめざす戦いは「カラマーゾフの兄弟」を典型例として、西欧近代社会の中の自我の意識のあり方、あらわれ方である小説世界に展開されてきた。「親殺し兄弟同盟」が一神教的権力をくつがえして、そのあとでいかにして秩序を回復するか、あるいはだれに親殺しの罪をかぶせて犠牲にするか、それを互いにさぐりあう社会の中での複雑な自我の姿を追求するものが西欧近代小説であり、その中でもっとも実験的に問題を抽出したのが分身譚であった。

一方親殺しにせよ兄弟殺しにせよ、あるいはひろく畜殺、狩猟を出発点とした殺し合いにせよ、さらには残酷な一神教にせよ、そういった「抗争」の原理のないところでは〈分身〉の問題も外へ向かわずに内へ向かうとしてもふしぎではないかもしれない。

しかし、近代日本の文脈の中にも「抗争」の原理がなかったわけではない。たとえば西欧的近代合理主義や自我の問題と日本の伝統的思考法や感性との拮抗があった。主体意識や伝統への固着が強い作家においては、西欧こそまさに対決すべき「親」になったのであり、(その逆に伝統のしがらみからの脱却が親殺し意識を生むこともありえようが)、それまでは大抵の外来の思想も神も自己の風土に同化してきたのに、はじめてここで容易ならざる敵に出会って、ようやく「自我」の問題が目ざめかけてもきたのである。

それはまさに主体意識の強弱にかかわっていた。鏡花は一見なよなよとした、自我の弱い人間のように見えるかもしれないが、そのヒステリーじみたわがままぶりや、病癖や、利己心や、マニーは相当なもので、さらにそのうえに伝統や風土にも、必ずしも洗練されたやり方ではなくとも固執していた作家だった。彼は物わかりのいい西洋理解派とはちがって、いささか独断と偏見に支えられながらも、日本の地方文化に住みついた幽霊妖怪たちの追いつめられた心性を大いに擁護したのである。「親殺し兄弟同盟」に対して彼は「日本幽霊同盟」の旗印をかかげた。そしてその偏執狂的対立の構造が逆説的に、彼に西欧的対立の理論を理解させたのである。

西欧近代合理主義

もうひとつあえて言うならば、「西欧近代合理主義」とは近代兵器を積んだ黒船を送りだした帝国主義にほかならず、西欧のそれは体制的表看板ではあっても、文化的精神状況に合致したものではなかった。世紀末においてはまさに「合理主義」が破綻に瀕していた。その、自国では通用しなくなった「合理主義」をかかげて植民地獲得に乗りだしてきた「西欧」に、風土的な幽霊たちや夢魔を糾合して立ちむかった鏡花には、かえって西欧でも体制に反抗していた芸術家、学者、文化人に通じあうところがあったのである。たとえば当時の西欧世紀末的精神状況の中でラフカディオ・ハーンはけっして特異な現象ではなかった。

近代以前と評され、江戸戯作文学の不器用な継承者とされる鏡花が、しいたげられた日本の幽霊への同情と共感をもって物質主義やいわゆる日本「自然主義」に対立し、夢幻や民間俗信の世界に不合理性の復権を求めて戦ったことはアナクロニスムではなく、むしろ異文化吸収への積極的な主体確立努力であったかもしれない。

近代と伝統との戦いは「婦系圖」などにも見るように、むしろ鏡花の基本的な主題である。普遍的理性の強制への抗議は、たとえば健常者に対する障害者（「高野聖」の白痴）や被差別者（「龍潭譚」の隠れ里）の権利の擁護としてあらわされる。山中の秘境に追いこまれた妖怪は地方的伝統の怨霊である。

鏡花の信念にしたがえば俗世の向こうに異郷がある。可見世界は不可見世界に裏打ちされている。夢や思い出がその両世界の交渉の糸口をつけるばかりか、超越界からはときおり「五彩の玉」が流れ出ても来る。現実の事象も二重の意味を持っていて、夢のお告げに従えば木の葉も錦、そこには象徴の意味と具象の意味がある。そういった「もうひとつの世界」、「もうひとつの価値」への信頼、二重世界の観念、西欧的合理社会と伝統の霊的世界の対立の構図が鏡花世界の基本にあった。

もうひとつ彼が近代日本文学の中である程度の特異性を示しえた点は「物語」性、ないし物語の論理への信頼であった。江戸戯作以来の、絵双子の、他愛もなく荒唐無稽な「物語」も、現実の体制的、合理主義的論理と、意外性を拒否する保守的現実観から見て荒唐無稽なので、偏見のない幼な子にとって血湧き肉おどる、あるいは哀切きわまりなき物語の華麗で、正義感につらぬかれた世界に嘘はあるはずがなかった。現実にはおこるはずのないことが物語ではおこるとしても、ひとつには大人の現実は嘘なのだし、物語は象徴の世界なのだし、要は世界の見方、感じ方だとたとえば「化鳥」の少年は思っていた。

ところでそのような単純明快な善悪二元論と、冒険の超越的論理、それに小道具の象徴的配置とは騎士道物語の発展の究極としての西欧十九世紀小説の基本構造でもあった。

西欧近代小説は、その伝統的な多元的物語構造の上に立って社会と個人の葛藤を描く。鏡花は、同じような物語の論理に立脚しつつ、俗世と異郷との対立を描く。描いてゆくものはちがってもその構造が平行的であれば、そこから人物創造における相同的な構造、すなわち「分身派生」的人物配置の共通性が考えられうる。それに対して、「近代的自我」という主題においてのみ西欧化した他の作家には、人物構造にむしろ日本的特質が見られた。

また鏡花は、その物語の論理への信頼から、容易に現実を離脱して物語世界に没入することができた。書きだしは作者の代弁者による観察や過去の回想という形で、きわめて作者的な人物を描きながら、一旦、物語が始動するとその物語の論理が自動的に人物を動かしていって作者的現実には思いも及ばない世界をつくりだしてゆく。自分の引きうつしであったはずの人物が、物語の酔いに身をまかせているうちに自分とは似ても似つかぬものになってゆく。物語の酔心地の中では、真実しか描かないとか、論理的に考えられうることしか描けないといった窮屈な制約はなくなり、作者が作品世界のモラルに責任をとらなければならないなどという倫理感も働かない。ときおり作者の意識がめざめても、もうその意識が化肉するべき人物は別人になってしまっている。事件の進展にあわてふためく作者像がそこにあらわれる。そこには離人症的人物創造があると言ってもいい。

「化鳥」

鏡花の離人症的人物創造は三人称作品群にのみあるわけではない。むしろそれが顕著なのが初期の一人称作品である。ただし一人称と言っても現在の自己を誠実に分析するという一人称ではない。幼時の回想の態をとったまったくの虚構である。異郷にさまよって美姫に抱かれる夢を「臆面もなく」語る。語り手が夢に酔って「我を忘れる」。その一人称もはじめから出てくるわけではない。はじめは客観的に一人の少年の姿を描く。しばらくしてからそれが自分であるとあかす。しかし物語が異郷にふみこめば、視点も語りもその少年に移行し、語り手が姿を消す。時間も物語の時間になり、描写は幼い主人公が見たまま、感じたままを批判をまじえずに語る直叙になる。しかしその子供らしい夢幻の雰囲気と超現実性が物語の論理に従って発展して現実の論理とははなはだしく矛盾するようになると、突然、最初の話者が我にかえって客観人称と間接的な時制がもどってくる。そこにはしかし、過去を回想する主体と過去の主人公とのあいだに位相の転換がはっきりと行われるわけではない。話者も読者も、主人公の姿を見ているうちについふらふらと主人公の身の上に乗りうつって、どこからはじまってどこで終るのかわからない夢に漂う。主体意識の混乱はむしろ夢からの出口に生じる。「化鳥」における時制の混乱、例の「母様が在らつしやるから。母様が在らつしやつたから」(16)もそのひとつであり、「龍潭譚」最後の「面清しき海軍少尉」もそれである。幼時体験の回想は、つつじ咲き乱れる丘をどこまでも行くうちにしだいに夢の異郷に誘いこまれる。そんな夢をたしかに昔も見たのかもしれない。しかしどこまでが現実でどこからが夢なのか、どこまでが回想でどこからが小説なのか自分でもわからなくなる離魂の酔いに、語り手は意識的にのめりこんでゆく。現実の論理への反抗のように、彼は理性の制御をふり払って夢に溺れる。非在の過去を再構成する。架空の伝記に酔うばかりか、そのまわりの世界の構造も論理も夢にふさわしく作りかえる。そしてそのような異郷体験が現実にあったのだと自分自身を言いくるめようとする。しかし最後に、その架空の過去と現実の現在とを接続させようとするとき、自己の中の批判機能が目を覚ます。あるいは夢が現実によって裏切られる。動詞の過去形と現在形、同一人物の時間を異にした二つの相が、そこでひとつの文章、ひとつの場面に混在する。むしろ話者の意識がそこに意外な自画像を見て混乱する。

空話癖、空想癖のある離人症患者が「私小説」を書く、「本当」の自己の歴史を語る。語るにつれ語りの魔力が話者の魂を異郷にさらっていって思いもかけない物語を作りあげる。それが自分だ、自分はたしかにそこにいて摩耶夫人にたしかに抱かれた、そうささやきつづける語り手の意識があり、その傍らにしかし自分はいったいだれなのだろう、なんという夢物語を語っているのだろうと自問する小説家の意識がある。語りの誠実さを要求する文学者がいる。日本の「自然主義」文学隆盛期の文学者としては、いかにその「主義」の信条や手法には反撥しても否定も脱却もできない「真実」崇拝の桎梏がある。

鏡花の夢幻風回想もの、すなわち異郷譚には、夢の中の語り手と現実の語り手との二重構造、あるいは葛藤がある。それを夢幻能の語りの構造とか、枠物語の枠のほころびと見てもいいが[17]、人物の構成から言えばあきらかに分身構造と言ってよい。

「星あかり」で「其は自分であった」と名ざされた対象は、そこでは束の間の自己像幻視で、意識は次の瞬間、その自己像の中に戻って、「蚊帳の外」の「自分の姿は」もうない。分身は動きだしもしなければ言葉も発しない。しかしつぎに「縷本の春」で、

「其奴は、……私だ」

と名ざされた対象は、そのまま、その時間、その存在を生きはじめ、「とつぷり日が暮れて……のも、そいつは知らないらしい」。

というところまでは語り手の意識がありながら、物語は語り手を無視して発展し、主人公を呑みこんでいって、やがてそれも一人称に移行して、しかしそのあげくはまた

「私は今でも、不思議に思ふ」

と現実の語り手に戻ってくる[18]。

回想がときに過去形、ときに現在形と、語りの調子につれて自由自在に変化するのは別に珍しいことではないが、語り手の意識はそのつど、ふらふらと異時間をさまよう。人称も一人称と三人称を往復し、そこにはたしかに二人の自分がいる。

「其奴は、……私だ」

と言ったとき、「私」はたしかに背後からその姿をみつめられる視線を感じている。見つめているのは「小母さん」でもあるが、またいまそれを語る「私」、「まざ〳〵と其の

景色が目に浮ぶ」という「私」でもある。見つめられているのは「頭の圓い小柄な小僧の十餘りな……」であって、「新坊」であり、「巣から落ちた木菟の雛ッ子」で、突っぱなして描かれた他人のような人物であり、せいぜいが遠い昔の自分でありながら、語り手の意識はその「新坊」の目となって土塀の破れ目から中を覗いている。

人物と意識が主体と対象のあいだを往復する入子構造なら、その中で、たとえば少年が覗いている塀の中に、もう一人の自分の姿があったとしてもふしぎはない。「春畫」の自己像幻視の場がそれだが、「繪本の春」でも、「私」は覗いているだけではなく、塀の中へ入って美しい女から絵双子を貸してもらったことになっている。女はもちろん、昔そこで殺された女の霊である。中へ入ったのは、覗いているところをみつかったこの場面より前である。後ではない。であれば勝手知った塀の中を及び腰で覗きこむのは理にかなわない。

言うまでもない。少年はこの破れ塀という「結界」を越えたことはない。中で女に、云々、と言うのは覗き屋の幻覚である。惨劇の伝統がその女をありありと見させた。女の相手は自分である。彼は自分の姿を欲望のファンタスムによって「原光景」の中に見た。見ながらしかし、その姿を見られている不安におびえていた。禁じられた光景を見ることが、その姿を超自我に見られている恐怖と、目の前の光景の主人公になりかわりたいという欲望とのふたつの動きによって、両方向に分身を派生した。その一方が、「其奴は、……私だ」と言った話者であり、他方が、塀の中で女とともに祠の中に入った幻の自分である。その二つの視線のまんなかに、「頭の圓い小柄な」彼がいる。

ただここには分身同志の対決の構図はない。自己同一性についての疑いはあるが、その確立と獲得をめぐって二人以上の存在が争うというホフマン―ドストエフスキ―ポーの構図はない。

語りの主体が語りの枠を越えて行き来して二つの意識の交換を示す構造は「化鳥」においても同じだが、ここには多少「嫉妬」や「戦い」の可能性があらわれる。「嫉妬」の対象は「美しい羽の生えた姉さん」である。前オイディプス期の自我は父親の存在を抹殺している。父親は死んで不在である。抹殺とは言ったが、「父殺し」はそれほど自我意識に影を落としていない。超自然との戦いまで問題が進行していないから、まずは母親を専有することだけ考える。母一人子一人である。子供は母親を専有しているようにも見える。しかし母親には謎がある。半ば放心したような母親は全的な母親ではないように感じられる。その欠陥を埋めるべきものが「羽の生えた姉さん」である。少年は川に溺れたときにその天女に抱かれた。母は天女との同一性を否定する。母が天女と合一して全的な母親になるには、少年がもう一度川に溺れなければならない。ところで川に溺れたときには少年も意識を失っている。日常生活の中でもこの少年は外界の論理の通用しない夢、ないし狂気の世界に生きていて、社会的な人間たちとは「別な」人間だが、さらに生死の境をふみこえようとするときには、もう一人「別の」存在になる。生きたままではその状態には入れない。ルネ・ドーマルらは致死量の麻酔剤を吸飲することによって生と死の境を垣間見る実験をくりかえしたが、幻覚剤の経験もない鏡花にとって、生死の境は「魂が肉体を離れ」て別の存在に移行する瞬間以外ではない。天女はその「別の存在」によってのみ認められる。しかし、天女の実在それを垣間見た少年にとって疑うことはできない。天女が実在するなら、その天女に抱かれる「もう一人の彼」、死のかなたの彼も実在するのである。いま目の前の母が天女としての実体を欠いた影でしかないのならその母の前の自分も、天女に抱かれていた、そしていまも抱かれているもう一人の自分の「影」である。そこに嫉妬があり、もう一度死んでみようとする誘惑があり、そして最後の「母様が在らつしやるから、母様が在らつしやつたから」という「時制の混乱」がある。死んだ母は天女と合一した。少年のほうは天女に抱かれたもう一人の自分とついに合一することができないまま年をとって別人になってしまった。

双生児コンプレックス

一人っ子に双生児コンプレックスがあることはザッゾやソリアノによってすでに示されている。兄弟があることをふつうの状態と考え、一人っ子は兄弟を殺してしまったから一人っ子なのだと考える。分身が冥界にいる。そこで彼より幸せなのだ。生きている彼は天上の摩耶夫人の懐から追放され地上におとされた流謫者、廃謫者なのである。地上の母は永遠の母の影でしかない。全的な包容愛で愛してくれるかわりに、父親への愛の余白において片手間にかまってくれる「悪しき「母親」でしかない。

その母と父の問題を問いつめていけば「原光景」と「父殺し」にたどりつくであろうが「化鳥」の少年にはまだ「もう一人の」自分へのあこがれにも似た嫉妬しかない。もちろん「父」の存在は随所に暗示はされているだろう。川へ落ちるときのきっかけとなるつながれた猿、そしてその猿使いの老人、あるいは川の中の釣人、川向こうの梅林のもとの所有者、そしてさらに言えば、小さな橋番小屋の覗き窓から世間を覗いている母子は、鍵穴から覗いた原光景の中の父と母にほかならない。[19] しかしにもかかわらず、それらの父親像は不安をかもしだすことはなく、分身派生の直接原因も一人っ子における不在の兄弟、あるいは異時間の自分である。父親の問題はまだ顕在化しない。父親は、より激しい戦いの場でなければ出てこない。

それがたとえば「鷺花徑」である。ここには父殺し、兄弟殺しのテーマが永遠の母への憧憬を包みこんで語りの表面にうかびあがってくる。

主体意識の混乱はここでも時制と人称の錯綜から導きだされる。さらには「化鳥」、「清心庵」の延長として、錯乱した精神が自我意識を喪失しているところから語りだされて、意識がよみがえってくるとともに、別の人格に移行すると言ってもいい状態が描かれる。神がかり異郷体験や、夢幻の中の放心状態に、ここではっきりと「錯乱」という解釈が与えられて、魂の彷徨の軌跡がたどられる。狂っていた少年と意識をとりもどした少年は別人である。さらには狂気によって断ちきられたそれ以前は、さらに別人だ。少年の意識の中の回想でありながらそこには「坊や」という「人称」が使われる。

そしてそのいくつもの別人格としての時間に、さらにそれぞれの分身が登場する。そもそも父も母も複数である。

あるいは偽ものであり、あるいは狂って別人となった存在であり、あるいは「鬼」である。「坊や」としても二人いる。一人は吉之助といって隣りの子だったが彼の身替りに殺された。彼の養母になろうというのが、その吉之助の母である。

いわゆるファミリーエンロマン、自分の生い立ちを事実とはちがったように空想し、貴顕紳士の落胤であるかのように想像するファンタスムのひとつとして、自分は実子ではなくもらい子であり、そこには血なまぐさいドラマとふしぎなえにしがあるのだと考える傾向は、これまた一人子にとっては珍しいことでもない。そして、そこに兄弟殺しのコンプレックスと、「悪しき母」、「偽の母」への屈折した気持ちがからまると、こんなメロドラマができあがる。

ちなみに、おそらくここではじめて「悪しき母」の影がちらつくのが注目される。圧倒的な恋慕の情に隠されてはいるものの、冒頭、「束髪（たばねがみ）、毛のさきのもつれたのが……頸にひやひやと」触れたというところ、これはけっして、あの鏡花世界通例のたおやかな美女のステレオタイプではない。「日本橋」のお考も気が狂うが、あの風俗劇では狂女も美しく狂乱する。それに引きかえ、ここで病気で寝ていて汚れたまま洗いもしない髪がほつれて、じっとりして、それに触れるとひやっとするのは、清潔マニヤの鏡花ならずとも思わず身を引き離したくなるところかもしれない。その女が夜空を焦がして燃える山火事を見て「坊や、きれいだね」と言う。

たしかに夜の山火事はきれいかもしれない。空襲の夜の火も凄絶な美しさだったかもしれない。しかし「きれいだ」とは、そういったおりに幼い子にむかって言う言葉ではない。狂気の炎がこの女の心をゆらめかしている。病は肺であろうが、寝たっきりになって「めったに笑いの出たことは」ない。好きな歌を歌ってきかせようとして、寒さに声がふるえると「折角聞かうといふものを」と、気を悪くして夜具を引きかぶる。そのような病人の利己主義を幼児はどこまで理解するだろう。もちろん食事の支度などもできはしない。「雪の中を跣足で」帰って来た父親がそのまま台所で食事の支度をして子供にも食べさせる。子供が鬼子母神の社で遊んでは、門の釘の頭を鬼子母神のお乳だといって吸っていたというのも「悪しき母親」への欲求不満のあらわれである。

その女になりかわろうとする殺された子供の母親も、はじめは「鬼」としか理解されない。父親に抜身の刀で追い回された恐怖から錯乱の地獄をさまよって、その間の恐ろしさを鬼に魅入られたせいと考えたその延長ではあるにしても、「頬ぺたから身體中の血を吸うとする」とか、「朱盆の様な口を開いて針を植ゑたやうな」歯を見せられるとか、力いっぱい抑えつけられて手が「折れまがるやうで疼くてならぬ」といった感覚は、その養母の顔をまともに見たあとでも容易なことでは消えないはずだ。消えないからこそ、そして実の母ではないという遠慮があるからこそことさらに恋い慕うふうを装う。

養母のほうでも、実の子供が身替りになった相手だと、思ってはならないという気持ちがあればこそ「かわいくってならない」と人にも言い、自分にも言い聞かせる。しかし心の底では抑えつけられた怨みが燃えさかる。すくなくとも彼を抱くのは実の子供を抱けないかわりだ。

身替り同志、偽もの同志の芝居には、養父になるはずだった男も加わっていた。彼もまた母を失くして、いらい亡母恋しさに「ぶらぶら病」、「時々故とらしく笑ったり、急にまた沈んだり」、その母の身替りに少年の養母を求めたのだから、みんな自己を喪失して同一性の迷路に迷いこんだ気違いばかりである。そこにさらに吉之助の実の父親で乞食の男が、少年に対して「親だといつてもいゝ奴」として引きあわされるというおまけまでついて、しかし話はどうやら少年が、死んだ母親を恋いるあまりに実父を狂わせ、吉之助を殺し、いままた乞食男に毒をのませ、養父をも狂い死にさせて、すべてのライバルを殺して「母親」を一人占めしようという物語と読める。

「母親」は前の母親と新しい母親、悪しき母と善き母、死んだ母と生きている母、実体と影、表と裏とがあわさって完全になる。

吉之助は身替りである以上に、新しい母を占有するための第一の障害であった。養父は亡き母を恋ふる心において少年と同じで、ライバルであるとともに年代を異にした分身でもある。荒寺の本堂の下にうずくまる乞食たちは心の闇に巣食う欲望の姿であろう。フォン・フランツの言う「影」である。そしてこのあたりが一番西欧風の二元論的分身の相貌に近いところだが、そうは言ってももちろんここにはまだ本当の分身は出てこない。分身的な人物構造があるだけである。

本当の分身と言ってもまだその定義をしていないのだが、考え方の基準としてゴリャートキンとウィリアム・ウィルソンをあげておく。ペーター・シュレミールからドリアン・グレーに至る系列とその末裔《まつえい》は民話における「影」の独立として「準分身」としておこう。自己像幻視や二つの魂の意識は文学的分身像の起源ではあっても「人物」としての分身ではない。ある評家は[20]分身の加減乗除を考えたが、分類はおいおいに考えていこう。双生神神話や瓜二つの替玉物語は、やはり近代的分身派生の原型と見るにとどめたい。分身のあらわれ方としては友好的なものと敵対的なもの、相同的なものと対比的なものがありうるから、分身は必ずしも瓜二つである必要はない。ただ相手を自分であると認めるか、あるいは社会的に同一人物と認められるものでなければならない[21]。

幻覚ではなく現実の存在がもう一つの存在と同一であるということは現実の論理においては承認されない。しかしそのありえないことが少なくとも暗示されるときに「幻想の論理」が現実を侵蝕しはじめる。幻想文学はそれをどのように「現実的」に描くかに死命をかける。鏡花においては「幻覚」や「気分」がどこまで「人物」になっているか、そしてそれがどのように西欧的分身と異っているかがここでは問題となる。

鏡花の「自己像幻視」はまちがいない。作品の中でも直接、間接にいくどか描かれる。それが自我意識の混乱となって、「夢」に漂う少年の心となり、あるいはその少年をはたして自分だろうか他人だろうかといぶかる意識と目が、語り手のそれと重なりあう例はいままでに見た。これからは、鏡花の三人称作品世界で、そのような「前分身」がどのような代弁者を見出すか、あるいはどのような人物構造をとるかを見る。

「春昼」

鏡花の自己像幻視が三人称的人物構造に投影される第一の作品は、やはり、その幻覚の描写自体でも問題とされる「春昼」前後篇である。主要人物は男二人、女一人。物語は前篇と後篇で同じ恋の二つの顔を描く作品とも見られる。男二人は同一時間内に共存はせず同じ役割を引継ぐ存在だが、互いに「自己像幻視」的幻覚を持つ。

その二人を同じ一人の女を争う西欧的分身であると考えることは多少困難だが、物語と人物の二重化の世界における鏡の裏表としての〈分身〉と見ることは、さほど無理ではない。二人は「瓜二つ」である。さらにロマネスクな人物創造においては、象徴的人物にも日常的相貌による隠蔽、ないし偽装がなされよう。であれば表面的にはあらわれない抗争的分身もどこかに、たくみに姿を変えて登場している可能性もある。すくなくとも「恋」と「欲望」の主題には障害や禁忌、あるいは抑圧や補償的人物派生がともなおう。また、もうひとつの主題が死と彼岸、あるいは「霊魂の行末」であるなら、この世とあの世の橋渡しをする仲介的存在も必要とされよう。友好的分身は往々にして両世界の仲介者、ないし守護天使のような役を演ずる。作中、劇中劇や、物語の中の物語が織りこまれ、語りや舞台の二重化がもう一つの種類の分身を派生する。超越界の消息を語る巫女的存在もその演技の度合に応じて、表現されるものの分身となりえよう。

すなわち寺の住職、角兵衛獅子の少年、あるいは舞台には出てこない存在ながら、女の亭主あるいは旦那なども、それぞれの分身的役割を演じうる存在である。客観的三人称小説であってもその世界はきわめて主観的で、話者の妄想の外在化ともみられるからである。

そしてそれ以上に、たとえば話者の抑圧された欲望の隠喩として使われた蛇や馬にも、ある程度の「人物性」、すなわち「分身性」を見ることもできるかもしれない。この物語の高度の象徴性は天地自然の風物にもそれぞれの役割を荷わせている。

すなわち二匹の蛇と馬は物語冒頭の舞台設定において「奇怪なる地妖」を構成する。「蛇にも心がある」とは住職の言である。動物寓意譚的な「化鳥」において猪や猿が父親的人物像であった以上に、蛇と馬はここでは主人公の欲望の化身としてあらわされる。

行手の雑木林の中から「むくむくと湧いて出た」胴に胴が重なった馬の列は、「山海評判記」では娘を手ごめにしようとする荒くれの馬方の一行である。「高野聖」の僧の道連れが変じた馬はあまりに有名であり、養蚕起源説話における馬もあるだろう。(22)

赤蛇は「繪本の春」では荒屋敷の女妖の変化である。ここでも「若い婦女《をんな》の衝と投げた梭」が変じて草の中へ逃げこんだ。

もう一匹の青大将は、さきほど女世帯の湯殿のあたりを覗きこんでいた淫獣である。散策子はそれを見て異様な胸騒ぎを覚えた。というのも、その覗きの姿にふと思いあたるところがあったのではないか。破れ垣の隙間からあやしい女の姿を覗いていた「繪本の春」の少年、それが自分の姿であれば、いま女世帯の湯殿を覗いていた蛇も自分である。

「蛇」と言ったのは迂言法である。散策の途中、女世帯らしく、なんとなく気になっている家の湯殿のほうをふと見ると、あたかも獲物をねらう蛇のように壁に身を寄せて中をうかがっている男がいる。それがふり返ったのを見れば、なんと自分だ。(23)

あとで話に聞けば、その女に魂を奪われて「蛇の矢倉」に身を投げた男がいて、それが彼に瓜二つ。恋に狂って死んだ男の霊は蛇になってつきまとう。散策子はそこに己が姿を見た。

男はそもそも蛇の矢倉で、一年後の自分の姿を演ずる舞台を見ていた。はっと思うと舞台はずり下がって地の底、あくる日、彼は、見てはならない未来の夢をもう一度結ぼうと蛇の矢倉へでかけて、海へまで続いているという水たまりにはまって死んだ。

舞台の上の姿は一年後、散策子と女とのあいだにそのまま再現された。客人の幻視が予兆となって物語的分身構造に展開する。三角と四角と丸の符諜も同じである。しかし符諜は角兵衛獅子に託され、入水の結末はその角兵衛獅子と女との組み合せで実現される。散策子は、「ふらふらと脳が揺れる」状態で、いまにも狂気の海へ引きずりこまれる、同一性の迷路に溺れる、自分が自分でない気持ちで、女ともども前年の身投げ男と一体化しようとする錯乱の一歩手前で踏みとどまって危うく身をかわした。角兵衛獅子は彼の「危険な遊び」の身替りになった。少年の死に対して散策子の責任は精神的には軽くはない。女と抱きあって岩頭に打ちよせられた死にざまに対して嫉妬の思いも薄くはない。

これは唯一の自己同一性をめぐって争う分身譚ではない。死んだ男は三角と四角と丸の符諜によって、己が愛を散策子に託したのだ。[24] 散策子は散策という傍観者の態度を捨てて、そこで、死に至る愛を生きた男の魂を引きつけなければならなかった。離魂症の患者が失われた自己をとりもどす機会であった。あるいは狂った女を救うために、自分こそ前年の男の転生した分身であると名乗るべきときであった。

しかし散策子はクモの糸をつかみそこねて、真実の生からも愛からも見放された彷徨をまたつづけねばならない。そもそも春の日をあてもなく歩き回る心には、人生の目的も生きる意志も見失った焦燥、憂悶があるであろう。いわば影を失った男のように、心の中は空っぽのぬけがらなのだ。彼の存在には分身に去られたあとの空隙がぽっかりと穴をあけている。前年の客人は彼自身ではなかったとしても、彼の過去にはそれと同じようなドラマがあった。それゆえに彼は客人の運命を身につまされて、引きこまれるように聞いたのだ。「眞個なら、其處で死なゝければならんのでした」とは彼自身のせりふである。しかし彼は死ななかった。命をかけて愛することも、ぎりぎりの局限まで生きることも彼はしなかった。そしてその生と死の選択の場で、心中のかたわれを見殺しにしたか、身替りを死なせて自分は逃れたか、いずれにもせよ、彼は真実を犠牲にして生きのびた。[25]

いま聞いた客人の死は、死ぬべき責任を彼にかわって引きつけた分身の死と聞こえた。その死のもととなった女のもとへ向かうときは、「鬼が出る宇治橋の夕暮を、唯一騎、東へ打たする思がした」。それでいてそれだけの覚悟が、女の描いた三角、四角、丸の狂気の符諜を見るや、他愛もなくぐらついた。彼には日常言語の論理のきずなを断ち切る勇気がない。その結果はふたたび女と、彼の身替りの角兵衛獅子を死なせることになった。決断をひとつしそこなうたびに分身がまた一人死んでゆく。彼の存在の影がそれだけ薄くなってゆく。臆病心から汚すことを恐れた手に気がついてみればふいてもとれない血のしみがうかぶ。こんな種類の分身譚もあっていけない法はない。同じ人間が二人舞台にそろうドラマもある。そのかたわれだけがうろうろとさまようドラマもあろう。

そういえば鏡花の主人公はすべて失われた過去、失われた自己を求めてあてのない旅にさすらう漂泊者ではあるまいか。欲望とあこがればかりは人一倍ありながら行動と決断のできない非力な書生、馬方連に愛する女が手ごめにされようとするとき、なにもできずに手をこまねいているどころかその腕を噛んで血を流すという見当ちがいな自己犠牲しかできず、あまつさえ、彼のためにここは目をつぶって馬方たちの言うことを聞いてくれと頼む、そんなことは味の悪い支那料理を食べるようなことだからと言いくるめる小説家(26)(「山海評判記」)、好きな芸者の部屋に忍びこんで雷がこわくて震えているところへその芸者の旦那に踏みこまれて腰を抜かす貧乏学者(「萩薄内證話」)、等々、優柔不断の色男であるばかりか、むしろ卑劣なひとりよがりの、実意と良心に欠けた「腑抜け」ばかりではあるまいか。ちなみに「腑抜け」を西欧の文脈では「魂を悪魔に売り渡して半人前になった分身のかたわれ」と呼ぶのである。

そしてそのような否定的人物像の傍らには当然、対蹠的な、本能に従って生きる人物が配されるのであり、その典型は「日本橋」の橋の途中にうずくまる熊男、痴情に狂った殺人鬼である。ここでは作者の筆は貧乏学者のほうに同情的であるようにも見えるが、偽りの恋に引きずられてゆく主人公より、熊男の一途な恋のほうが純粋であることは言うまでもない。求めるべきものを忘れて、行きずりの女の誘惑に身をまかせていたとき、橋の途中でぶつかった黒い塊は、それまで失っていた本当の自分自身である。いらい彼は迷夢より醒めて、お孝を捨てても、本来の目標をたずねようとする。しかしそれは彼自身口にする行方知れずの姉ではない。姉がいて母がいた、幸せだった子供時代の、そのときいらい失ってしまった自己である。それはまた、幼い日に聞いた手毬唄をたずねて歩く「草迷宮」の明でもある。

「草迷宮」

明にしてもどうやって暮らしてゆくのかわからない遊民だが、自らも創作をしてみる手毬唄の探索を「ことばの狩人」たる創作者の修業の道と見れば、これは逗子に不遇時代の病を養った作者自身の姿と重ねあわされるのは常識的であろう。そして明も作者もともに「ことば」を通して求めるより直接的なものは言うまでもなく失われた幼時の自己である。オイディプス期を尋常に経過せずに年をとって、一人前の大人にもなれなければ、かといって純真な少年でもなくなった自我喪失者、いな、はじめから自我を形成しなかったものの、出直しの契機を求める旅である。であれば、手毬唄のきれぎれのふしが導く道々、出会うのは、人生のさまざまな場面で、統一した自我を形成できずに離ればなれになっていったそのときどきの自分の断片的な姿である。手毬唄の断片ひとつに過去の自己の断片ひとつが対応し、そのつど、それは行きあう人の姿に投影されよう。

故郷の町で、いまは人妻となった幼なじみをたずねて手毬唄を聞いたときには、学校の校長をしているその夫から詰問を受けた。秋谷の屋敷では、やはり幼なじみの一人の女性がいまは鬼界に入って仕えている魔王にもおびやかされた。このあたりには父親の影がありそうだが、明の反応のしかたは「化鳥」の少年と同じ、痴呆にも似た天真爛漫さで、やはり父親の問題にはまだたどりつかないものと思われる。しかし秋谷の、まさにその化物屋敷で、彼はもう一人の人物に出会う。「日本橋」の法師にも似た小次郎法師である。この法師がなにを求めているのかはわからないが、「日本橋」なら、節句の雛人形をたよりに捜す行方知れずの姉である。小次郎法師にも、なにも言わないながら同様な探索、同様なインファンティリスムがあるだろう。すくなくとも「高野聖」の修業者ぐらいの色気はあるにちがいない。天下の魔所の茶屋に白痴がいて、それにかかわりのある凄い美人の魔物がいるという書き出しは「高野聖」と同じである。

法師といっても僧侶とか牧師・司祭といった父性的なものではない。年も若そうである。「春晝」の僧も遊魂の手だすけをする生臭坊主で、超自我然たるところは少しもなかったが、こちらも麦畑の「十八九の色白な娘」に「男ばかりで児が出来るか」などとからかう坊主で、明とさし向かいで化物屋敷で夜を過ごすときは「二人で、海山のお物語が」などと言われる年配である。明と同年配といってもいい。

ところでその法師を明は夢で殺す。明がその「分身殺し」の夢を見ているあいだ法師はうつつに、故郷の鐘撞堂から覗いた美女の嬉戯の図を思い出し、そのときの己が「覗き」の姿をありありと見つつ、「大方明も鐘撞堂から、此の状を、今観て居る夢であらう」と思う。「うつつに」とは言ったが、やはりこれも現実ではない。うつらうつらとしかかるきわの入眠時幻覚であろう。それが夢の層を一段深く下りれば、そこでは分身殺しが行われる。二人の夢の感応というより、同じ夢の二つの時間でもあろうか。

法師は「夢うつつ」に、明の恋いこがれる女人を見た。女は法師の回想の女に一致した。夢の地底に一段深く引きこまれたところでその女をめぐって分身同志が殺し合いを演ずる。法師にとって明は回想の女にめぐりあうための霊媒である。明的状態に魂を同化させることによって、彼自身、永年、そうと知らずに捜し求めてきたものにめぐりあったのである。そもそも、この物語の主人公は明ではない。物語の冒頭で紹介されて、いらい化物屋敷で妖怪に出会うところまで話者によって追跡されている法師こそ主人公である。法師は失われた自己を求めての遍歴の途次、妖怪屋敷で、自分と夢を共有する分身の「幻」に出会って、己れの業をさとった。分身を見た「春晝」の客人は死なねばならぬと口走った。「草迷宮」の主人公は同じ状況で、殺される夢を見た。

夢のつづきで妖貴女は蚊帳の中の明をさして、これから幾年か遍歴行脚のすえに、いまいちどここに舞い戻って、恋に狂って、仇し婦を抱きしめようと「予言する」。すなわちそれは、いまそこにいる法師の身の上だ。蚊帳の中の明は「星あかり」に見た「自分」であり、自分の幾年か前の懊悩の姿である。

ところで、不義の恋に閉じこめられた女の、あこがれる魂が手毬となって川に流れて云々とは「予言」ではなく現在の怪異の説明であろう。法師は意識の層のどこかでは未来の明であり、別の層では現在の明に嫉妬し、また別の層では、明と共通の過去の幻を見ている。しかし現在未来の同じ時間の中では夢を共有できる間ではなし、そんな夢でもない。女の手が触れれば、法師の口にも禁断の歌が立ちのぼる、その手が思わず動きだす。「此の美人の手、一度我に觸れなば、立處に……」。蚊帳をはらって女においすがろうとする明と僧は、分身殺し僧殺しの明の夢のつづきのまま激しくつかみあう。その「押揉む二人の目の前へ」仁王立にあらわれた大魔神、そこにはじめて父性的去勢脅迫者があらわれて分身抗争に真の意味を与えるのだろうか。女は魔神にさらわれて去る。ここまで来てようやく鏡花の分身世界はホフマンないしはゴシックの世界に近くなる。近くはなるが、しかし分身殺しが夢に限られていること、禁断の愛も「予告」にとどまっていることにゴシック小説としては物足りないところがある。[27]

「手を汚す」ことを恐れた「春書」の散策子にくらべれば、化物屋敷まで乗りこんだ法師も明もかなり参加の意志は示している。しかし「高野聖」にしても同じことだが、鏡花の人物はまだ罪と悪の深淵にとびこむ勇気がない。そこまで追いこまれないうちに身をかわす。このあと「夢」と「予言」が現実となって、超自然の「警告」にもかかわらず宿命の呪いに引きずられて兄弟殺しと母子相姦というカインとオイディプスの、すなわち人間であることの罪をとことんまで引きうけ、現実世界の倫理に「背反」し、堕獄の苦しみを味わって、その試練の中に絶望的な救いを渇望するようになれば、幻想ないしゴシックの構造が成就する。[28]

メダルドゥスも、ヴィクトリン殺し、ヘルモーゲン殺しを経、教会秩序への反逆と社会道徳からの追放を知って、聖女凌辱の欲望に身をこがす中で、真の分身抗争と自己の発見を行うのである。法師と明は、いわばその「地獄下り」の戸口にいる。法師と明の分身関係もまだ明確には意識されない。もちろん鏡花は時代錯誤的ゴシックロマンスを試みたわけではない。彼が描こうとしたものはゴシック的恐怖や戦慄とは別なものなのだし、悪と罪もキリスト教論理とは別の体系の、より寛容な論理によって考えられている。恋のほむらに身をこがす「地獄の聖女」と、母性愛の権化たる天上の母とのあいだには絶望的な懸隔はない。秋谷悪左衛門も人間の本能の闇に巣食う悪の具現であるよりは、たんに超越的な自然霊のように思われる。物語の最後でその「悪霊」が「通るぞう」と大音一喝して「通りぬける」ところにそれは象徴的にあらわれる。東北の民話で鮭の神が、川のぼりをさまたげようとした人間たちを一喝して通ってゆくところと同じ、人間の力では阻止できない自然の大いなる力を現わしたもので、そこには罪も罰も地獄もない。神に対立する「悪」ではないのだ。であれば当然、神と悪魔の抗争の縮図としての人格の分裂と抗争も劇的な緊張は呼びおこしえない。

「日本橋」の態でさえ主人公と話しあって理解しあう中途半端な「悪」である。むしろ純情な「善人」である。ゴシック的冒険を日常生活の戸口から踏みだして異郷においておこなっても、「龍潭譚」の母性的妖女は言うまでもなく「黒百合」の鷲にしてからが悪や邪欲のあらわれであるとは言いがたい。「海異記」の妖怪は恐ろしいが、そしてその海上の怪異の描写はきわめてゴシック的であるが、それも人間本性の根源的な悪であるよりは自然霊であろう。究極は「海神別荘」のファンテジーの世界、すなわち現実の論理を侵犯するかわりにそこに付加されるだけの「驚異」の世界、あるいは「天守物語」の象徴世界にたどりつく。風俗劇において示した善玉、悪玉の常套的対立は、より文学的な世界においては美意識によって包みこまれて対立を解消してしまう。フロイト的な「罪」はユング的な「あこがれ」にすりかわる。「悪」は「影」になり、対立は裏打ちになる。

分身劇は劇的な展開を見ることがない。分身は欠落感、喪失感によって指示され、原初的なものに包みこまれるときに解消する。原初的なものの持つ恐怖や呪いと戦ってそれを克服してゆくホフマンの世界と、それは似ても似つかない。善悪の対立が尖鋭的でなくとも、まず愛の場においてライバル同志の戦いがあり、その原型として母親を占有しようとするときの、他の兄弟、そして父親の障害があり、その父親に対してはカインとアベルのように、エサウとヤコブのように、相続・継承の問題があるだろう。はじめに兄弟を殺し、ついで父の地位を継承するために父を殺さなければならない。家庭内の幼児が社会的な自我を獲得してゆくためには父と母の問題を克服する過程で分身抗争を経るのである。

ところが鏡花の世界では主人公はいずれも（通俗劇をのぞいては）家庭内葛藤や愛情を知らずに育っているように思われる。戦うにも相手がいなかった一人っ子、母なし子、あるいは父なし子、あるいは家庭をも含めた社会的葛藤すべてから逃げだした放浪の遊民、そんな広い意味での「みなし児」であり欠落と流離がその本質であるような存在である。

鏡花にはもちろん早く失った実母への憧憬がある。しかし父や「家」、あるいは「家族」の問題はその実生活からけっして切り離されてはいなかった。分身妄想を派生させるに好適とさえ思われる同業の不幸な弟もいた。（ユゴーの分身妄想が狂死した兄に起源を持つことは知られている）。しかし彼は好んで家族関係から切り離した人物を描いた。父や兄弟を否認して貴種落胤ででもあるかのようにファミリーエンロマンを構築するときには「親殺し」がどこかで行なわれる。彼の人物の根本条件としての「欠落」（すなわち分身喪失による欠落）には自然の欠落のほかに願望充足型の、「親殺し」的欠落がありえよう。その点をふたたび「鶯花徑」について見る。

「鶯花徑」

幼くして失くした母とともに失われた「自己」を捜し求める物語の原型とも見られるこの作品は、すでに見たようにその「母恋い」症状に「狂気」という規定をしていることと、そして自己同一性の混乱には分身殺しや父殺しがからまっている点できわめて示唆に富んでいるが、それ以上にその分身妄想の処理、解決のしかたにも鏡花に特有のものを見ることができる。

この連鎖的身替りドラマで特徴的なものはまず第一にその「行きあたりばったり性[29]」である。女が子供を連れて鬼子母神に詣でた。そこで偶然出会った男にいきなり子供をあずけて母親になりかわる芝居を演じた。子供のほうもそれまで「鬼」だと心をかたくなに閉ざしていたのに、この場ではもうどうでもいいような気分で「おつ母さん」と言う。それが実の母親でないことくらいよくわかっているのである。いくら放心状態だったといっても、ついいましがたも、かつて一緒に山火事を見、そしてその枕許で歌を歌った母親のことを思いだしていた。それを思い出の母親とはまるでちがう女に、「行きあたりばったり」「おつ母さん」と呼ぶ。男のほうも「お父つさん」になる。男も亡母恋しさの淋しさに、女に向かって「行きあたりばったり」にプロポーズする。そう言えば「日本橋」の「春で、朧で、……」にしても「行きあたりばったり」である。「鷺花徑」に戻って吉之助が殺されたのも偶然なら、乞食が「新坊」をさらって逃げるのも、とっさの策略と言うよりやはり「行きあたりばったり」だ。

というのもしかし、すべてを喪失したものにはそれより方法がない。生きる意志を失ったように茫然としていた男にしても、持てるものはすべて失った乞食にしても、あるいは乞食に犯されて捨てられて、さらに子供を殺された女にしても、生きてゆくための口実になるのならなんでもいい、行きあたりばったりに運をためしてみたいのである。そうでもしなければ生きてゆく力さえわいてこない。そして少年にしても、思い出のよすがとなるただひとつの目印の一本松も焼けたいま、いったい自分は死んでいるのか生きているのかさえわからない。殺されたのは吉坊で、いま「おつ母さん」と呼ぶ女はその吉坊のおっ母さんで、彼女もふと彼を「吉坊」と呼ぶかもしれず、そうなれば、いったい自分はだれなのかもうわからない。現実はゆらゆらと揺らぐ。思い出をたどろうとすれば「あたまがぐわらぐわらといふ」。生家の光景はぎらぎら光る刀を抜いた父親に追われて「暗い間の中をぐるぐる廻つて遁げ」ている地獄のメリーゴーランド。

分身のメリーゴーランド

あれかこれかではない。世界はぐるぐると回転し、悪鬼羅刹の顔がめくるめくように踊り狂う。その中のなんでもいい、記憶なり現実なりの断片にすがりついて、「其が自分だ」と言ってみる。確信があるわけではない。むしろ本当の自己の分身に出会うことを恐れて行きあたりばったりの面影にすがりつく。

第二の特徴は不完結性と連鎖性である。メリーゴーランド性と言ってもいい。あるいは反復性。分身をひとつ派生しても、その分身と正面から対決して問題を解決するわけではないから、分身がさらに分身を派生して、互いにぐるぐると逃げまどう。身替りの父と母が見つかってすべて落着するかというとそうではない。実は、という打ちあけ話の最中に少年は乞食にさらわれる。そしてそこにいるのが「親といつてもいい奴」。それもどうにかおさまって、新たな「しるしの松」を植えようというとき、少年の口をついて出てとまらなくなるのが、かつて実父を狂わせた同じせりふ、そしてくりかえされるのが同じ状況。そのあとで、今度は養母が言う。

「お前はもう父上《おとつさん》ッていふことをいつちやあなりません。今度は父上々々ッておつしやるとね、母様を氣ちがいにしてしまひますよ」。

狂気は狂気を、分身は分身を生み、悲劇は終ることなくくりかえされる。しかもその分身と思い出のメリーゴーランドは求心的に存在の深奥に下りてゆくかわりに、思いがけないイメージと結びついてはさらにとめどなく迷走の輪をひろげる。山の一本松は揺れる視覚の中で二つになり三つになり(30)、そのつどそのまわりに渦まく山火事の火、思い出の走馬灯は、長円形になり、複心円になり、三つ輪三つ巴になり、そこに幻の「しるしの松」が加わって世界は狂気の海へ流れこむ。

世界認識の中心が感覚の酔いにまかせて分裂増殖し、そのつどシュルレアリスティックな意外なイメージが派生される。

限りなく遠いものを近づけて、そこにひらめき渡る閃光の美を求めること、そのシュルレアリスムの綱領のひとつは、イメージの自動記述とならんで鏡花の狂乱美の世界を構築する。(31)

「繪本の春」、破れ土塀の覗き見は遠い怪異伝説と感応して、そこに妖艶な美女を現出させ、美女は少年に絵双子を与え、絵双子は大水の水に流れて、島田の女になり、赤い蛇になり、蛇は海に流れて、白浜一面に鎌首をもたげてカタカタカタと鱗を鳴らす怪異となった。その変化のメリーゴーランドの、連続的な回転は酔いを、突然の飛躍は驚愕を与え、自分の姿も蛇に巻かれて流されると思うとき、思わず我れにかえって手あたりしだい、近くの松の木にしがみつく、そこにいる少年に「其奴が自分だ」と言ってすがりつく。

「星あかり」でも、大波の幻に胆を冷やして逃げだして、手あたりしだいにとびこんだ家の中、そこに寝ていた人間に「其が自分だ」と言ってすがりつき、怪異の恐怖をのがれようとする。自分の宿に帰って自分の寝床にもぐりこもうとしていたら、そこには別の自分が寝ていたというよりは、帰る家をまちがえて他人を自分と誤認しているおもむきがなくもないが、そこに至るまでの幻覚の波の高まりぐあいを見れば、はじめはただの酔興でぶらりと外へ出たのがだんだんに遠くまで行ってしまって後に戻れないところにまではまりこむ。墓原の花筒の腐れ水に星が映っているのを見れば、それが浜辺の漁船の舟底にたまった水となり、その水が一挙にふくれあがって彼を呑みこむ大波となり、大波は浜辺と、はるか遠い山ぎわの寺とを一挙に短絡して、寺に駆け戻る主人公のすぐ後ろに襲いかかる。

「春昼」で、山中の「蛇の矢倉」に身を投じたらはるか遠い浜辺に打ちあげられたというのもそのひとつで、水たまりが海を喚起すると、比喩が現実に化し、海と山が短絡し、小さな井戸に吸いこまれるようにしていた自我が、めまいにとらえられたと思うと、あとはもう大津波が世界を洗い流す壮大なメリーゴーランド、その中で点滅するライトのように、自我が瞬間瞬間に目を覚ましては、目の前の妖怪異相を指さして、「其が自分だ」と口走る。

イメージの発展、接合には現実の論理による必然性はない。蛇と馬が魔法の地理を構成したと言うのも性的ファンタスム以外に説明はつかない。海にはまった角兵衛獅子が手紙を託した女と抱きあうように絡まって打ちあげられたのにも理屈はない。あえて言えばもうひとつの世界の論理が因縁噺のような帰結を導いたということで、たしかに耳をすませば地底のおはやしが聞こえる。三角と四角と丸の符諜にも日常言語の知らない彼岸の超越の論理があるのかもしれない。そのような超越の論理を日常の論理は「反対概念の結合」とか「不可能の一致」とか言う。日常の論理では広い世界に同じ人間は二人はいない。超越の論理では、海と山がつながり、生者は死者の転生で、現実は過去の無限にくりかえされるコピーの一枚で、時間は無になり、山中の洞穴を下りていけばお祭りの隠れ里があり、そこで昔の自分が乳母に背負われて踊りを見ていて、そのすべてのイメージが渦巻状の走馬灯で、日常世界もしかしそこには閃光のようにきらめいては通りすぎる。そこを鏡花の分身の「幻」が行きすぎる。

すべてが夢であり、戯れであり、主体意識のかかわらないイメージの自動展開である。自分を追いつめることを避けて、行きあたりばったりの他人に分身性を仮託して「其は自分だ」と言ってしまえば、本当の自分を名指すべき痛みも苦しみもありはしない。名指された分身ももとより自分ではないのなら彼に対していかなる責任を問うこともない。

しかし、分身は分身を生んでゆく。夢魔のメリーゴーランドは思いもかけない土地に人を連れてゆく。そこで行きあたりばったりの他人を分身に擬したつもりが本当の分身に行きあたる恐れはないだろうか。戯れのつもり、芝居のつもりがつい本物になる、田舎芝居の舞台と思って気軽に見ていたら、実は舞台の上の人物は自分自身で、演じられているのは本心のドラマ、見ている自分のほうが心を偽った嘘の人生、それは「春晝」の舞台の幻の場でもあれば、「陽炎座」などの虚実の境の見きわめがたい芝居の話でもある。人生の中の一つの枠の中の芝居、見えない人生を映しだす鏡、未来をすかしてみる窓、鏡の中にも自分がいる、そして見ている自分と見られている自分のどちらが本物なのかしだいにわからなくなってくる世界、それは分身との戦いのうちに自己同一性をとりもどそうという西洋近代小説の分身譚の世界ではなく、幻覚の酔心地を楽しむていのものであるけれど、その幻覚の自動性に身を委せる酔には多分に「意識的錯乱」(ランボー)めいたところがあり、夢魔のメリーゴーランドとは言っても、その演出には細心な技巧がある。さらには、その感覚の酔いをあおる心の底には原光景の偏執、恐れと誘惑がある。地底の都を覗きこむ戯れは、これまた一種の「危険な賭」ではないか。

「山海評判記」

「ふらふらと脳が揺れる」、「あたまがぐあらぐあらといふ」、その離魂の酔いは、いったん走りだせば幻を自動派生してとまらないシュルレアリスティックなメリーゴーランドだが、その舞台を設定するのは嗜虐的な話者の意識だ。あるいは虚実の境をことさらにあいまいにした劇中劇を物語の中にはめこんで、合せ鏡の中に無限反復の自己像を投影するときに、その演出者には「分身」という「霊魂の行末」を見さだめる一途な決意がある。はたの目も計算も度外視して、永遠の恋に身を捧げる女にも似たひたむきさが、劇中劇のまわりの世間、現実をことさらに切りすてさせ、意識の暗冥にスポットをあてて、そこだけ浮かびあがった「原初の舞台」にみずからすいこまれてゆくような憑依的自己暗示の世界がある。

夢魔とのたわむれははじめは「行きあたりばったり」で「遠心的」な、偽似自我像の無限増殖にも見える。しかし、その意識的な偶然の「賭け」(=「戯れ」、=「演技」、=JEU)が、避けようとしつつも引きよせられていた夢魔の標的にあたったときは、思い出の渦は一挙に観客を地底の地獄に引きさらってゆく。そこに失われた自己の分身が待っている。

危険な淵のまわりをさまよっていた散策子の意識は、つと足を踏みはずして角兵衛獅子となって大海の母胎に吸いこまれた。客人のあてのない憧憬とさすらいは見てはならない原初の光景に行きあたって、無意識の洞穴に呑みこまれた。寺の住職の無償の語りも、その「劇中劇」に散策子と「消たお方」を描きだしているうちにのっぴきならないところにはまりこんだ。それももとはと言えば、見てはならないものを見ようとした「覗き」の罪である。覗きからくり、劇中劇、昔語りのたわむれは、合せ鏡の無限反復の迷路のはてに「禁じられた光景」を映しだす。

覗いている意識が覗き穴のむこうに吸いこまれてしまう瞬間から、そこは現実の論理が夢魔の論理に服従する世界だ。魅惑と不安の原点としての淵のまわりの「危険な賭」には、まだ現実の岸にとどまっていようという意識が働いて、遠心的なイメージの拡散で、深淵への滑落をくいとめようとしている。しかしいったん足を踏みはずしたら、入眠幻覚は夢の地底にさらわれる。責任回避の虚構がそのあとは逆に「狂気」を亢進する。

「虚構」の中の「虚構」が無意識に避けていた存在の原点に意識をひきさらっていって、恐るべき真実の自己像を映しだす構造は、「春書」につづいては、まず「山海評判記」に見られよう。主人公の矢野は小説家である。彼は己れの出てくる小説を姪に口述する。作中の「小説」は作家の過去から説きおこし、現在を叙して、ときに未来をも占おうとする。そのとき「小説」のあとを追う現実は想像世界の「影」となり、すべては予定され、予感され、現実の論理に対して虚構の論理が優先する。

あるいは虚構だと思っている世界がいつのまにか現実にとってかわる。矢野の「小説」は過去の舞台に身をおいた生々しい回想であり、目の前の娘をくどく身の上ばなしである。過去は現在と微妙にからみあう。かつて憧れた女、ともに争った男たちが、その「語り」の傍らで、あたかも「語り」の魔力によって過去から呼びおこされたように現実のドラマを組みたてる。自分の「小説」に酔っている矢野は、その「小説」が現実になって彼のまわりに罠をしかけていることにはじめは気がつかない。

話の冒頭、思い出をたずねる（そして創作のための）旅の宿で呼んだ按摩が、ふと語りだしたそのあたりの民譚、「長太狸」の物語は、矢野にとってはじめて聞く話ではない。それどころか、昔、その話を聞かせてもらった「きれいな町内の娘」が、いまその和倉のあたりにいると伝え聞いて心を騒がせていた、失われた過去をとりもどすよすがに、もしやその娘に会うことはかなわぬであろうかと、それも旅の目的のひとつだった。その彼の、だれも知らないはずの「心」の中の現実が、いま按摩の口から手にとるように語りだされる。盲者の透視力によるのか、物語が現実である世界に入りこんだのか、いずれにしても「語り手」である按摩は、なにげなく語りだした昔話がまさに聞き手の心の現実に合致していたとは知るまい。しかしどうやら現実は物語に包みこまれているらしく、按摩も矢野も永遠の物語の操り人形でしかないらしい。その証拠に按摩が去ったあとの夜更け、廊下からまさに昔話とまったく同じ、「長太居るか」という声が聞こえ、それとともに、世界は一挙に妖異の雰囲気に包まれる。矢野は思わず返事をした。

虚構世界の声に返事をした矢野は、現実と虚構の境をふみこえたのだが、同じとき、廊下のむこうでは、例の按摩がもう一人の泊り客の、子連れの軍人と悶着をおこしていた。軍人の妻は、「良寛宗」とでも言うか、わらべ唄を歌いつつ諸国行脚をしながら教えをひろめる宗派の伝道師で、まさに良寛という名の男と駆けおちをした。軍人が折しもその憎い男の名を口にしているところへ、たまたま同じ名の按摩がとおりかかって、というのがいざこざのもとで、ここにも虚実の錯綜、名が体に優先する虚構の論理の優先がみられる。

そしてまた同じころ、矢野を慕う娘季枝も東京で、ふしぎな紙芝居の芝居に引きつけられつつ、胸を騒がせていた。紙芝居屋は能登の出で「長太狸」の故郷から来たという。紙芝居のほうは、三羽の雀が井戸に落ちる、学生がそれを拾いあげて助ける、そこへ巫女があらわれて、その雀は願をかけた三人の女の魂だと言う。雀が犠牲にならなければ願がかなわない。季枝はあとを聞かないからそのあとはわからない。しかし雀を殺すか、さもなくばその目をつぶすかと迫る巫女は不気味である。季枝には学生が矢野に見えていた。

ところで矢野がしばらくして運転手に話す思い出話に、そっくり同じ話が出てくる。矢野はその後も三人の女の呪いにつきまとわれる。そしていま和倉の宿にも井戸を覗きこむ三人の巫女があらわれる。(32)紙芝居はふしぎに現実と感応しながら、いまや虚構の枠をふみこえて、現実を侵犯する。

矢野の「小説」、「長太狸」の民譚、そして三羽の雀の紙芝居は、現実を超えた世界の論理によって、現実の事象に象徴的意味を与えつつ、その現実を再構成し、さらには演出し、矢野をふしぎなからくりの糸にからみこんでゆく。劇中劇の中にもう一人の自分の姿を見ていたつもりが、現実がより壮大な芝居の中の一挿話になっていた。(33)

たがいになんの関連もなさそうな事象に象徴的連関を与え、さまざまな場所、さまざまな時間の登場人物たちをいま一堂に集めて、大いなる謎を開示しようとするのは「おしらさま」信仰を復興して、現身の姫神を奉じ、白山をその象徴とする結社の論理である。紙芝居もその結社の信仰を巷間にひろめる手だてであり、その姫神と信者たちは、実はかつて矢野も加わっていて、しかしのちにそこから追放された文学結社の面々である。

劇場の夢

青年時代の過去を回想する矢野の「小説」は、しらずに、いま彼らをあやつっている組織の濫觴を語っていた。過去は生きていた。そのとき矢野が捨ててきたつもりの分身たちがいま目の前に立ちはだかる。民話のせりふも紙芝居の一幕も子供だましの戯れではない。

現実が偶然に支配された世界なら、民話や芝居の世界は、偶然性を排除した象徴の世界だ。ところで「世界は劇場」であるのなら、そこに登場する事物にも人物にも、みなことごとく象徴的役割があるであろう。一見偶然と見えたものが、もうひとつ上の論理から見れば微妙な連関の糸につながれている。ところでその世界は時の停止した一枚の画面ではない。幾層もの過去と未来とが「物語」の論理によって連関、対応し、重ねあわされた複層画面であり、物語の時間によって展開する動く画面である。一人の人間が舞台の上ではいくつもの時間の中に分光して投影されて、その画面の積層がフィクティフな演劇時間を構成する。視線と視覚が入れかわれば同じ人物も主体と客体とに入れかわる。観客としての意識が俳優としての意識とかさねあわされる。過去の場面での意識が現在の意識に入りこむ。舞台を虚構として演出し、創作しているつもりの意識ももうひとつの舞台であやつられる意識だ。

駅頭で子雀が鳴いている。そのなんでもない光景を見ている自分がいつのまにかもう一人の自分によって見つめられている。それはたんに井戸に落ちた小雀を見つめていた昔の自分の回想ではない。それは他人によって脚色され創作されて紙芝居になった芝居の中の自分だ。それは自分で作りだした芝居かもしれない。あるいは自分で作ったつもりで、実は他人の作った芝居の中にはめこまれた芝居かもしれない。自分はその芝居の中にもいれば外にもいる。そしてその自分がまた「おしらさま」一党の仕組んだ芝居の中の人形だ。ところでその大きな芝居も、昔、彼が雪の中の試練に失敗せずに文学結社にとどまっていたなら自分自身で構想し、組立てた芝居だったかもしれない。目の前を通りすぎた紙芝居屋、あるいは彼のあとを血塗りの原稿を持ってつけ回すへぼ文士、さらには女房に逃げられて幼い娘とさし向かいの宿屋の膳をかこむ軍人、そのいずれもが、「芝居」としての彼の「小説」の中で構想され、そして彼自身がその役を演じそこねた虚構の人物としての〈分身〉たちだ。はたして自分はいったいだれなのか。これから行く先には何が待っているのか。創作者としての意識はそれらの問いにも当然答を持っているはずである。はじめての町も既知の町のように、未来も前世の幻のように見えるだろう。しかし、その「創作者」は作る先から自分の作った人物たちに裏切られ、かえって自分が操られる「作家」という劇中人物だ。

劇中劇的現実意識、現実が芝居であるように見える離魂の状態での主体意識の混乱と、そこでの戯画化された自己像の跳梁を前にした現存意識の不安は、もうひとつの自分の生い立ちを夢想したファミリーエンロマンの妄想よりも、ここでは、もっと受身の、無力な観客としての偏執的画面の妄執から来ているだろう。舞台の上の自分、井戸を覗きこむ自分、それは現に三人の女のあやしげな姿を覗きみる自分の姿に結びつく以上に、その根源にある偏執の光景と結びつくはずだ。

劇場の夢は意識の根源に検閲によって封じこめられた禁じられた部屋にスポットをあてる。いま見ているのは見てはならない光景、それをたぐれば、幼い日に覗いた禁断の光景にたどりつく。偏執の現在と源とのあいだに幾重にも立ちはだかる抑圧や排除や検閲や夢の作業や解釈のプリズムが、存在の根源の謎への探求をほかへそらすことに成功すれば、舞台は夢魔のメリーゴーランド、そこで、それは自分だという、行きあたりばったりに投げたせりふがたまたま的にあたれば、舞台は一挙に暗冥の底、その深い底に一点の光がともって、そこには恐しいと同時に引きつけられるようなふしぎな光景が展開する。展開していた。展開したと思った。

禁じられた光景

創作も予感も、実はその隠された禁断の灯を求める手さぐりの釣糸だ。彼を慕って和倉まで来た姪を車に乗せて、おしらさまの女体権現の宿る白山の方角へむかう道中、矢野の心を脅かす不安は、未来ではなく過去へ向かう不安である。

山の峠道の角を曲がったら、まっ白な大女の裸体が道いっぱいに寝ていたという「長太狸」の話、それが実は狸で、それを退治したら今度は牝狸が夫の仇をとりに来る、その牝狸も長太にとりおさえられる。その、冒頭に置かれて全編の怪異の雰囲気を用意した物語は、いま、車が山の峠道にさしかかるところでいよいよその象徴的な機能をあきらかにするだろう。

狸の夫婦は無論、原光景の両親である。第一場は裸の大女、すなわち幼児にとっての母親を犯した場面、第二場、とたんに父親があらわれて父と子の対決、父殺しののち、母親が完全に征服されるとともに、「妖怪」の謎と素性がオイディプスの謎のように明かされる。

いま車で進んでゆく山は大母神の宮居であり、あるいは女神そのものである。道を曲がれば踏みこえねばならぬオイディプスの試練が待っている。その山が「おしらさま」信仰の霊山なら人馬通婚の言い伝えが思いおこされる。原光景の一方の役は馬によって演じられるかもしれない。矢野の予感はあたった。車は峠道で荒くれの馬方たちに囲まれて、娘がてごめになろうとする。

そこで馬方たちを、禁じられた欲望を代行する分身と見ることは、その前夜、娘に語った話の中で、彼に原稿を見てくれと頼んでつきまとう文士志願の男、作家に対する偽作家としての分身を「馬方」と呼んだことでも暗示されているかもしれない。いずれにしても彼はその娘を抱きたいのに、近親姦の禁忌と母親コンプレックス、それにおそらくは知識人コンプレックスに災いされて抱けないでいる。娘に人形あそびのまねで寝かしつけてもらうと、もう手も足もでない。それでいてふとしたことで娘がとり乱して気を失ったときには、あらわになった肌を見て舌なめずりをしていた。その欲望がいま、馬と材木にはさまれて動くに動けない苦しい悪夢のような峠道で、まさに馬と馬方とに乗りうつって、娘に迫る。一方の矢野本人は、なにもできずに車の奥でぶるぶると震えている。事態が進めば、彼は「禁じられた光景」を見つめなければならない。いや、彼の欲望は、自虐的な無力感とともに、その場面をすでにありありと見ている(34)。

場面はまず、四角い自動車の中で身をすりよせる男女、それを外から覗きこむ男たち、ここでは主体は覗かれる側だが、彼はすでにその「禁じられた部屋」に閉じこめられて手も足も出ないことを感じている。

ついで男たちが女を要求する。矢野は目の前で娘がつぎつぎに荒くれものたちのなぐさみものになってゆくさまを想像する。「原光景」の思い出がその想像を刺激する。

そして最後に、俳優が入れ替わったが「白山のお使者」を名乗る女がひらりと馬上に立ったかと思うと「馬の背に、一文字に寝て、鞍を抱いて腹這ひになった奇異なる艶媚の態」で馬を倒す。おしらさま起原の人馬通婚の故事の思い出以上に、あからさまな結合両親像の思い出である。それを見ているのは欲望に身をこがしながら快楽を禁じられた少年である。馬、あるいは馬方は、彼がなりかわりたいと思った父親である。筆を持つべき右手を噛みきったというヒステリー的行動は覗きに対する去勢処罰である。彼はこのとき、自ら罰するものであり、また罰せられるものでもあった。

オイディプス期をうまく経過しないで大人になった矢野には、妻にも、姪にも、人形あそびをまねて寝かしつけてもらうインファンティリズムがある。自分が人形になるとき、女は母親である。母に床の中で優しく抱いてもらうこと、それに執着するのは、原光景の偏執を脱しきれず、そのときの欲望の幻影のまま、主体と客体の混乱が引きつづいているからだ。一人は人形となって寝かせてもらう、一人は馬方になって女を嗜虐的に責めさいなむ。そのいずれもが無力な覗き屋の分身だ。

欲望の禁止が代替的欲望遂行者を生み、かつ意識の客体化を生む例は、その前の宿屋の相部屋の場ですでに示されている。

叔父と姪が枕を並べて寝ているところを覗いていたのは魚釣りの青年である。はじめは青年は海に糸を垂れて「あたり」をさぐっている。暗い水面の下で、魚がうまく餌にかかる。竿をあげると手ごたえがある。ここは男女和合の隠喩である。それを満たされない思いの娘が見ている。叔父はまだ寝ている。

娘は釣れた「かれい」を買って洗面器に入れてまた寝こむ。青年がそれを覗く。「かれい」はここでは青年の欲望をあらわそう。まもなく魚ははねあがってふとんの裾にとびだしてくる。女は胆をつぶして立ち騒ぐ。魚は女の裾に入って、女は気を失う。

叔父は目をさまして、衣をはだけた娘の裸身を見る。魚は海へ投げ返される。青年の釣竿は波間に漂っている。

寝ている二人の足もとに置かれた「かれい」は二人の欲望と夢の象徴である。洗面器を子宮、魚を胎児と見るなら、その構図はムンクに瀕出する。画面の隅の胎児模様はビアズリーにも好まれて、彼の倒錯性欲（姉弟愛）の呪いのしるしとなる。(35) その「かれい」が娘の足もとにもぐりこむところは暗示が執擁にすぎよう。二人寝ている部屋に生ぐさい魚が置いてある、いや、部屋の外で魚を釣っている男がいる、それだけで暗示としては十分なところだ。

もちろん、魚＝胎児、そして欲望の魂は、分身の中のもっとも原初的なものだ。百間の報告した例では、水を呑みたい魂がねずみになって水のところまでとびだして行った。ここではそれが魚釣りの青年になり、性の禁止の状況は、波にさらわれた釣竿になる。

矢野は禁じられた性の部屋の、いまは中にいながら、昔、その外にいて父母の姿を覗いていた姿を思いだす。それが翌日は、部屋は車に、魚は馬に、釣師は馬方に変わった。

もともと矢野は娘に対して覗き屋の姿勢しか取れないことは承知はしている。「浮世繪の女神の堂守が、化粧の部屋を覗いて追出された形」というのが自嘲的な自画像である。「よく覗く男だ」とも言う。「井戸覗き」というのは章の題である。その井戸を覗きこむ三人の女の姿を、これまた隠れ場所から矢野が覗いている。むこうではそれを知っている。何年も前の井戸端の怪を思いださせようという魂胆なのだ。矢野が出てくる紙芝居になったその場である。それを見ていると「此方の足が……妙に揺れる」。

「場所は一體、和倉なのか、何處か、……前世の幻か」。

そして自分はいったいだれなのか。

もちろん原光景偏執の原像はめったに意識されない。狼男においてもその病症のもとをつきとめるのにはフロイトによる分析治療が長期にわたってつづけられなければならなかった。鏡花においても、ある種の隠蔽された記憶、特定の光景や状況の偏執の奥に結合両親像の謎があることはついに意識はされなかったであろう。しかし彼における「洞窟幻影」、「劇場幻影」の文学的追及は、読者に彼の、そして我々すべての、心の奥に秘められた「禁じられた光景」の輪郭をいつか浮かびあがらせる。数々の民話や神話において、繰りかえし暗示されてきた「見てはならない」禁忌、生命の根源の謎、そこには創世記や失楽園神話を卑小な形において個体史の中でくりかえす原初の記憶、その罪と罰とが包みこまれている。

原光景

性の秘密、自己の起源の謎、それに対する圧倒的な答として幼児期に与えられた「知恵の実」は、欲望に形を与えると同時に意識の暗冥に押しやられ、不安と誘惑の源としてつねに機能しながらも、その本質は知覚されることを拒否して、「名づけえぬもの」として自己認識の中の黒い穴として日々成長をつづけてゆく。禁じられた部屋は心の中にとりこまれて、心の中の禁断の小部屋になる。そしてあるとき、無意識を映す鏡としての虚構の小宇宙、自分の人生の中の劇場の幻をつくりあげて、そこに映った姿を見れば、それが自分だ。不可解な、後ろめたい姿をして、塀の節穴に目をあてている少年、それが自分だと気がつく。しかしそれは正確で全的な自己認識ではない。

記憶を問いつめていったらそこに覗き屋の自分がいる。覗き屋は覗きながら、その姿をだれかに見られていることに気づいている。節穴のむこうはかすみがかかったように茫漠としてなにも見えなくともいい。ただ、見てはならないものを見ている醜悪な姿を、もう一人の自分、将来の自分であり、現在の父であり、去勢処罰者である超自我によって見つめられていると意識しただけで、すでに「原光景」は形成されたのだ。

中の光景がはっきりしていればもちろんそこにも父親がいる。幼児は母親の傍らにいるべき地位を奪われたことで父親を嫉妬しよう。できれば父親になりかわりたいと思う。いや、すでにそこにいるのは自分自身なのだ。欲望のエクトプラズムとしての自分なのだ。そのとき彼は二つの視線の中央にあって、見られるものであると同時に見るものとしての両義性を意識し、二つの視線のそれぞれの対象点にあって欲望と罪との二つの実現の形を見、そしてさらに、そこで見た光景の不可解な暴力性によって、魅惑と同時に死の恐怖、あるいは去勢恐怖とを感じている。

原光景妄執はまさにその認識の両義性によってすぐれた劇中劇的入子構造（紋章学に言う深淵構造）を持っている。一枚の鏡なら等身大の像が映る。合せ鏡なら鏡の中の鏡は無限に小さく後退してゆく子宮還帰的自己像を映しだす。「銀短冊」の湖上の幻、蜃気楼の中のもうひとつの湖と、その湖の中の小舟に乗った自分たちの姿、それはただの鏡像であるよりは遠い昔の舞台の思い出であり、原光景妄執が思い描かせた光景だろう。

ちなみに「銀短冊」には「父殺し」の主題が原光景の帰結として明瞭に描かれる。すなわち年上の人妻との恋と、その夫との対決という場面は、ひとつは主人公の弟の状況において、ついで湖上の舟遊びで彼を「お父さん」と呼ぶ子供の存在によって、最後に物語の現在と、熊殺しによって二重三重にくりかえされる。妄執的原点は子宮をあらわす湖上の「親子」の舟遊びであり、そこでの鉄砲の暴発に幼児の欲望の形があらわされていた。

幼時の思い出の物語化であるその場面が、主人公への主体意識の転化によって、今度は女の夫との対決になり、それをすりかえた熊殺しになる。そのような物語の二重派生的すりかえが、湖上の自己像幻視というエピソードで始動させられる。しかし言うまでもなく遠い湖の上の小舟の中の光景は記憶の底にしまいこまれていた恐ろしい原光景の歪曲投影図である。そこで子供は殺された。覗きは去勢処罰を受けたのだ。

夢現に見た遠い光景は、記憶の奥底の禁じられた光景へさかのぼる自我探求の想像力に始動のインパクトを与える。偶然の出会いによって構成されたように見える現実に、原光景的想像が解釈の鍵を与える。創作者の意識から言えば、現実の奥座敷に、無意識の領域から投影された画面が、人物創造のキーポイントになる。主人公（「銀短冊」）のふとした出会いに子連れの人妻をからませ、いくつものレベルにおける父と子の葛藤を派生させ、熊殺しの冒険を構想させるのはすべて原光景の隠蔽された蜃気楼の幻、舞台の上の自分の姿を見るような自己像幻視の場景であり、そこにおける主体意識の二重化の感覚が、主人公の傍らに不幸な弟の恋物語を二重投影させることにもなる。

陽炎座

舞台の幻が現実のコピーであるばかりか、現実の隠された構造を開示するものであることは「陽炎座」においてあきらかに示される。主人公の女は偽りの生の内奥に真実を覗きみようとしている。女の「分身」にあたるのが、夫のかつてのいいなづけ。「分身」娘は兄夫婦のエゴと、いいなづけの弱気の犠牲になって狂死する。その娘の身替りと思ってくれと言われた女ははじめて事情を知って、二人の女の心をふみにじった男たちへの仇討ちに、死んだ女の兄を誘惑し、二つの家庭を破壊してやろうと、うわべは純情そうな一人二役の芝居、いましもその二人が来かかると、うどん屋が路地に幕を張りめぐらした仮小屋の子供芝居。いかにも白昼に狸が化けたか狐につままれたかというような、見ているほうの意識が揺らぎだしそうな田舎芝居や紙芝居が鏡花にあっては分身派生の好個の舞台である。風が吹けば飛んでしまう。雨が降ればたたんで片づける、人生はそんなかりそめのものとでも言うのか、あるいはこれも幼児期の記憶の偏執か、ともかくその舞台の上の主役はお稲、狂死した「妹分」と同じ名前、そして筋立てもなにからなにまで現実におこったとおり。女は思わずひきこまれ、「そして、後は」としきりに問う。女は自分の行末が知りたい。しかし雷鳴がとどろいて幕、気がついてみるとなにもない広場、最後に「實は……巫子を尋ねて、其のくちよせを聞いたのであった」と言うのは、とりとめのない夢に対する言い訳であろう。遠くに聞こえたおはやしの音にさそわれた一場の夢幻の舞台なら「春晝」と同じ気の迷いでもあろう。夢に、遠い昔の日の子供の頃の田舎芝居の光景がよみがえったのなら「草迷宮」の夢でもあろう。であればこれこそ鏡花の心にとりついて離れなかった夢の原型にちがいない。夢によみがえるのは、絵双子や、祭りの日の舞台の思い出で、いずれも現実ではないフィクションの世界であるなら、現実を厭って虚構の夢をつむいだ幼い日の心が、いまだに見果てぬ夢をおっているだけと言えば言えもしよう。しかしその夢の中に現実はふしぎに影を映して、大人の世界の嘘偽りの裏側を、現実の分身たちによって織りなして見せるなら、鏡花にとっての現実の意味もおのずとあきらかになるであろう。鏡花の人物たちは、いずれもこの世では心を偽り、浮世のしがらみにとらわれて、真実の生から遠い虚構を生きている。人はみな影である。通りすぎる人の姿に目をこらせばみな「空蟬の藻脱けた」殻、「心の影」が透いてみえる。心の影は影絵芝居に、夢幻の舞台に、それぞれの分身像を投影し、幼い日に失った愛をそこでだけ紡いでいる。鏡花が描こうとしたのはそれだ。紳士淑女の仮面の下に隠した思い出の影絵芝居、それが、現世のめまぐるしいメリーゴーランドの幻影のひまひまに浮かんでは消えてゆく。それを、そのつど、「其は自分だ」という呪文や、芝居や小説という覗き窓を物語の中に切り開くことによって、束の間、固定し、人生の隠された意味をうかがおうとする。本当の人間たちの姿を素樸な信仰や、原初の記憶をよすがに夢幻のスクリーンに映しだし、現実の透視図のように呈示しようとする。

しかし夢はまもなく消えるであろう。「其の後は」と問いつめようとも、そのあとは「朧気ぢや、冥土の霧で朧気ぢや」と幕の内で言う声も陰々と消えがてで、地底に思い出の隠れ里があると思っても、遠いおはやしの音も消えかかる。冥途のからくりを見究めようとする「おしらさま」一党の見霊、招魂の術者の行も、秘儀入信をはたせなかった俗人の目には不可思議な妖術としか見えるまい。鏡花の人物はいかに世を捨てようとしても秘儀の深奥には至れない凡夫である。高野聖も、山中の妖女に愛される白痴の身分を羨んでも結局はこの世を捨てきれずに山を下りるだろう。

思い出の世界、精霊の世界からはときに五彩の手毬が流れだし、とんぼ、かげろうが飛び来たって、その「超世界」の実在と、そこでの「もう一人の」自分の生とを確信はさせられても、「きぬぎぬ川」をたどる道は霧にとざされて、あこがれだけがいやますばかり。その中で、たとえば「甲乙」は現実の視力を失うことで透視力を得た女を描いたが、目をつぶれば自分の姿がありありと見えるというこの女の世界に、語り手はあわれみともどかしさ以外に持つべき感情もない。「三人の盲の話」でも、盲になって透視力を得た人物は語り手の分身ではあるものの、語り手自身はそのあとについて四人目の盲にはなりはしない。なることもできない。そうなるべき未来は、すでにこの盲目の分身によって先どりされてしまっているからだ。盲の「予言」によれば、警告を無視していけば、自分と同じ運命、やがては盲となるよりほかはないと言うけれど、ここは人間の内奥の本然の姿がそこに盲目の分身となって開示されたということであり、偽りの人生を生きてゆくかぎり、予告は比喩としてしか実現するまい。語り手も、鏡花も、ときに超自然の警告を聞いても現実のありようを変えようとしないであろう。[36]超自然はそこに感溺してしまえば、現実に対する対立原理としての価値を失い、一方、現実に執着するときには、超自然は絵空事、とりとめのない妄語として切りすてられる。

鏡

過去への郷愁と、そこから出てくる離人症的自我喪失感、流謫感は、前向きの統一回復のための分身抗争より、子宮還帰的方向をたどる。[37]しかもその過去への遡及は、父殺しによる母親の全的所有ではなく、障子に穴をあけて（「山海評判記」）禁断の光景を覗き見、覗き見を見とがめられればただちにあわてふためいて身を隠す「視姦者」[38]のそれであり、まさに欲望の遂行を禁じられた「覗き」において彼の分身の原像が生まれていた。

彼における主体意識の混乱は、すなわち永遠の窃視者のそれであって、行為者のそれではなかった。それに対してメダルドゥスが分身を見るのは兄弟殺しの悔恨の中においてであり、あるいはアウレリエの寝室に押し入って彼女を犯そうとする「罪」のさなかにおいてであるし、ウィリアム・ウィルソンがもう一人のウィリアム・ウィルソンの登場におびえるのも、いかさま賭博で友人を破滅におとしいれたときである。ドン・ファン伝説において誘惑者が自己の埋葬（あるいは女の埋葬）の幻を見るのも「行為」のあとではないとしても、すでに「行為」に乗りだしたときである。彼らはまた往々にして淫乱のはての異腹兄弟の中に分身を見る。（メダルドゥス及びカラマーゾフの兄弟たちはその典型であろう）。それも父の行為の結果であり、父と子の分身的一体関係の中では、やはり行為による分身派生とみられる。

それに対して、殺人者でも誘惑者でもないのに、心の中の罪におびえて、「罪に先行する悔恨」によって裁かれるものたちは、これまた往々にして閉塞状況に閉じこもる孤独者、一人っ子である。一人っ子が、存在しない兄弟を殺した妄想に苦しめられるカイン型妄想は、また心の中を見すかしている「見えない目」の妄執にも苦しめられよう。心の中の罪と裁きが孤独な密室の壁に分身を投影し、あるいは荒野の蜃気楼となって行く手に立ちふさがる。

ゴリャートキンの場合には一人っ子的性格があるようでいても、やはり父殺し同盟(39)としての近代法制社会の中の自我意識の混乱であると見られる。社会によりよく参加するためには代替可能な他人、没個性の機械的人間になって、誇りも尊厳もかなぐりすててゴマすりとルーチンワークに徹しなければならない。そこで日常の慣例のくり返しを逸脱しようとすれば、その反逆に対する罪として分身が派生する。彼も舞踏会や役所のドアの外で「覗き」の姿勢をとりはするが、それは、本来中にいた人間が、個別化という反逆行為によって外へほおりだされたからであり、機会さえあれば中にもぐりこもうとする能動的な覗きである。事実彼は、招かれない舞踏会に闖入してスキャンダルを引きおこす。一方役所のほうでは彼が外をうろついているあいだもう一人のゴリャートキンが彼の席に座って身替りをつとめている。はみだした方がどう思おうと、これは「身替り聖母型」分身である。(40)

ゴリャートキンのケースをきわだたせる指標としては「鏡」がある。彼が朝起きてまっさきに駆けつけたのが鏡の前である。そこには夢の中の人物ではなく、八等官としての社会的人物であるゴリャートキン氏が映っている。世間でゴリャートキン氏として通っている顔である。ところが鏡にむかいあったゴリャートキン自身のほうは、どこまでその外見、すなわち社会的人格に忠実かというと、それがはなはだ心許ない。今日、彼は自己に対する謀叛をくわだてている。役所に行くかわりに、盛装をして市内を馬車で乗り回そうという。夢、あるいは妄想のつづきである。しかし鏡についてはいつものとおりの彼が映っている。のちのち役所へ行っても、表面的にはなんの屈託もないゴリャートキン氏が存在をつづけ、それに対して、夢を追いつづけるもう一人のゴリャートキン氏がそのまわりをうろちょろするだろう。

原始的な心性においては鏡は魂を吸いとるものとされる。鏡像段階以前の幼児は鏡に映った姿を自分とは認めない。それに対して近代的な意識においては鏡は他人の目である。社会内人格がそこに映っている。近代人は鏡像を自分であると認め、しかし、それは魂のない形骸であると考える。社会的人格と個人とがときに鏡の前で乖離する。

社会内人格が存在しないところでは、鏡像ははじめから他人である。精神病院の個室に閉じこめられていれば、鏡は外出の前の身づくろいのための道具という機能を失い、孤独を慰めるための幻燈器となる。類話が多いが、たとえばロダンバックの「鏡の恋人」の主人公は、鏡の中に美しい異性の姿を見る。自分を他人と誤認するナルキッソス型分身譚である。

メダルドゥスは他人（ヴィクトリン）を自分であると誤認した。ゴリャートキンは他者の中の自分と自分の中の自分を分離した。肖像の分離はこのタイプである。そしてナルキッソスは自分を他人であると思う。

ナルキッソスの場合は逆に言えば自分以外に他者がいないのだ。『オーレリア』の主人公も閉塞的な狂気の中では「他者に興味を持つ」ことができず、自己世界の狭い輪の中をぐるぐる回りしていた。むしろ他者と対決することが恐ろしいからそれを否定して、自己のイメージから「他者」をつくりだしていたと言ってもいい。したがって彼の見る鏡には彼の姿は映らない（あるいは波立つ水面に映った渋面の反映が見える）。あるときは大きな姿見から、かつて愛した女が抜けだしてくるのを見た。もちろん鏡と向かいあって立ったのである。そこには自分の姿が映っていたはずである。しかし彼はそれを他者だと思った。ネルヴァルは「シルヴィ」でも何度か鏡を描いたが、そのどれにも語り手の姿は映っていない。初期のいささか類型的な狂人もの「ラウール・スピファム」でも、主人公は鏡にむかっておじぎをしている。「オルラ」の狂人も鏡の中に自分の姿のかわりに未知の怪物の姿を見た。

それは、社会的自我意識の強弱の度合より、その歪みの度合、つまりは「狂気」の度合にかかっているだろう。ドストエフスキーの人物たちは鏡に映った姿をじっと見つめては自分はいったいなんなのだろうと考えはするが、鏡像を他人だとか妖怪だとか思って恐れたりはしない。ムイシュキンは刃物屋の店先でガラス窓に顔をおしつけて中をのぞきこんでいる自分の姿を、そのガラスの表に認めてはっとする。どんな異相であってもドストエフスキーの人物たちは鏡像を否認することはできない。ドリアン・グレーでさえ狂っていない証拠に、鏡を見て、こんな自分は本当の自分ではないと、その鏡を地面に叩きつける。といっても自己誤認ではない。本当の彼は老いさらばえた醜貌のはずである。永遠に若い鏡像は他人をあざむく偽りの仮面であることを承知している。

　分身物語に常套的に用いられる鏡を、以上のいくつかの例に従って分類すると、鏡花の鏡は、その筆名からも考えられるとおり、自分以外のものを映す鏡で、それはナルキッソスの狂気の鏡か、あるいはシャーマニズムやオカルティズムにおける還魂呪法の鏡である。[41] 例外はあろう。しかし、「山海評判記」でのぞきこんだ井戸の中には自分の姿は映らずに三人の女の生首が浮かんで見える。「註文帳」の鏡は亡魂を映しだす。「眉かくしの霊」で鏡台にむかって化粧をしている女も、その怨霊が鏡面に呼びだしているものは自分の姿ではあるまい。池のみぎわに鏡台がうかんで、それにむかいあった女が見えたという「幻覚」で、その鏡はもちろん水鏡の幻である。池にむかいあった心が、そこに自分の鏡像ではなく、心の中の憧れや不安が投影されるのを見た。終段、座敷が一面の水になるところを見ても、物語は終始、舞台としての池の上の幻であり、池は鏡であり、心の中の風景がそこにうつっていたことがわかる。「陽炎座」とそれは同じ幻である。

　憑霊的世界では、心の中や死者の魂をうつしだす「鏡」は必ずしも現実の鏡である必要はない。「甲乙」の狂女は、鏡のないところでも、目をつむりさえすれば自分の姿が不在の鏡にうつしだされるのを見る。それは盲者の透視力であり、霊的世界の優越の証拠であり、鏡花の鏡が日本の霊的伝統を必ずしもシステマティックにではないとしても十分に受けついで、人間の隠された姿、見えない「分身」を

映しだすものであることを示している。(42)

もっとも、「甲乙」の哀れな女が、はたして盲者なのか、シャーマンなのか、あるいは狂女なのか、その超能力や魂の遊行はどこから来るのかと言うと、一方では鏡花の通俗常識観は、そこに「狂気」の名を与えることをためらわない。「狂気」と言ってもそれを忌避するどころが、あえてそこにのめりこむのだし、「鶯花徑」でも見られるように、いわば隠された真実を見ることを「狂気」と呼ぶのだが、まさにそこに鏡花の世界観の根本がある。

視姦者、日本の幽霊の代弁者、物語世界への非批判的傾倒、シュルレアリスム的イメージの自動派生、そのいずれをとっても「前分身」的な妄執の人物への凝結はありえようが、にもかかわらず、はっきりしたメダルドゥス＝ヴィクトリン型分身抗争が文学化しなかったところ、そこにはまさに鏡花流の「狂気」の問題があった。意識が人物に収斂するだけの集中力の欠如があった。狂気といっても分裂病ではない。精神が夢現の境に漂いだす、まさに「離魂」の病である。荒唐無稽の物語を作りだす空話症である。河野英臣をして「狂者」と診断せしめる早瀬の「虚構崇拝」である。現実の社会と自我との拮抗、抗争より、虚構の世界をでっちあげて、それをもって、意のままにならぬ現実に置きかえる心である。「狂気」というのは、夢や虚構や、あるいは芸者やスリや乞食坊主たちの「欄外」の生における「真実」を現実より優先させる異端の論理だ。

それはなるほど「婦系圖」ではどうしようもない荒唐無稽となったが、「山海評判記」では若干の真理を含み、〈湘南夢幻物〉では、より説得的な「欄外の視覚」を示唆した。人物像としては分身抗争図を描ききれなかったが、世界の二重性の暗示においては「もうひとつの世界」、「もうひとつの論理」と俗世の論理の対立は描きえた。「狂人」とみずから嘲ける否定的話者像の造出によって、「狂気」の論理を開示した。

鏡花の作品には出来のいいものも悪いものもある。通俗的なものも、神秘的、象徴主義的なものもある。しかしそのすべてを通して彼はわれわれの偽善的現実に対立する広い意味での「もうひとつの世界」を描いた。その中にわれわれわれすべての夢魔の分身、欲望の鬼子、怨念の魂魄たちがうごめいている。幻の舞台に己が姿を見た「春晝」の客人とは、すなわち鏡花の虚構世界を前にして、その大仰な仕草に辟易しながらも己れの隠された姿を見るわれわれの姿である。

すなわち鏡花世界がそもそも、一場の幻である現実という虚構の舞台に開いた劇中劇、覗きからくりであり、そこで言う「分身」とは、次元と時間を異にした合せ鏡の中の妖怪たちである。鏡花の鏡は社会を映す写実主義者の鏡ではない。心の中の夢魔の構図を透かし出す魔法の鏡であり、その鏡の中にまた鏡が見え、作者と読者と双方の「夢」は、ずんずんとその鏡と鏡の深井戸に引きこまれてゆく。地底に遠いおはやしの音。

ちなみにそれは日常世界の意識の片隅にあいた無意識の地底への入口を下りてゆく世界、その深井戸の底で、隠された自分の素性、本念の姿、忘れられた思い出に出会うのなら、それはホフマンやドストエフスキーの平面的対立分身の世界とは構成の原則を異にしていよう。「婦系圖」にさえ道端の古井戸に「地獄が開けた、大いなる口」があいている。「春晝」にも「草迷宮」にも同じ深淵が口をあける。山の中の洞穴、△○□の世界。

その下降的「分身世界」は、まったく異相のものながら運動の方向においてはたとえば『オーレリア』の「地獄下り」に比せらる。いままで鏡花は断片的には数々の西欧作家たちに比較されてはきたものの、その「深淵幻想」と、夢魔の威力への心服と、本質的な反社会的視点とは、シュルレアリスムの手法との類似ともども、より精神的な、闇夜の彷徨者たちにこそ比較されるべきであった。地底の闇こそ自己像幻視の導くはてであるのなら。

二、近代文学における分身像

（一）森鷗外、梶井基次郎、大岡昇平、梅崎春生、安岡章太郎

　先に泉鏡花における自己像幻視と分身像の問題を欧米文学の分身像と比較しつつ考究したが[1]、その結果は必ずしも肯定的な結論にはたどりつかなかった。類似より相違が目立ったのである。ドストエフスキーやポーにおける「分身」は前近代の「悪魔」の変容ないしはメトニミーであり、その「悪魔」はキリスト教的なものよりは原始アニミズム的なものであるのなら、日本的な霊の世界にもそれは通ずるものであろうし、「悪魔」から「分身」への変容の過程に、自我意識の確立と、さらにはその分裂という「近代性」があるのなら、それは近代日本においても無縁な問題ではないはずである。

　もちろん精神病のさまざまなあらわれ方に国や社会や文化の性質による相違があることはつとに指摘されている し[2]、『イヴの三つの顔』のような劇的な多重人格症状は日本では報告されていないとしても、だから日本の文学には自己像幻視はあらわれても分身が主人公になる作品はないのだとするよりも、その文化や精神の雄弁な表現形態であり、追求のあらわれである文学を通して、なぜ日本には多重人格症状がなく、かつまた、（それと直接、関係があるか否かはともかく）分身文学がないのかを考えるほうが意味がありそうである。もっとも精神病理学の問題については専門の研究者の研究にまつことにし、ここでは論じない[3]。

　なお、ここで言う「分身」とは英・仏語のDouble、独語のDoppelgängerで、「同時に違った場所に現われる人[4]」と説明されるもの、またはそれに類するものであり、著名な例としてドストエフスキーの『分身』、ポーの『ウィリアム・ウィルソン』、ホフマンの『悪魔の妙薬』などに描

かれたものがあげられる。自立、生動する影、映像、肖像は一応別とする。ジキルとハイド式の二重人格、変身、仮面、変装も別種のものと考える。

双生児、替玉、陰武者など、実在の別人物（別人格）も主体の意識に二重化ないし自我喪失の影を落とさないかぎり「分身」ではない。一方、客観性のない個人的な妄想としての分身幻覚や自己像幻視も、その妄想が実体をともなわないかぎり、「分身」とはしない。つまりは非現実な幻ながら文学的な実在であるようなものだから、現実性をはじめから捨てている寓話では困る。不可能な現実、現実を崩壊させる超現実、存在を否定する非在。

自我にしても自分という存在にしても、唯一のものであり、その輪郭も、姓名、外観、社会的役割、家族などによって確定されていて、その一部分が漂い出たり、任意の他者と入れ替わりうるようなものであってはならないということがはっきりしてきたのは、人に人としての権利が認められ、固有の姓と名で呼ばれるようになってから、つまり公式的に言えば「人権宣言」以後のことであり、それ以前は名前の別もあまりなかった。

たとえば下僕は下僕で、ジャンという名で呼んでいた下僕がいなくなれば、新たに雇った男を、その本名にはおかまいなく、またジャンと呼ぶだけのことであった。一方、主人は主人で、家来は新しい主人にも前と同じ忠誠を誓わねばならなかったし、その上の国王になれば、名前が意識されることは稀であり、さらにその上には名なしの存在である神がいた。神を頂点とする家父長社会では相続人を認知するのにエサウでもヤコブでも名前はどうでもよかった。そもそもヤコブなどという名前の人間はやたらといたのである。同じ名前のものがいくらいても、唯一の父親に認知してもらえるなら問題はなかった。上下の関係はつねに一対一で、自己同一性の問題はおこらなかった。それが、神や国王を抹殺して、横の関係の中から秩序を生みださねばならなくなったときに、たとえば名前を書いて投票するにしても、ここではじめて、すべてのものに名前と同一性が必要になってきた。

自我の輪郭は近代法制社会の、たとえば万民戸籍制度によって確定されてくる。しかしその中味は複雑で、しかも時々刻々に変化し、近代社会になって、上からの人格規定がなくなるとともに、ますます流動的になり、ときには分裂し、ときには消滅したりもするようになった。裁き主を意識の表から排除した人間は『ルソー、ジャン＝ジャックを裁く』のように、自ら己れを裁かねばならなくもなった。近代的自我の確立は分裂のはじまりでもあったのである。

自我の探求をひとつの課題としたロマン主義以降の十九世紀西欧文学は、神という統一原理を失って、ばらばらに崩壊した自我の分裂の相に直面することからその探求をはじめた。そのさい、新たに人間に与えられた姓名や社会機構内部の役割と役割名は、かえって混乱の契機になった。「九等文官ヤーコフ・ペトローヴィチ・ゴリャートキン」は目の前に、まったく同じ肩書と姓名の名刺をつきつけられてわけがわからなくなる。

いわば精神的価値によってつらぬかれていた神との関係が崩壊し、かわりに、名前や容貌や役割という外的形象によってのみ人を弁別する社会機構を人が発明したとき、精神的なものが法制的人間規定の網の目からこぼれて「もう一人の」存在となり、神を抹殺したあとの空洞に、知られざる異形の存在が住みこんでわれわれを支配するようになる。

そのようにして唯一のもののはずでありながら分裂してゆく自我と、それを外側から規制しようとする近代社会、その中で背広を着、仮面をかぶって、外面的、社会的・存在の虚構の生を営む人間たち、そこに織りなされるドラマをロマン主義から写実主義、自然主義に至るまで追求した十九世紀西欧文学を、その後の無意識の領域への探険まで含めて駆足で学習し模倣した日本の近代文学は、はたして西欧的自我の分裂の苦悶には気がつかなかったのだろうか。

森鷗外

近代日本というものははたしてあったのだろうか、とそこで問うのは唐突かもしれないし、本論の主旨でもない。

しかし、明治維新が近代の市民革命と同列に論じられないことはあきらかだし、鹿鳴館が西欧ではないことも言うまでもなかった。幕末の日本は黒船を近代ない西欧ととらえたが、世紀末の西欧の本質は、その矛盾の排泄物たる黒船とは裏腹なものだった。[6]自身、世紀末的雰囲気の濃厚であった漱石は、かえってそのために、西欧の本質には触れえず、一人下宿にこもって泣きくらしていたのだし、より若い心で西欧にとびこんだ鷗外は、その華やかさに眩惑されるだけであった。といって、荷風は西欧の恥部に触れたかに見えながらその実、風俗になじんだだけであり、むしろ本当の病める西欧は、帰国後、不遇不満の時代に西欧の書物を読み耽った鷗外においてはじめて垣間見られただけだったかもしれない。「近代日本」の「分身」もその時期の鷗外がはじめて描くのである。

「近代の分身」というような言い方をする以上は「近代以前の分身」もありそうだし、『日本古文献の精神病学的考察』（栗原清一）に引用された「影の病い」や、六条御息所の生霊も想起されようが、ここではあくまでも「近代的自我」ないしは社会内自己同一性の意識の確立以後の自我意識の混乱を文学的に表現した小説的人物像としての「分身」を問題とするのであって、自己と他者の区別が明瞭でないときに、影やトーテムや呪物に、魂ないし人間存在の一部が拡散したり移行したりすることや、シャーマニックな憑霊状態や、夢の中で自我意識がおぼろになって他者に乗り移ることは、いずれも「分身」とはしないということは断っておこう。[7]

西欧キリスト教社会では、そのような原始心性の自由な遊行に、神や悪魔や天使という概念が交通整理をし、宗教的エクスタジーやヒステリー状態での忘我、脱魂症状に教義的解釈が施されたから、それを「分身」と呼ぶことはなかった。その後「自由思想」が既存の名称・観念を抹殺したとき、なおも残った不合理・不可解な部分に、「影」や「分身」、あるいは「名づけえぬもの」という認識が必要となった。言いかえれば、悪魔や神であれば、心の中の「影」は好きなときに現われて、都合が悪くなれば消えてしまうことができた。ところが、その種の隠れみのがなくなってしまうと、一旦、外に投射された「影」はゴリャートキン二世のように、はっきりした外的存在となって自由に出たり入ったりはできなくなった。それが「分身」であって、霊的世界や宗教体系が存在していれば、「影」の離脱吸収は自由なのである。不合理なものを合理的に解釈する解釈体系としてのキリスト教による「影」の合理化と、さらにその「神」の虐殺という二つのプロセスを経て成立した「分身」は、狐や狸の跳梁するアニミズム的土俗信仰を許容していた寛容な宗教しかなく、しかもその宗教を現神信仰によってむしろ推し進めた「近代日本」では容易に認識しえなかったろう。鷗外はその点、合理的精神に徹しようとすることにおいて稀な存在であった。

鷗外の『分身・走馬燈』（一九一三年）は、架空の人物をして、己れの心中に去来する走馬灯の如きとりとめもない幻を語らしめるという体裁の短篇集であり、総題にのみあらわれる「分身」の語は、各篇の主人公を己れの種々相に擬した意であって、本論に言う「分身」ではない。日本語ではもともと〈分身〉は仏教用語であり、仏が己れの姿をいくつにも変じて衆生を救うことをさし、孫悟空の分身の術の如き、まさに身を分つことをも言ったが、西欧的文脈での「分身」の用法はまだであったろう。また「エンマは私だ」と言うような意味での作中人物を作者の分身とする言い方も（ここはそれに近いのだが……）まだ一般化はしていなかったはずである。したがって、表題の「分身」は不問に付するとして、内容を見ると、多少なりとも西欧的文脈での「分身」に近いものとしては「不思議な鏡」がまず目につくだろう。ただ、これは題からもわかるとおり幻想ではなく寓意であり、分身も現実の存在ではなく、描写のための口実である。

「不思議な鏡」

あるとき役所へ行く支度をしているうちにぼんやりしてきたと思ったら、魂が身体を抜けだして空を飛んでいる。魂と言っても「體そのままの影」である。魂は文芸家協会のようなところへ吸いよせられて、講演をさせられる。講演の内容はそこの鏡に映るようになっている。魂を吸いよせたのもその鏡である。これは出版ジャーナリズムの隠喩で、空虚な内容をあらかじめ用意しておいて作者を操るからくりを指すのだろうが、それはこの際、あまり重要ではない。魂がそうやって文壇の要求を人形のように満たしているあいだ、役所では魂の抜けた身体が「器械的に」盲判を押している。

寓意はあきらかで、ひとつには無意味な盲判を押す役所づとめが魂の抜けたもののすることという意であり、もうひとつは、役所から帰ってから小説を書く作者の二重生活の諷意である。あるいはまた、文壇でも意に添わぬ受けとり方をされていることの不満の表現でもあるかもしれぬ。役所と文壇と二つの場所に同時に存在して、しかもそのどちらでも盲判をついたり、鏡に映った文字を棒読みしたりという、自分が自分でない状態にいる鷗外自身の諷刺的自画像だが、そのうち役割をとりちがえて、役所にいながら文学者のつもりで不穏当なことを口走ったり、あるいは役所にいるべき時間におかしな所をさまよったりして、それを他人に見とがめられ、あるいは自分でしたことを、これは「もう一人の自分」がしたことだから自分には関知しないと白を切ったりするようになると、症状はゴリャートキンのそれに近くなり、事実、それに近いことも実生活ではあったらしいが、小説ではそこまでは行かない。これはただの寓意であり、また、一日だけのことである。魂は無事に身体に戻った。同時に二ヶ所に存在したことを目撃者によって告発されることもなかった。アポリネール描くドルムザンの如く、あるいはウィリアム・ウィルソンの如く、鏡に映った自分の受けた攻撃によって役所にいた自分がたおれたわけでもない。筆禍が公的地位をおびやかすこと、公的立場と私的生活が混同されることまでを、かかる「あそび」の文章は追求しようとはしていない。実体から遊離した魂は、自分が妻君にやりこめられるのを傍で見て「面白がつてゐる」。意識は分離しても役割を混同はしていない。混同はしていないのだという申し開きであるかもしれない。それ以上に「日の要求」と文筆の要求を巧みにこなしてボロを出さないという自負の言かもしれない。ぼんやりしているうちに魂が抜けだしていったと言うのなら「夢応の鯉魚」や「胡蝶の夢」の類の夢幻譚である。ここでは魂は抜けだしても「役」はつとめている。役所も文壇も「穴の半分つぶれた羽織」をひっかけてごまかしてしまうことができる。羽織の下には「嘗て挫折したことのない力」がいまだ蓄へられているのだと言うかのようである。「自分は永遠なる不平家である。どうしても自分のゐない筈のところに自分がゐるやうである」（『妄想』）。

「不思議な鏡」は寓意だが、右の文章はタイトルとは裏腹にかなりなまでに素直な告白であろう。自分の生活が二重になっている、人間も二人いるのはたしかだが、その二重性にふり回されてはいないという自負、あるいは強弁、さらにそのいずれもが、舞台の上の「役」であり「背後にある或る物が真の生」であるという衿恃、そこにはしかし、すでにして現実に裏切られている不平家の怨念、遺恨もほの見えよう。それを本当に誠実に追求して素直に書けば、二つに引き裂かれて半分ずつになった自分が役をとりちがえて混乱し、紙つぶてを投げられながら表舞台を下りて哀れな道化となって流浪の旅に出たまま、昔見た理想の夢は遠く届かないものになってしまったということではなかろうか。それをあくまで寓話のように、あるいは架空の老翁の回想のように言って失意の心を隠して平然たる様子をかかげ、老翁にも「炯々たる目」で理想と西欧とを同時に表わす「遠い遠い海と空」をみつめさせるのは、まだ老いざる青年の客気であろう。

本当は理想に裏切られ、生活に疲れ、病にも蝕まれている。しかし彼の中の老いそこなった永遠の青年は、その現実を認めることをかたくなに拒んでいる。あの有名な「書き違い」はそのような意識の虚勢から生まれる(8)。

「日の要求に安んぜない権利を持つてゐるものは、恐らく只天才ばかりであらう」

もちろんこれは書き違いではない。しかし、「汝の義務とは何ぞ、日の要求なり」というゲーテの言葉に対し「さういふ境地に身を置くことが出来ない」自分、「青い鳥」「の夢をいつまでも追う自分と、しかし現実には「日の要求」に安んぜざるをえない自分が統合できないための、両極に引っぱられて歪んだ表現であり、それが一見矛盾した印象を与えるのである。

ゲーテの言は、人は天才たらんとする前に己れを知って、凡人たることに安んぜよ、と言うだけの、いかにもゲーテ的な（たとえばホフマン的ではない）常識論である。「翁」の中の血気の青年はそのような忠告に従う気は毛頭なく、依然として「青い鳥」、「大きい作品」を求めている。凡人たることに安んぜずに青い鳥を求めるものは天才だけであり、自分は天才ではないのだから凡人たることに甘んじなければならないはずながら、一方、境遇に甘んずることができるのは、すぐれた境遇にあるもの、すなわち、「大きな作品」をしあげてしまった天才だけであるのなら、到底満足の境地にはたどりつくはずがない。天才ではないのに天才を夢みているのだから、天才の満足はいつになっても与えられない。日の要求を無視しうるのは天才だけであり、日の要求を満足をもって満たしうるのも大作をしあげたものだけであって、自分は天才でもなく、大作をしあげたものでもない。(9)

説明をすれば話は簡単だが、話者の心中にせめぎあっている現実主義者とロマン主義者の葛藤の屈折した表現と読まなければ、一見して書きまちがいかと思う。前に出た「現在の事實を蔑にする反對である」といった二重否定的表現も、心中の異論を抑えつつ書いている表現としては納得がゆく。

そこで心中の異論を抑えてかかる文章を書いているのは作中、しかも三人称から一人称に移った枠の中の人物である。作者と作中人物との二重化ではなく、あきらかに作中人物自体が二重化している。(10) しかし、意志と形象とか、自我と肉体とかに分ける思想を「翁」は否定する。むしろ、永遠なる魂としての自我などは信じられないと言いきるかのようである。彼にとって「自我」とは「あらゆる方角から引っ張つてゐる糸の湊合」であり、Social なものと理解される。と言いながらしかし、何か言いつくせないものがすくなくとも西欧語としての「自我」の中にはあるような思いもしている。それがなくなることというより、はっきりしないことが、「痛切に心の空虚」を感じさせる。ここでは〈分身〉はむしろ「空虚」として理解されている。となれば、「自我」とか「分身」とかと言うよりは「神」と言ってしまえばわかりが早い。自己の中に神を想って空虚につきあたる。

しかし、そのいないはずの「神」が、空しく老いるうちに、「時間」の影となって蓄積してもきたのだろうか。

日本には「自然科學を育てて行く雰囲氣はない」日本人には西欧的合理主義の思弁法はなく、したがって近代的「自我」もない。日本人は「野蛮人」である。しかし自分は「さういふ人々とは少し違ふ」。西洋から帰国するときは己れの心を天秤にかけたのである。そのとき一方の皿に乗っていた願望は捨てきったわけではない。いやそれどころか、その後の彼の心にはつねに秤に載った二つの魂がいて、あやうい均衡をとっていたのである。「分身」は不在ではなかった。ただそれは心の中の暗黒であるのか、存在の影絵なのかと言えば、答は「百物語」の傍観者のそれのような「空虚」であったとしか言いようがないかもしれない(11)。

現在の自分は魂の抜けた形骸である。本当の自分はそこにはいない。自分は舞台の上で「役」を勤める俳優である。背後でそれを操っているものがいるはずである。ところでその「本当の自分」がどこにいるのか、何なのか、それはいくら考えてもわからない。西欧にいた自分と日本で老いてゆく自分はちがうはずである。しかし、本当の自分はその二重性のさらにかなたにいるようである。自我は Social なもので、それがなくなるための苦痛はない。しかし、そのような表面的な自我のほかに、もうひとつ、それを喪失することが人間であることの喪失にかかわるようななにかがある。そしてまさにその「何か」を自分は喪失しかかっている。すくなくともその「何か」と自分との統合ができない。なぜなら自分には「神」はなかったし、それが存在していたはずの西欧でも自分はそれを見出さなかった。自分が行ったときの西欧はすでにそれを見失っていたのである。

「魂」は遊離した。それは「不思議な鏡」に引きよせられてゆく「魂」とは別の、もっと「遠い」ものである。そしてその姿は自分には見えない。ゴワマールとストラグリアティという人の言い方による「分身の加減乗除」に従って言えば、そこにはマイナスの分身がいる。「妄想」の鷗外は「空虚」としての分身を見た。あるいは分身や影の離脱した形としての自分を意識した。その後の日本の近代文学はその空虚を埋めることができるであろうか。

梶井基次郎

離脱の感覚、空虚の意識を、西欧的観念論や神ないし神の不在の文脈とは別なところで追い求めて、そこに形を与えようとしたのはいささか時代は下るが梶井基次郎である。二重身幻覚は習作の『瀬山の話』から終始一貫して彼の意識につきまとう。ゲーテや鏡花が記述した自己像幻視は彼にはなかったようである。そのかわり、自分がもぬけの殻であるという意識は強烈に彼を苦しめていた。そして、離脱した自分を自己像幻視であれ、ともかく目の前に見ようとあがいた。「蒼穹」では自然の中に吸いこまれてゆく意識の形を雲の中に見ようとした。しかし、対象の本質を見始めようとする目はそこに「白日の闇」を見てしまう。

「視ること、それは……魂……がそれに乗り移ることなのだ」（『ある心の風景』）。

「常に外界へ逃れやう逃れやうと焦慮つてゐた」（『冬の日』）。魂は「視ること」によって、自然に一体化しようとしたが、そのとき見えたものは闇であり空虚である。しかしそれははたして本当の空虚だったのだろうか？「眼」が対象に吸いこまれていったあげくに、魂の抜けた形にはもはや自分の魂の姿を見ることができなくなった、それは魂とともに眼もなくなってしまったからではないだろうか。あるものを見ているうちに、ふっと対象が消えて闇がぽっかりとひろがりだす、それは対象を自分との関係で認知する能力が消滅するからではないのか。離人症では対象に無感動になる。

闇夜の通行人が、ひとところあかりの灯されたところに姿をあらわして、また闇の中へ消えてゆく。闇の中には見えない通行人がひしめいているのだ。それは「死」と言ってもいい。虚無ではなく、魂、永遠の魂によって満たされた闇だ。桜の木の下には屍体がある。蒼穹には闇がある。事物の一方は「理想の光に輝かされ、もう一方は暗黒な絶望を背負って」いる（『筧の話』）。その闇を透視すること、それが彼の文学であった。

己れの本質が溶けこんでゆく闇、あるいは事物の裏側、そして己れの影、それを透視するために彼は、闇に魅了されてしまった眼とは別なところに第二の視点を据える。『Ｋの昇天』と『ある崖上の感情』の「話者」は、闇に引きこまれてゆく自分を対象化してその行く末を見るための第二の「眼」である。

Ｋは己れの影をみつめてその中へ溶けこんでゆく。はじめは影が形をとってくる。やがて本体のほうは軽くなって昇天する。それを話者、もう一人のＫが見ている。

自分自身では最後の一線を越えてまで影にのめりこめない。のめりこめば死である。話者は観客の位置に後退する。あるいは舞台監督かもしれない。そして月の浜辺にたたずむＫに「なにかの効果を及ぼすかも知れないと思」って口笛を吹く。曲はシューベルトの絶唱『白鳥の歌』の中の「ドッペル・ゲンゲル」。人影は曲にあわせ話者の禁じられた欲望を実演してゆく。影を見つめることで影に乗り移って魂を解放すること、あるいは影の中に死の本質を見ること。もっと簡単に言えば、死の衝動と生の本能があって互いに牽制しあっているのを、それぞれ分離して、それほどに憧れている死とは何なのか考えさせてみた。その死の想念を具象化すれば影になった。自我が二つに分かれ死の衝動に従う分身がＫとなっても、Ｋはまだ死そのものではなく、死はその影である。Ｋが影をみつめれば、生の本能をすでに持たないＫの身体からは支えのなくなった生の本質が影のほうへ移行してゆくだろう。そのときになおもＫには残るものがある。それこそ「妄想」の主人公がさがし求めていたもの、Social ではないもうひとつの「自我」であり「魂」でもあるだろう[12]。

肉体が影の中に吸いこまれて死者となるとき、魂は解放されて昇天する。そのときにそれを見ているもう一人の自我は何ものかを喪失した感情を抱かないだろうか。

実は、影を見つめているＫは、Ｋを見つめている自分である。見つめることによって意識が対象に移行し、影が実体を持ちはじめたとき、話者はそこにＫの姿を見た。Ｋが死んだとき話者の中でも何かが死ぬ。影がKの命を奪い、Kが話者の命を奪ってゆく。分身は「死」として認識される。「視ることは何かなのだ」、その「何か」とは死であった。「俺の生きる道は……自分の肉體や自分の生活が滅びてゆくのを見てることだ」（『冬の日』）。

いまや彼は、離脱したKの魂によって、あるいはKを死に導いた影によって見つめられているように思うだろう。Kの離脱したあとの空虚、自分の中にひろがる黒々とした死の領域が見えない分身の形に対応する。視線の可逆性による、見るものから見られるものへの転化の感覚は「ある崖上の感情」において、分身を死ではなく生きている他者とすることで明瞭に描かれる。ここに分身幻覚が小説的分身構造を生みだす契機がある。

崖下の住人生島は、崖上からじっと窓をみつめる（その窓は彼自身の部屋の窓のようである。すくなくともそこから見える窓のひとつは彼の部屋の窓である）[13]。するとKと同じように離魂の状態がおこる。「ふらふらつとして實際崖から落つこちさうな気持になる」。視ることは死である[14]。死は分身の形をとって来る。彼は背後に近づいてくる足音を感じ、その「忍び寄つた人間」に崖からつき落とされるように思う。彼はその状態に魅了される。魅惑は死の魅惑である。彼がその話を石田という男にして、石田に崖上に立たせたのは「Kの昇天」の場合と同じく、危険な実験を代行させるためだった。彼の死の「欲望」を引き受けて崖上に立ったとき石田は生島の分身になった。「あれは俺の空想が立たせた人影だ。俺と同じ欲望で崖の上へ立つやうになつた俺の二重人格だ。……俺の欲望はたうとう俺から分離した」。欲望とともに目の意識も生島から石田に移行する。

しかし石田は、死としての分身が背後に立って彼をつきおとすようには感じない。そのかわりに崖下の窓の中に死の光景を見る。もうひとつ彼が見たものは、おそらく生島の部屋の中の男女愛欲の光景である。生島は感動のない女との関係に刺激を与えるべく、彼が見ていた崖下のベッドシーンを想像するが、それだけでは足りず、分身の目に自分たちの姿を見させることによって、「退屈な生」に意味を与えようとしていたのだ。

生島ははじめ自分で自分の部屋の窓を覗いて空想の光景に酔っていた。そこに、背後から近づいて「襟髪を掴み」、あるいは「崖から突き落と」す分身を感じた。そこでもう一人の分身を立てて、彼の目を通して自分自身の「醜い姿」を見ることにした。その分身は、愛欲と死の二つの光景を同時に見た。そうやって筋を整理してみれば、この連鎖的分身派生を導いていたものがフロイト言うところの「原光景」の魅惑であったことは自ずとあきらかである。

窓の中にいるのは両親である。覗きの現場を発見して崖から突きおとすのは去勢処罰である。両親の寝室をはじめて覗いた幼い少年はその光景の意味を理解せず、暴力的な光景としてひとまずは理解する。性についてのはじめての知識はかくて暴力の極限としての死の相の下に記憶に刻まれ、抑圧を経て、性衝動を歪め死を憧れる奇妙な覗き屋に育てあげる。彼における「視ること」の魅惑と不安がそのようにして説明される。

視ることによって生じた分身妄想と、分身造出の源も、覗きの対象に同化したいという覗き屋の欲望と、その罪責感と去勢恐怖から逃れるために、行為の主体を他者にゆずりたいという願望にある。

『Kの昇天』で、死の相の下にあらわれた分身は、実は父性的去勢処罰者であり、死ななければならないのは、見ることが禁じられていたためであった。覗き屋の欲求不満が対象との同一化において分身を生んでいたのである。

欲望をもって対象を見ることが、主体を対象に同化させる。見ている自分がやがて見られている自分になる。と同時に、見ることの有罪性が処罰の恐怖を覚えさせる。役割は入れかわって、いまや見ているのが父親で、見られているのが自分だ。覗き屋は対象に同化したとたんに、背後から「襟髪をつかまれ」「崖からつきおとされる」。つきおとされまいとして戦えば分身抗争が生まれる。梶井は分身幻覚から小説的分身の造出まで近づいた。

なるほど背後からつきおとそうとする「分身」は「氣配」でしかない。一方の実在の「分身」は崖の上に立つだけで、いまのところ何の行動も起こさない。しかし刺激がなければ感動しない生島の生（性）は、たんに分身に見られているだけでは、まもなく「またもとの退屈な現實に歸つてしまふ」。そうなれば、つぎにやるべきことは何だろう。おそらくふたたび石田を誘って役割を交換し、石田に腐れ縁の相手である「小母さん」を抱かせることではあるまいか。

見ることの有償性はそのときはじめて明白になるだろう。そのときになってはじめて、崖の上からつきおとそうとした分身と、石田とが一致し、崖上の覗きは、崖上の殺人になるかもしれない。石田の見た二重の光景、性と死の光景（病院の窓の中では人が死んでいた）はすでにそれを予感していたのかもしれない。いずれにしても危険なゲームに引きずりこまれた石田としては、そこで引き返すわけにはいかない。生島の部屋はすぐそこである。

ただ梶井には、そのあとを描く余裕はなかった。見ることが分身を生みだしてしまった以上、その分身と生きるか死ぬかの戦いをしなければならないはずでありながら、その人物たちに人生という戦いの場へ歩みこませる時間も、それにふさわしい長編小説の形も持っていなかった。鷗外の妄想よりは、見ることを徹底させて、事物の裏側までは見たし、そこに第二の視点も設定した。しかし「見られること」にはまだ徹しきれないのだ。

大岡昇平

分身像の造出としては凝縮度が乏しいものの、見られることにおいては梶井よりさらに一歩を踏み出しているのが『野火』である。これが極限状況における「神」との出会いであるならそれをも「分身」であると言うよりは、むしろ分裂を統合するものとするべきだろうが、それを医師によって「メシア・コンプレックス」と名づけるなら、その「症状」は宗教的解釈体系からはみ出して人間の顔をとってくるだろう。(16)

「症状」はまず、死の宣告に等しい命令を受けて野戦病院へ戻る途中の二叉道で起こった。彼はなぜか未知の道を択んだ。そのとき奇妙な感覚が彼を襲う。それはまだ分身や分離の感覚ではないが、未来の自分についての奇妙な不在感として把握される。未来のみならず過去・現在についても、自分を外側から見つめている感じがする。「この道は私が生れて初めて通る道であるにも拘らず、私は二度とこの道を通らないであろう」と思い、かつそれを「奇怪な観念」と思うのである。

このせりふは「妄想」の「言い違え」以上に奇妙である。「生れてはじめて通る」のは事実であろう。「にもかかわらず」というのがおかしい。「こんな道ははじめてで、二度と通るまい」というのなら正常である。そもそも二叉道で、障害物もないまっすぐの近道をとらずに林の中の暗く細い道を選んだのが日常行為としては錯誤にあたる。正しい選択ではなく、おそらく、死を遅延させたい気持ちが回り道を選ばせたのである。

であれば、次の機会には二度とその道は選ぶまい。「にもかかわらず」というのは、その前の文の反対の内容を措定する。「はじめてだが、気に入ったのでこれから何度も通るだろう」とか「はじめてだが、なぜかもう幾度も通った気がする」という、過去か未来の反復性が現在の一回性の行為に対応して「にもかかわらず」となるはずである。

そしてそのあとなら、「しかし、いまの私は二度とこの道を通らないだろう」という「死の予感」の言葉も自然に了解できる。はたして既視感か、それとも未来の希望が表明されるはずでありながら、何らかの無意識の機制によってその言葉が削除されたのか。既視感は先になって明瞭に意識される。[17] 未来の反復の予想は、たとえば野火が行く先々に繰り返されることで裏づけられる。一回性のはずの行為が過去でも未来でもすでに偏執的に反復する。そしてここで「私」はあるはずのないその過去か未来かに、今の行為を反復している自分の姿を見て、それを「奇怪」であると感じた。しかし意識はすでにその幻を抹殺していた。そして短絡された文脈では、二度と通らないことが奇怪であると認識されたことになる。それが二つ目のおかしな点である。ふつうなら現在は二度くり返されることはない。まして非日常的回り道である。それを二度と通らないのは奇怪ではなく、あたりまえのはずだ。それを「奇怪」であると感じた奇怪さを「私」はこみいった思考の中であとづけようとする。ひとつは、戦場へ送られる輸送船の上から、海上にわきあがる雲を見つめてそれを「奇怪」に思ったという思い出である。「海面からあまり離れていない一定の高さに」「供餅のよう」につぎつぎに浮かんで来る雲は、梶井の見ていた山の上の雲と、その切れ目の「白日の闇」とに似ている。それを「奇怪」であると感じたのは、やはり梶井のように、そこに影としての分身を見たからであろうか。何でもない光景を「奇怪」であると感ずることが奇怪であって、おそらく死の予感しかそれを説明できないという考えは正しいだろう。しかしそれをさらに敷延して、「生命感とは、今行うところを無限に繰り返し得る予感にある」と考えるのは論理的には正しそうに見えても感情としてはどうしてもおかしい。はじめての道を歩いて、二度と通らないだろうと思うことは、可能性から言えば非論理的であっても感情としては、そのほうがふつうである。「好む時にまた来る」ことができるということは、日常の生活圏の中でのたとえば散策のコースであればともかく、「辺鄙な……地方」や、そこような戦場ではあまり思い浮かばない感情ではあるまいか、それを生命感とか死の予感と言うことは、理屈めいているか、あるいは他人事めいて聞こえる。とにかく彼は、何でもない行為や風景がいちいちこと新しく、それまでの生活の文脈から浮きあがって見えることに、「意識と外界の均衡」の破綻を見る。

つぎの「症状」もまた「奇妙な感覚」である。[18] 対象は野火である。それが二つに見える。「いつかそれは二つになっていた」。「見えた」のではなく現実に二つだったのかもしれない。しかし、麓の野火が太く真直ぐにあがり、丘の上のそれが細くゆらいでいるのが「奇妙」だというのが奇妙である。場所も燃しているものもちがえば煙もちがうだろう。ふつうならそのようなことを奇妙に思うものではない。もう少し先へ行くとまた道が「二つに分れ」る。そしてそこにも野火が見える。どうやら行く先々で景色は二重になってゆくようである。最後の野火の下には人影はなかった。それを見て「奇妙な感覚の混乱」を覚えるなら、彼はその光景をただの野火以上に見ているにちがいない。まずは記憶の中の先ほどの野火の反復として、ついで、たとえば「燃えるいばら」として。彼のいわゆる「神」はすでに

「二重視」の中に姿をあらわしはじめたようである。

野火は入眠幻覚にも訪れる。それは眠りに落ちる意識の片隅で彼を見つめている眼かもしれない。眼を覚ましている夜は中天に月を見た。月は彼を「嘲けるように思われた」。その「月光の行きわたった空」は、「既知のもののよう」な渇望を呼びおこした。反復する野火―見つめる月は、どこか遠い記憶の中でも存在している。「幾度か私は、こういう空を、違った緯度の下で、似通った気持で眺めたことがあった」。

過去をさぐろうとする努力は、しかしなかなか対象に到達しない。到達することをむしろ自ら回避しているのではあるまいかとも思われる。その証拠に、風景はすでに「変貌」しはじめている。思い出のほうが、いかに抑えてもすでに氾濫しだしてくる。木々は女の肉体になる。快楽の記憶が死の予感とまざりあう。遠い野火のような過去の「幻像」は性の光景であり、そのもっと先には抑圧された原光景がある。(19)

原光景があれば、欲望の視線と禁止の機制とが分身を作り出す。夢の中で彼は自分の埋葬の場面を見る。彼は棺の中にいるだけではなく、棺の蓋をとって中を覗きこんでいるのも彼であった。覗いているのは少年の彼であり棺の中に寝ているのは父と母の二人に二重化しているにちがいない。それが偽の宗教的興奮に色づけされた夢であることは、それを聖家族図の夢の言語による裏返しとも解釈させうるだろう。聖母とヨセフがかいば桶の中を覗きこむ。その「覗き」をさらに逆転させれば原光景である。

翌朝歩きだした彼は、前よりもはるかに鮮やかな既視感につきまとわれる。夜の夢の中で「記憶の外側の、紙一重のところまで」行ったからである。その紙一重の奥をさらにつきとめようとするように現実の彼は捨てられた村の教会に入ってゆく。ここでまず彼は幻聴を聞く。ついでフィリピン人の男女が現われる。彼は女を射つ。女は「快楽に失心したやうに」倒れる。この男女も両親像の転化である。男は逃げさった。いまや「殺害」という肉体的行為の場に残された彼と女を、目撃者としてのフィリピン人が見つめつづけるのである。「見られている」という意識がこのときからつきまといはじめる。それを彼は、前からと同じ「奇妙な」という表現であらわす。「一つの奇妙な感覚が生れてきた。私は自分の動作が、誰かに見られていると思った」。「見られている」意識は人肉食いの衝動によってもっと強くなる。そのあとは有名なところだ。屍体を切りとろうとした右手を左手が抑える。それを彼は「二つの半身に別れ」たと理解する。左側に魂がいる。その魂は一羽の白鷺が飛び立つのを見たときにともに飛び立った。この部分はいささか唐突だが、このあと実際に人肉食いを行うことと、巻末までこの全編を「狂人日記」として、ある時点から狂ってしまった人間の回想とすることのために必要な説明だったのかもしれない。

ここまでのところでの分身的感覚はまず既視感によって導かれる。現実には経験したことのないはずの風景を既知のものと認めることは、現在の自分を自分の外にある意識が客体視して眺めて、それを過去の感覚に移すことである。投降を覚悟したときに感じた、俳優と観客の意識もそこにおいては同じものである。この場合、これからしようとする行為を意識が先取りして見てしまう。行為にあたって意志が分裂すれば既視感のかわりに二重視が起こる。

つぎには、偶然によって犯した罪が、見られているという意識を生む。ここでも犯してしまった罪を知らぬ顔でいようと思うと内心の声がそれを告発すると同時に、これからひとつの罪を犯そうとすると、何ものかがそれを見張っていて、制止する。もうひとつ、偶然と必然の観点からそれを見る見方もある。女を殺したのは偶然であったが神の目の前では偶然はないのかもしれないし、偶然と思うものも心の奥の意志によるものかもしれない。

既視感と罪の意識、あるいは無意識の行動を命令する「必然」、それらはいずれも原初の光景を見た根源の罪とその罰との抑圧された意識によって導かれ、追想の禁止が風景と感覚を歪めてゆく。風景と目との関係は自然な任意性を失って、風景はあらかじめ定められていた特定の場であり、目はそれを任意に選びとる力を失って逆に待ち構えていた風景から、あるいは木の葉のあいだの見えない目から見つめられるようになる。

そこまでのところでは見つめられる自分の離人症的感覚が主で、分身があるとしても、それは離脱した自分、見ている自分、国に残してきた自分の過去の姿でしかないか、あるいは、行動に先だって、未来の自分を見、抑制する意識が生みだした未来の幻でしかない。いずれも現在というもの、自己というものを確実に認識することの困難さが生んだ「意識と外界の均衡の」破綻であり、自我意識の障害である。ところがこのあとから物語には安田と永松という「人物」が登場する。はじめは「彼」であり、キリストであり、十字架でもあったが、そしてその宗教的妄想が意識の外在化の助けをしたのでもあり（森の中から彼を引き出したのは十字架である）、「罪」が宗教的文脈においてメシアとの同一化妄想を生むのでもあるが、その文脈はいまのところ留保しておく[20]。

安田と永松ははじめは奇妙な二人三脚の組として紹介される。安田は取引用の煙草を持っている。永松は歩行困難な安田を助けている。しかしそれだけではない。二人は憎しみあいながらも離れられない。人肉食いという「罪」で結びつけられているということもある。しかしそれ以上に、この二人は互いの「一生の秘密」を打ちあけあった仲だ。永松は女中の子であり、安田は女中を妊ませた男だ。その結果、二人のあいだには暗黙の了解以上のものが成立し、「氣の弱い女中の子」は、「シニックな女中強姦者の養子となった」。永松は自分では罪を実行する力がない。罪を犯さなければこのような場所では早晩死ぬであろう。罪を犯しても気が弱ければ自責の念から狂い死にするかもしれない。しかし安田に命令されれば罪を犯すこともできるし、自責の念からも救われる。父性的超自我が「悪」の意志であるなら、「良心」にとがめられることもない。その共生関係の中へ「私」が加わる。「私」を殺さずに仲間へ引き入れたのは永松の気の弱さであり、本質的な人の良さかもしれない。いまや悪をめぐる意志と行為の分身関係には、行為をせず、意志もせずに、その結果のみ享受する「私」が加わった。しかしおそらく、この三番目の分身を加えたときから永松には悪の自由意志が生まれ、安田の悪は共犯者とのなれあいさえ拒否する破壊的なものになってゆく。

安田は永松を殺そうとして、逆に殺される。しかし「私」もまた、いつまでも「非・行為者」でいるわけにはいかなかった。安田の肉を食う永松を「私」は射った。分身抗争は抹消のはてに唯一者を残して消える。あとは宗教妄想だけが残る。

永松と安田の関係は殺し合いの関係であり、その偽の父子の縁は永松が安田を食うことで完全なものになる。その永松は一旦は「私」を殺して食おうとした。それをやめて彼に水を飲ませ、肉片を食わせたのは、自分たちの人肉食い兄弟集団に加えるためだった。そのとき「私」は切られた足首に向かって無意識のうちに匍伏前進をしていたのである。永松はそれを見て、彼を人肉食い仲間に入れる決意をした。彼自身を養子にした安田にならって、いまや「私」を養子にすることによって、安田という父性的分身の支配を離れようとしたのだとも読める。永松は「私」をかかえて、安田のテントから離れたところへ連れてゆく。老いた王のもとを離れる若者のように、永松は安田を捨てて「私」をとった。「私」にとってはそれは選びとられただけのことのようであり、入信儀式に相当する人肉食いも、知らずに半ば強制されて行っただけのようにも見える。しかし、その局限的状況では任意の行為は何ひとつないことを彼はもう知っている。一人でいれば死ぬだけだし、唯一の救いが人肉食いでしかないことも知っている。「メデューズ号」の話も、ガダルカナルの飢兵の話も知っていて、「母を犯し人肉を喰う」ことの禁忌は「長い歴史と因習」によるものでしかないとも言っているのである。現に左手によって抑えられて食べそこなった屍体のほうへ彼は駆け戻ってそれを食べようとした（このとき、魂が飛び去った後だから抑制が解除されたのだという彼自身の説明は説得的ではない。飢えれば左手も麻痺するだろう）。そのときは屍体の腐乱が進んでいて食べられなかった（神が彼を変えたのだという説明もまた狂者の迷妄に類しよう。風景と対象の「変化」は他でも意識されている。風景は女の肉体に変わった。ここで屍肉食の禁忌を母親を犯すことと並べた先程の言明が想起される。彼は思い出の根源である原光景へ向かって進んでゆく。思い出をさかのぼり、視覚がより原初的になるにつれて風景は当然変貌する。最後に、切られた足首へ向かって這いだしたときには、母へ向かってはじめて這ったときまで、視覚と思い出はさかのぼっていた）。その足首へ向かって這っているところを永松が見て同じ人間であると認めた以上、「私」は足首へ向かって這った行為を否認することはできない。それが即ち、彼のほうでも永松を分身として選びとることだったのだ。

この作品の隠喩連関の中で人肉食いと母子相姦はほとんど同義である。父と子の殺し合いもそれによって説明される。教会でのフィリピン女性殺害も同じだった。「神」という妄想も母と子の結びつきを妨げる父親としてなら理解できる。自然が女性の裸体に見えることは、その風景の中での人肉食いの性的意味を裏づけ、その風景が既知のものと重なりあうことと、既知の思い出をさかのぼれば母親が出てくることとは母子相姦の文脈を裏づける。しかし、その奥の原光景までさかのぼることは意識によって禁じられているために、分身像の登場が十分に説明されないところがある。宗教妄想もその謎に対する代替的説明である。しかしそれも含めて、彼の「症状」とするなら、小説のレベルとしては論理は一貫する。ただし狂者の視点は避けて偽の論理は排除したほうが作品としてはすっきりしただろう。「戦争」という原光景変奏の局限状況がすでに必要十分条件を構成している。

いずれにしても、「見ること」をつきつめれば心の中の禁じられた思い出にたどりつき、そこでは欲望の対象をめぐって血なまぐさい分身抗争が行われるという「仮説」を梶井や大岡の文学はある程度裏づけるようである。ただそこでは分身像が分身感覚から生じてかなりなまでに外在化し、あるいは実在の他者に重ね合わさったとしても、そしてその結果としての分身抗争と死が描かれても、分身を目の前にしてはたしてどちらが自分なのだろうと思い惑うドラマは描かれない。罪にしても、はたしてそれを犯したのは自分なのか、「彼」なのか、救われるのはどちらなのか、母親に帰着する永遠の女性に愛されるのはどちらなのかという疑問は追求されていない。『野火』にしても父性的存在を殺したあとで、平行的分身同士で、えものを奪いあい、罪をなすりあって生きてゆくところ、すなわち人肉食い以後に力点を置けば、そうなったかもしれないが、実際にはその部分は「狂人日記」として、あえて論理の混乱へ逃げこんでしまっている。

ところで、いかに不満があっても『野火』がわが国で「稀有といえる類の作品」[21]であることはたしかで、それ以上の父殺しをめぐる兄弟間の争いを描く『カラマーゾフの兄弟』は椎名麟三や野間宏や埴谷雄高においても描かれてはいないと見るべきであろう。『同時代ゲーム』にはそのような文脈のモチーフは豊富に存在はするものの、あまりにパロディ化されている。むしろ、『野火』のその後に据えたい作品は梅崎春生の『幻化』だが、そこにおける分身の姿は、いままでとは別な視点から考えてみたい。

梅崎春生

いままでは「見ること」によって浮かびあがってくる「もう一人の自分」、事物と存在の本質としての自分の原点、そしてその欲望と罪などを考えてきたが、たとえばどこまでもついてくる朔太郎の犬は「見ること」によって分離した影であるよりは、もう少し別な感覚で認識される分身であるように思われる。[22] すくなくともそれは、肖像や映像の分離におけるような対象に乗り移るナルシシズムではない。それはやはり影であり、罪であり、汚れであり、あるいは過去であるかもしれないが、朔太郎はそれを「見ること」によってではなく、対象への投影を必要としない存在感覚によって認識している。むしろその犬は「見えないもの」である。他者を自分の中へとりこむのではなく自分を分ける、自分を自分の中で二つに見る方向であると言えばわかりやすい。その場合でも小説においては形のある人物としてそれは描かれうるだろう。たとえばその典型的な例は、『夢十夜』の第三夜、背中にとりついた盲目の分身であって、それは歩いているうちにふと背中にとりついてきて、いかにふりほどこうとしてもふりほどけないもの、そして右へ行け、左へ行けと命令するいわば超自我だが、この超自我は仇討をする超自我であり、必死に逃げる逃走者を追いかけてついに背中にとびのった追跡者なのである。

しかもこの分身は盲目である。見ることとの相互可逆性が生みだした影ではない。フォン・フランツなどは昔話の旅の道づれなどを内心の悪の影というように規定するが、過去における知られざる罪の清算をめぐる報復者の追跡と逃走という動的な文脈の中では、統合すべき影であるより、やはり逃れなければならない他者であって、しかし厄介なのは、その他者が心の中から生まれてきているということであろう。

良心や内心の悪以上の、社会的ドラマ的存在理由を持った存在がどこへ行くにもついて来るというのは、被害妄想的な文脈ではよくあることだが、『幻化』では妄想を昇華して、いささかも妄想的ではない文脈の中で「追跡者」のドラマに構成している。

具合の悪い同行者は「日の果て」でも出てくるし、困った同居人という形では「ボロ家の春秋」でも扱われたが『幻化』のそれは、お互いに追いつ追われつの鬼ごっこをしているような具合で、むしろその「分身」に出会ったことが人生に意味を与えるような趣きもある。それまでは「喪失者」だった二人が、似たもの同士で二人三脚をはじめることではじめて互いの生が充実してゆくのだ。

主人公が飛行機の中で出会った自殺志願者は、妻子を交通事故で失くして生きる目的を失っていた。それが機中で自分に似た人物、すなわち主人公を見つけて、彼にぴったりとつきまとうことに、とりあえずは旅の目的を見出す。そして同行者に会えなければそのまままっすぐ阿蘇の火口に身を投じていた可能性が強いのが、彼に会ったことで、決断を賭の結果に委ねるところまで後退する。しかし火口にとびこんだら彼の勝ちというその賭の条件は言うまでもなく無意味である。勝っても賭金はとり戻せない。結局彼は火口にはとびこまずに戻ってくるだろう。そしてそれとともに、それまで彼にとりついていた喪失感は困難な行為をなしとげた充実感にかわるだろう。分身意識も当然なくなって、二人は愉快な旅仲間として酒でも汲みかわして別れるにちがいない。火口の中へは妄想を投げ捨てるのである。そのことは主人公のほうについても言える。

主人公は幻覚に悩まされて病院に入っていた。ある日無精ひげに薄汚れたふだん着のまま病院を脱けだして、衝動的に飛行機に乗った。幻覚は機内でもつづいていた。視野に虫が這っている。指で抑えると何もいない。飛行機の中にまで病気の虫があとを追ってきたようである。そもそも彼の「病気」は、たえずだれかに見張られていたり、「追っかけられ」ているように思う被害妄想である。それも今だけではなく、昔も何かに追われていたような記憶がある。それについては『野火』の主人公と同じく「贋の記憶」かもしれないと思う。

記憶だけではなく、現在の感覚も医者は妄想だと言うだろう。しかし機内の窓から見た「虫」は妄想ではなく、隣席の男も認めるように、エンジンからもれる油滴であるらしい。そしてその男が彼にぴったりくっついているのも、彼の妄想ではなく、たしかにわけがあってくっついているようである。相手が死を恐れる小心な自殺志願者であることはまだ知らない。ただ、いつからそこにいるのかわからないが、からっぽの機内で不必要と思えるほど彼に近づいている。

飛行機を下りても男は彼を放さない。それをふり切って、というより、そこでもふらふらと、一人坊津へ来てみると、宿屋に男から電話がかかっていた。砂浜を歩いていても追われている。「追う者の正体は判らず、姿も見えな」いが、「追われていることだけは、確か」である。

「追われている」と思うのは、しかし「呼ばれている」ことと同じかもしれない。[23] 海を前にして、酔った勢いで沖へ泳ぎだし、力が尽きたら死ぬ。「その想念がさっきから彼を誘惑している」。

二十年前、そのあたりの海で、兵隊仲間が同じようにして死んだ。途中まで一緒に泳いだのである。その思い出をたどって彼は、ここでも「同行者」という言葉を使った。同行者が追っているのではない。同行者が死の世界から呼んでいるのだ。前日坊津の町に入ったとき「冥府」という言葉がしらずに口をついて出た。

町へ入る手前で、視界が開けて海が見えたとき、「ここだったのだ」と彼は思った。彼の心の中にはひとつの風景があった。それに似た風景を目の前にすると「いつか、どこかで」それを見たような気がしてしかたがない。それでいて、それがどこだかわからない、そんな風景の原点がそこにあった。

『野火』の主人公なら希望が過去に投影されたデジャ・ヴュ（既視）の感覚に死の約束を見ただろう。『幻化』の主人公はデジャ・ヴュの感覚のもとを発見したつもりになって恍惚感にひたった。しかしここまで来てしまったいまとなっては、またふたたびどこか別の場所で、ここはいつか来た場所だと、ふしぎな魅惑に誘われることができるかどうかわからない。そもそも、はたして未来があるのだろうか、この「分身」を死なせた海岸へ、死の呼び声に引かれて来てしまったと言うのに。

答はどうやら肯定のようである。それまでつきつめることを恐れていた過去の土地へ来て、二十年前に自分がしたこと、彼が死なせたと思っていた「分身」の本当の姿、そしてこれから自分に出来ることを、少しは目の前に具体的な姿で描き出すことができはじめる。思い出の海の前で彼は、「猥雑な旅行者」として行きずりの女を口説いた。思い出は女を口説く口実として役立った。死の誘惑は翌日の浜辺でもあったが、このときは、もう、「分身」の「福」という兵士の姿は消えている。前日の女との抱擁が消したのだ。

その日はそのかわりに、昔の高等学校のころ娼家に泊まった記憶がよみがえった。それもしかし、同じ場所を歩いてみて、かつての部屋にいる現在の学生をじっと見つめてみることでふっきれる。というより、そんな「やり方で現実と結び合おうとしても、無駄」であることに思い至る。いま「猥雑な」中年男である彼にできることは、前の夜と同じく、部屋に来た女指圧師を誘惑してみることでしかない。そうやって現在の役割を演じつづけていれば過去という妖怪は自然に退散するだろう。

その翌日、約束の場所に女は来なかった。そのかわり、彼の演技の帰結のように、ふりすてた「分身」、死にとりつかれて不相応な思いつめた顔でうろうろとさまよう現在の「同行者」に再会する。同行者は彼に奇妙な賭を申し出た。火口を一周するあいだに火口に身を投げれば自分の勝、無事に戻れば彼の勝という。そして男は火口をのぞきこみながら歩きだした。

主人公は病人である。分裂したもう一人の自分に追われている。九州のはてに彼の未解決の過去がある。その過去の亡霊が、意識の表面では忘れていながら、心の中の非論理的な領域では執拗につきまとい、責任と清算を求めていた。彼は過去からの脱走兵だった。ある事件があって、それに対する責任を有耶無耶のまま、基地の町からも、戦争からも、自分自身からも逃げ出して都会に身を潜めていた。二十年たって、しかし、忘れたつもりの過去が巨大な姿の妖怪となって彼の生にとりつき、原因不明の病気で彼を精神病院に追いやった。そして、ある日彼はその過去の妖怪が無意識の領域で命ずるままに病院を出て飛行機に乗った。そこには、怖れていた「死」がはっきりと姿をあらわした。「死」は、はじめ飛行機のエンジンからはいだした「黒い虫」として意識を蝕み、ついでそのまま彼の魂を冥界へ連れ去るかもしれない飛行機全体となり、それはその中に乗っていた自殺志願の「同行者」となり、そして、飛行機が目指している旅の目的地で彼を呼んでいるもう一人の「同行者」、過去の死者の呼び声となった。茫漠としていた不安が求心的にその「気分」の輪を狭めてゆく。彼は、「死の誘惑」としての分身の誘惑を、行きずりの女たちへのそれにすりかえてしりぞけつつ、最後の闘技場である阿蘇の火口のスリ鉢のふちにまでたどりつく。そこでついに最後の分身とのぎりぎりの賭に挑む。

この試練に勝ちぬいた彼はもはや病院に戻る必要がなくなっているかどうかはわからないが、これが過去の亡霊を清算するための分身妄想との対決の旅の究極であったことはまちがいがない。過去からの脱走が分身の離脱、離人症的無気力と、なにものかに追われているという脅迫観念の幻を生んでいた。いま、その過去へ向かう旅が、幻や気分を明瞭な、対決すべき「分身」として目の前にたちあらわせた。ここで、たとえば、と考える。『野火』の田村も戦場から離脱し、逃走してゆく過程で僚友たちとは反対の方向に「分身」的幻を見た。精神病院での孤独な思索は、その「幻」を宗教妄想的に変型していった。彼が病から癒えるには、『幻化』の主人公のように、もう一度、その分身離脱の場へ過去との対決に赴くべきなのであるまいか。そのとき彼はそこに、もう一人の彼が待ち構えていて、生きるか死ぬかの戦い、あるいは賭を挑んでくるのを見るだろう。そのときこそ彼は、はっきりと己れの心の中の分身的「気分」と対決し、その「幻」を現実の「分身」として投影し、心の分裂に解決を与えるのではあるまいか。

安岡章太郎

日本の近代文学も、逃亡者の「気分」としての「分身」幻覚から、そのときはじめて、現実社会に生きるものの戦いの相手としての「もう一人の自分」に立ち向かっていることを意識するであろう。

離脱するものとつきまとうもの、それはしかし同じものかもしれない。いずれにしても対決の闘技場においては戦わねばならぬのである。つきまとうものは過去の亡霊である。見殺しにされた男や女、その場をふり向きもせずに逃げだしたときの過去の自分、それがいま声をあげて必死に追いすがってくる。あるいは呼びたてる。殺人者は犯罪の現場に知らずに引きよせられる。その過去がより奥深い過去で、ふり捨てる前にすでに意識することを禁じられているとき、あるいは意識以前の過去だったときは、自分の中に加害者と被害者が分離しながら隠微な共存をしていて、それがいま、重大な行動をおこそうとするときに顕れる。死を前にして、心の中に捨てきれずに隠していた死に呼応するものが共感の叫び声をあげる。過去の処理のしかたがどのようなものであれ、「いま」という時間に、その過去とあらためて対決を迫られることにかわりはない。

『幻化』と同じような機内の幻覚からはじまる安岡章太郎の『月は東に』では、暗い窓の外から彼を見つめていたのは男の顔である。それは窓にうつった自分の顔であるとともに、空港の到着ゲートで待ち構えているかもしれない男の顔でもあった。

それは半年のアメリカ暮らしから帰ってくる途中の、西と東の生活や時間のずれの異和感が生んだ幻覚（機内食のノリ巻のべたつく触覚と饐えた臭いに吐き気を催した彼は、空港とその先で待ち構えているものにも「或る不吉なものが湿っぽい臭いをたてて漂うのを感じ」ている）でもあって、その限りにおいては鷗外の「妄想」にも通じようが、そのアメリカの半年のあいだ中彼につきまとって責めさいなんだ観念のもとであり、ひっきりなしに送りつけられていま彼を日本に呼び返すもとになった手紙の差出人であって、これから対決しなければならない男の存在は、西と東とは必ずしも対応しない彼の個人的な未清算の過去であって、飛行機は西から東に飛ぶ以上に（実際の航路は東から西）、『幻化』のそれと同じように、過去へ向かって、しかしその過去と対決すべき不安な未来へ向かって飛んでいるのである。

もちろんその過去は陰湿できわめて日本的な関係と理解することもできるかもしれないが、妻の情事を発見して相手の男に糾間の手紙を出し、明確な対応をしないなら事柄を公表すると言う男の態度は必ずしも日本的ではないかもしれない。

ただその男が、機内の男にとっては先輩にあたり、かつては引き立ててもらった間柄で、しかしいまは立場が逆転して、向こうは落ちぶれているということに、陰湿な日本的感情を抱く可能性はあるものの、それは機内の男にとっての「日本的な感情、煮えきらなさ」であって、先方はむしろ割り切っているのである。その男の姿をアメリカの大都会の路傍にたむろするうさん臭い人影に見たように思ったことはその辺の感情を要約している。

彼はアメリカにいるあいだも卑屈な追従笑いを浮かべながらアメリカ人の機能主義的なあるいは親切過剰の押しつけに辟易していた煮えきらない日本人であり、いわば主体性を持たずにたえず周囲に遠慮し、こづき回され、あまつさえ妻の目の前でもおどおどとしていたのである。その、一時はアメリカそのものでもあった彼の被害妄想の相手が、空港に待ち構える男になり、彼自身の過去になって、いま機内の窓から彼の方を覗いていたのだ。

女との関係はいわば腐れ縁と言ってもよかった。彼のほうでは積極的な意志はなかったがふとしたことから持ちはじめた関係が切れなくなり、いわば敵前逃亡のような形で、そのままアメリカに渡ったのである。アメリカへ行ってしまえば腐れ縁も切れると思ったのだが、彼のいないあいだに事態はにわかに悪化して、事は夫の知るところとなり、男同士の微妙な関係もあいまって紛糾の極に達した。事態をうやむやにしようとした主人公の言いのがれや嘘もよくなかった。そのような彼自身の嘘やあいまいさ、あえて言えばそれまでの人生のあいだはっきりと問いつめることを避けていた日本的ないいかげんさに、いま洋行帰りの彼が対決しなければならなくなったのだ。自分自身ではいいかげんにごまかして納得していたことが、対社会的には許されないものになっていた。日本にいて、いいかげんな自分がたえず「羽織の穴をつくろうやうに」(鷗外)ごまかしていた対社会的な「顔」が、アメリカへの逃亡によって破綻したままさらけだされてみると、その穴は思ったより大きかった。置き去りにされた「顔」の不始末は、日々の小手先細工を怠ったあいだに収拾のつかないものになっていた。[24]

しかもそのときになって彼は気がついたのである。アメリカに行って忘れたつもり、切り捨てたつもりになっていた日本の社会の中での「もう一人の」彼の顔は、ただの人間同士の誤解とか、関係の歪みといったものではなく、そこにこそ、彼の意識せざる本質があったのだと。

腐れ縁をそのままにしていたことは生来の「不精や気遅れ」のせいだろうと思っていたのだが、いま思いつめてみると、「不精の裏側にもう一つの不安なものがひそんでいた」ことがわかってきた。彼はその「怖ろしいものを隠そうとして」生きてきた。

「一体それは何なのか? これまでおれは自分自身に踏ん切りのつかぬ或る想いにつきまとわれて生きてきた。いつも何かに追い馳けられて、そこから逃げ出そうとしているのだが、ふと自分を追ってくるものが何なのか、振り向いてもそこには誰もいない、するとそれが妙にタヨリなく、怖ろしかった……」

鷗外はそれを自我がなくなるときの頼りなさと観じた。『野火』の作者は、それを狂人の妄想に浮かぶ「神」、すなわち正常な自我意識を混乱させる宗教妄想とした。『幻化』

の主人公はそこに死の誘惑を見た。梶井は、風景に同化してゆく闇の半身、あるいは禁じられた欲望の原初の形とした。安岡章太郎はそれをいま、人間の心の底にわだかまるある共通などろどろしたもののように感じる。社会的な現実、薄汚れたレンコート、彼自身の言葉によれば「幻想の自己」がかろうじて包みこんでいるもの、いや、その不定形の中味をおびやかしている目に見えない原動力のようなもの、それ自身が分身ではなく、分身の顔をとって薄汚れたレンコートをまとってあらわれる、いかようにも姿を変えることのできるものとして。空港で待っている存在は、薄汚れたレンコートの男ではなく、同行者でも追跡者でもなく、人間そのものなのである。怖ろしいのは、レンコートが破れ、羽織がほころびて、「役」を演じられなくなってしまって裸の自己がふくれあがってひろがりだしてゆくときであり、その存在の流出をとどめる神も論理的な社会機構も持たない彼は途方に暮れて空をふりあおぐのである。そこに月が出ている。

日本の分身は、キリストの受肉も仏陀の化身（分身）も所詮無縁な非宗教的土壌の中で、しかし生霊や狐憑きの跋扈するシャーマニズム的霊性は否定されて物質主義化された思考風土の中で、自己と他者の境目は不分明なまま、あいまいに漂いだして、名前も与えられずに、ときに悲しい目をした病気の犬となって、認知されざる私生児のようにとぼとぼとわれわれのあとをついてくる。自我を確定するためには外在化した分身と生きるか死ぬかの戦いをしなければならないと言われても、相手もわからないままどうしようもなく、途方に暮れて空をふりあおぐ。そのとき「白いまんまるな月がポカンと一つ」浮かんでいるのが見えても、相手が月ではいかようにもなすすべがない。「妄想」の翁の炯々たる眼光も、やがてそこに浮かびあがって来る月を見てしまえばおしまいである。日本の分身は自然(霊)の中にとけこんでしまう。日本の文学にはいつまでたっても能動的な分身はあらわれないかもしれない。もちろんこれだけの材料で近代日本文学を裁断することはできない。しかし分身を正面からとりあつかった作品でただちに思い浮かぶものとしては『他人の顔』を除けばこれくらいであろうと思われる。そしてたしかに時代的文脈はちがうかもしれないが、そこにはホフマンやドストエフスキー的な「分身文学」は、すくなくとも成功例において、かつ時代精神を代表するような例においては見られない。そのかわりにまた梶井のように自然の中へ溶けこんでゆく自分を見るという例は西欧の文脈では珍しい。白日の闇という思想はしばしば見られるが、一般に自我の輪郭が溶けだしてゆくことは少ない。自然の中の木や石に変身することはあるし、たとえば女神が宇宙そのものと合体するという視覚はある。また絵なら、肖像画のみならずそこへ吸いこまれる例はあるが、そもそも風景をして心を語らしめる俳諧的伝統のない西欧では、ふっと見あげた空に月がかかっていたという種類の描写自体が稀であり、いわんや、その月が（死者の魂であるというのならともかく）自分であるということは少ない。大岡の例が狂人の妄想というシニックな枠を持たなければ西欧的と言ってもいいかもしれないし、「狂気」という枠を持っても、シニックでさえなければ類似例はあるのだが、アポリネールのような場合ですら超自然者へのレファレンスは明白であって、大岡ほど懐疑的ではない。『幻化』のようなシチュエーションは西欧の文脈では理解しやすいだろうが、その楽天的な調子と結末はやはり日本的と言ってもいいだろう。自己喪失者のドラマは、ユモリスティックな文脈でも、あるいは家庭ドラマ的文脈でももう少し社会的であり、そして本質的にドラマチックであるようである。しかしそのあたりのことはもう少し広汎な資料に基いて比較検討する必要があると思われる。[25]

（二）内田百閒

前章において鷗外、梶井、大岡、梅崎、安岡のケースを検討したのは、特定の分類に従って同系列の作家たちを抽出したと言うわけではない。[1]近代文学を通覧してもっとも顕著な例を抽出したにすぎず、さまざまなタイプの作家におけるいくつかのサンプル例を抽出したとも言いえないであろう。梅崎と安岡はほぼ同じタイプの作家と言うことができようし、鷗外も前篇でとりあげた作品は梅崎―安岡のタイプに近い自己省察、自己分析の作品である。その自己の問題の前に風景、あるいは自然が登場してきても、作品の種類としてはさしてちがわないのは梶井の場合も同じである。その中では『野火』だけが客観的な小説に近いようにも思われるが、そこから「狂人の手記」という枠をとり去るなら、架空の語り手のそれであるにせよ、ともかくそれは自己のあり様を追及した作品であることにはかわりはない。それはホフマンやポーにおけるフィクションの中での主人公の分裂とは、種類を異にしている。ホフマンやポーが、荒唐無稽な空想の産物たる綺譚の語り手であり、分析の文学とは異なっており、同じ系列はわが国では乱歩にでも求めるべきだとするのなら（乱歩には一人二役や、替玉やそっくり人間のトリックはいくらでもある）[2]それでもいいが、それならドストエフスキーやモーパッサンにおける主人公の自我意識の混乱とその外形化、二重の自我の顕在化についてはどうなのかと言うことになる。

ドストエフスキーはともかくとして、モーパッサン的なストーリーテラーの作品としては、たとえば円地文子に『遊魂』がある。しかし禁じられた欲望が遊魂となって身体を脱けだして好きな男と交ってくるという話自体は、前近代の物語のレパートリーに属すべき話柄であって、近代的分身とは呼べないであろう。憑霊を扱った『女面』にしても、「物語」ではなくとも「精神」は近代の範疇を逸脱する。[3]

似たような雰囲気のロマネスクな作品では綺堂の『修善寺物語』もあろうが、分身譚ではない。「物語」の系列の作品では井上靖の『化石』に「分身」が登場する。旅先で死病の宣告を受けた男が、いままでとちがった目で人生を見るもう一人の自分と、今までどおりに行動しようとする自分とのあいだで引きさかれ、内的対話をくりひろげる。しかし、もちろんこの「分身」は外に投影されて現実の登場人物になることはない。彼には、影のようにつき従う秘書の若い男や、同じような目で生を裏側から見ている外地暮らしの女の友人などがいるが、それと彼の言う「分身」とは重ならない。これはいわば「イワンの悪魔」(『カラマーゾフ』)型の、実在しない分身である。

「分身」という名称ないし観念は、たとえば太宰や英光にも親しいものだった。『人間失格』は自分を偽って生きているうちに本当の自分を見失った半人前人間が、たえず他者にもたれかかって生きてゆこうとする物語で、はじめその他者は、彼の道化の演技を見抜いている醜い少年竹一としてあらわれる。「もはや、自分の正體を完全に隠蔽し得たのではあるまいか、とほつとしかけた矢先に、自分は實に意外にも背後から突き刺されました[4]」。ついでそれは罪と汚辱の同伴者、誘惑者としてあらわれる。「自分と堀木。形はふたり似てゐました。そつくりの人間のような気がする事もありました」「堀木と自分。互ひに軽蔑しながら附き合ひ、さうして互ひに自らをくだらなくして行く[5]」間柄。堀木はとりわけ恥辱の共有者として、切っても切れない過去の尻尾のようにつきまとう。「忘れかけると、怪鳥が羽ばたいてやつて来て、記憶の傷口をその嘴で突き破る。たちまち過去の恥と罪の記憶が、ありありと眼前に展開せられ[6]」る。

過去を忘れようとしたり、本当の自分を隠そうとしたりする努力がそれらの分身を生んでゆく。しかし、その外側の分身に呼応するようなものが内側にもある。それを彼は「化物」と呼ぶ。あるとき、ゴッホの絵にヒントを得て筆をとると「自分でも、ぎょっとしたほど陰惨な繪が出来上りました。しかし、これこそ胸底にひた隠しに隠してゐる自分の正体なのだ……[7]」

この「化物」がそのまま外にあらわれて、彼と対決すれば正真正銘の「分身」になる。竹一や堀木は「秘密の共有者[8]」でしかない。しかし、この主人公と同じく太宰もそんな「化物」の絵はついに書くことはなかった。

田中英光が「暗黒天使と小悪魔」で「我慢して、そんな鏡の中の自分の顔をみつめていると程なく、享吉の予期していたように、彼の酒にむくんだ蒼黒い顔の前に、もう一つ、彼の心の象徴のような、ひからびた猿の死面、それはやはり彼の顔ではあったが、いつも彼の肉体の顔から浮上り、二重写しになってみえる顔が浮んでみえた[9]」と書くのは、酒びたり、薬びたりで自分が自分でない生活をしていれば当然に生じる感想であるかもしれないが、また、その師太宰の模倣でもありえたろう。「離魂」では「見失った自分の魂を探しだしたい[10]」と書いたが、それを何らかの形の上にとらえ表現することはできなかった。

分身の意識を持った作家、もう一人の自分を意識した作家は少なくはない。しかし、生涯それにつきまとわれ、内心の分身的問題の外形化に己れの文学をかけた作家と言うと多くはない。偽りの自分、演技している自分の意識を強烈に持っていて、つねに仮面の生を作品の上に構築しようとしていたのは、太宰をまるで己が分身であるかのように嫌っていた三島だが、ここではそれより、己れの中の「化物」との格闘に一生を終えた作家、百閒について見ておきたい。

『冥途』

まず処女作『冥途』を見ると「道連」という作品がある。暗くなった土手を歩いているとだれかが横についてくる。その道運が、やがて「榮さん」と呼びかける。「榮さん、己の頼みをきいておくれ……ただ一口己を兄さんと呼んでおくれ」。「私」というのは一人息子で兄弟はいないはずである。しかし相手はそれに対して言う。「己は生まれないですんでしまったけれども、お前さんの兄だよ[11]」。

土手は野辺送りの葬列の通る道であり、死んだものの霊が戻ってくる道でもあった。『冥途』では父の霊にそこで会う。巻頭の「花火」では過去の女の亡霊が土手でとりついてきた。「木霊」では『夢十夜』第三夜を思わせる背中の子供が土手にいる。

百閒には事実、養子の兄がいて、[12]百閒が生まれて養子縁組が解消された。その「兄」はのちに旅回りの見世物師になつて、旅先で豹に食われて死ぬ。その葬列がいつもの土手を通ったとき、その姓を聞いて友人が詠んだ句「今朝冬や我と同名の葬を聞く」。分身の意識は姓のちがう百閒のほうに、この句の作者以上に強いのは言うまでもない。豹に食われた身替りの死は、夢の中の豹となってあらわれる。『冥途』中の「豹」以来、晩年の「神楽坂の虎」まで、[13]夢の中の猛獣は、むしろ分身そのもののようにも思われる。

豹に追われて逃げこんだ家の中に多勢の人とともに息をひそめていると、だんだん気持が食いちがってきて、中の一人が「過去が洒落てるのさ」と言う。そして気がついてみると豹が「何時の間にか家の中に這入つて来て、みんなの間にしやがんで一緒に笑つてゐた」。（I・六四頁）ここで「家」とは、彼の意識そのものである。彼を追いかけていた猛獣は彼自身の過去だった。過去が「洒落て」豹の姿で追いかけごっこをした。しかしよく見れば過去は自分という「家」の中にいるのだ。

夢の豹は昼の意識では何でもない猫に化けている。「山高帽子」では、その猫が道にかぶさった木の枝からちぎれたように落ちて逃げてゆくのを見て、水を浴びたようにぞっとする。[14]

のちに彼は、「猫は我々の身辺にゐる小さな運命の塊り」だと書く[15]（IX・四三四頁）。

猫にかぎらず、身辺の小動物を彼はたえず気にしていた。気になったのは彼らの目である。軒端の雀一羽が何ごとかを語りかけてくるような気がする。過去がたえずつきまとって忘れようとする罪を思いださせる。一人家の中に坐っているときに、まわりの静けさが気になりだすと、見えない「もののけ」にとり囲まれているように感じられる。あたりの気配をうかがう意識が外側に投影されて、影となって自分をとりかこむ。そんなとき、屋根の上に小石が転がる音が聞こえてきただけではっとする。[16]そこに何ものかがいる、そう思っただけで、百閒の「物怖れする心」、いや、過去の意識せざる罪に脅える心は、異界からの誅求者の告発の声をそこに聞く。「映像」では、それは障子の硝子に映った自分の顔になる。その顔が動きだして部屋の中に入りこみ胸の上にのしかかってくるように思われる。

たえず何ものかにつきまとわれ、監視されているという強迫観念が自己像を他者のように認識させる。

のちに、「私の昔に書いた小説にそれに似た様なのがある」として、「目のあたりに生きた幽霊《ドッペルゲンゲル》を見る」こと、「私の家の玄關に私と同じ様な男が訪れて」来ること（「舞臺稽古」、IV・一一二頁）と書くのは具体的にどの作品を指すかとなると、「自分と同じ人間が玄關に立つ」という場面をそのままに書いたものはなく、「道連」や「映像」における「自己像幻視」のことかとも思われるが、それよりむしろ、玄関にあらわれた異様な訪問者がそれにあたるのだとするなら、この「舞臺稽古」の一節はいくつもの場面を一挙に説明することになる。すなわち「山高帽子」「鬼の冥福」「南山壽」などにあらわれた不吉な訪問者が分身（ドッペルゲンゲル）であるのなら、彼につきまとって離れなかった「過去」は、たんに軒端の雀や、硝子の顔だけではなく、立派に小説的人格を持っていたことになる。

「山高帽子」

硝子の顔については最晩年の文章に、「硝子戸にぴったりすれすれに、飛んでもない大きな顔の猫がのぞいたり、小さな半分くらゐしかない泥坊が、凄い目をして這り込まうとしたり」[17]と書いて、その偏執が終生ついて回ったことを示しているが、それだけならたんに神経衰弱気味の強迫観念であり、せいぜいが自己像幻視でしかないが、その猫が「口を利いた」（遺作）となるとただではすまなくなり、どうやらその猫は自分自身のことであろうと思われるならなおさらである。そして、口を利いて何を言うかと言うに、何年前におまえの玄関口に立ったのは自分だと言うのなら、ドン・ファンを訪れた石像の騎士である。不吉な訪問者とは、彼岸からの警告者にほかならない。そのまず最初のあらわれは「山高帽子」である。芥川を思わせる野口が、しきりに「私」の狂気の徴候を気にする。その「彼を一つおどかしてやらう。自分でしょっちゅうそんな事ばかり気にしてゐるのだから、いよいよ私が變な様子で彼の前に現はれたら……どんなに氣味をわるがるか知れない」

（I・一〇一頁）と言うのだ。「急に思ひついて、和服の著流しに山高帽子をかぶつて、野口の玄關に起つた」（I・一〇二頁）。

野口はその姿を見て何も言わずに奥へ引き返し、そのまま外へ逃げ出す。

「影」は、同じような場面を相手の側から説明する。まず「私」が甲野の家を訪れる。案内を乞う声に大分たってから小さな子供が出てくる。子供は客の顔を一目見て、不意に獣のような悲鳴をあげて奥にかけこむ。あとで聞くとその子はそのまま寝ついて死んでしまったと言う。それを告げた男も、彼が訪れて行ったあとで危篤に陥った。三番目の男は、その話をしてから、「しかしいやだぜ、又僕に取り憑いては」（I・一一九頁）と言う。そのとき横を見ると、「傍の腰板に私の影が映つてゐる」（I・一二〇頁）。それが「何ものとも解らない、いやな形」である。影は彼のものではない。あるいは、自分でそう思っていたような自分の姿ではない。ここの、半ば怪談的文脈では、それは死神の姿であったろう。野口の玄関先へ立ったときも、彼の背後に立っていたもう一人の彼、「死」の姿に野口は恐れたのだと思われる。そのことを「山高帽子」でもすでに意識していたことは、その前の場面になるが、料理屋に通されて、「今日はお一人ですか」と訊ねられて「いや二人だ」「お後から入らつしやるのですか」「そこにゐるぢやないか」（I・八九頁）というやりとりをするところにもうかがわれる。その後もしばらくは、見えない連れがいるようにふるまう。

橘外男の「逗子物語」（昭和十二）にも同じような話があったことが思いだされる。海辺の墓地に亡き妻を偲びに行った帰り、死者の世界から一人、同じような淋しい亡者の霊がさまよい出てついて来る。自分にははっきりと感じられるその霊の存在が、訪ねて行った先ではただ何とはなしに連れがいるような雰囲気として受けとられ、はじめは気味悪がられ、ついで、狂気の兆候とみなされる。

「逗子物語」では、その見えない同伴者は病的な感覚が描きだした一種の自己像分離のようなものとして描かれるが、百閒の「同伴者」は、むしろ他界から立ちあらわれて彼にとりついた「他者」としての「死」の姿で、周囲のものをおびえさす。

　それをより明瞭に描き切ったのは、高利貸につきまとわれていた時代の追われる意識が逆に死神を背負った姿となって訪問先を驚ろかすという「鬼の冥福」（昭和十一）である。

　それは例によって冬の寒い夜で、風が吹いて、あかりの消えた玄関先である。しばらく戸をたたいていると、やがて中から返事がして、戸を細目にあけて女が顔を出す。ところが向こうでは、玄関先に佇む男を見たとたんに、「何だか意味の解らぬ聲」をあげて、あわてて奥へかけこんでしまう。それをしばらくあとで解釈して、「常常氣にしてゐる自分の御亭主の姿が、深夜云ひわけに来た男の影に乗り移ったままでの事であらう」（I・三四一頁）と言う。

　亭主の姿が乗り移ると言っても、あたりまえの姿で乗り移るなら別に恐れることはない。「私の顔が鬼に見えたか蛇に見えたか」（同前）と言うとおり、そのときは恐ろしい異相のものとして見えたはずである。それが亭主か、債務者であるかはどうでもいい。要は追いつめられて切羽つまった顔をした人間に冥界の鬼が乗りうつるのである。あるいは内なる死が死相を現ずるのである。高利貸の妻は、そのときありありと、死神を見た。事実、その高利貸はその後まもなく妻子を残して死ぬことになる。

　高利貸しとの関係では、互いに必死の追いつ追われつの鬼ごっこであり、彼のほうでも相手の追及を逃れて宿屋にひそんでいたり、その宿屋でたまたま女連れの相手と顔を合わせて、互いに微妙な立場になったりするのだが、相手のほうも債権はこげつき、金の取立てもままならず、運転資金の返済に追われる状況で、困っているのは相身互いであることがよくわかっている。そこで、高利貸しの留守宅の妻子の心細さと不安とを思いやれば、自分にとりついている債鬼の恐ろしさが、相手にも共通のものであることが身にしみて感じられる。むしろこれは、彼の留守中に、深夜取り立てにあらわれた債鬼の顔におびえた彼自身の妻の恐怖と解することもできそうである。事実そんなことは幾度もあったことだろう。死神でなくとも、払えぬ金の取立てに玄関の戸を蹴破って踏みこんでくる借金取りの顔を見れば、留守家族の女子供は思わず押入れの中にであれ、裏の勝手口からであれ、逃げ出したくもなるであろう。

同じころの「相剋記」[18]では、高利貸しの追及を逃れるためばかりではなく、妻との関係もうまくいかなくなって、家族を捨てて一人下宿にひそんでいた主人公が、ある晩、用があって留守宅にでかけていって戸を叩いたところが、家族のほうでは「いよいよ……殺しに来たものと思つて」(II・三五一頁)寝ていた子を抱きあげて裏から逃げだそうとしたと書かれている。

高利貸しの妻が、深夜言いわけに来た客を亭主と取りちがえて死ぬほど脅えたと言うのも、その高利貸しの家庭に、主人公の家庭と同じ家庭崩壊の悲劇があったか(主人公は高利貸しが女連れで旅館に泊まっているところを目撃する)、あるいは主人公の放置してある家族への後ろめたさ、罪の意識が、当時の敵の身の上に投影されて意識されたかである。

妻子を捨てて一人暮らしをしていることの罪の意識は、深夜、下宿で、いま子供たちはどうしているだろうと思うときにひときわ胸をえぐるような痛みとなって浮かびあがる。

「子供たちは今ごろ電燈の下で何をしてゐるだらう……お父さんは何故帰つて来ないかと云ふ事を、既に幾度もたづねたであらう。或は風が玄關の戸を押して、がたがたと鳴らした時、私が歸つたのではないかと、子供心に思つた事もあるだらう……」(IV・三五〇頁)。

本来いるべき家族の中にいないで、別の家の中にいること、そのことがすでに本来の自分と、仮の自分、優しいはずの父親と、子供にとって鬼のように見える父親とを分離させている。共に暮らしていたときからすでに、金繰りの心労その他から、ふいに子供たちにあたりちらしたり乱暴になったりしたこともあったろう。そんなとき子供たちは、今日は「悪いお父さん」がやってきた。良いお父さんと悪いお父さんがいて、今日は贋のお父さんの方が帰ってきたというように思いはしなかったろうか。そんな子供の心はただちに父親に反映する。債鬼に追われて必死の形相で逃げ回り、あるいはとてもできないはずの金策に走り回っているときには、自分が自分の顔でなくなっていることも十分に承知している。そんな顔でよその家を訪れれば、そこにいる幼い子供は思わず悲鳴をあげて奥に逃げこみもするだろう。自分の家の戸を叩いてさえ家族のものが脅えるのである。相手の反応を見せつけられる度ごとに、彼は、自分がどんなにすさんだ顔になっているのか、いかに市民的家庭生活の幸せから遠い顔になっているのかを自覚させられる。それを自分が自分ではない感覚、離人症的症状の中でひとごとのように思えば、深夜の不吉な訪問者の姿がそこには浮かびあがってくるだろう。何ということをしているのだろう、そんなことをしていてはいけないのだ、という自責の念と、自分はどうせだめな男なのだという自嘲の念が他人のような自分の姿を描かせる。そしてそのはては、いつか、その「深夜の訪問者」を彼みずからが迎えることになるだろう。

その前に、いつも何ものかに追われている感覚を、現実に行く手に先回りする影として描いた「先行者[19]」は百閒のものとしては成功作とは言えない。エーヴェルスの『プラハの大学生[20]』は映画としては相当にはやっていたから、すくなくともその主人公の行く先々にあらわれて彼の隠れた欲望をより直接的な方法で実現してしまう「ドッペルゲンゲル」については、百閒も話としては聞いているはずである。『冥途』でも『夢十夜』をそのまま敷き写しにしたような作品は面白くはない。さまざまな影響をとり入れても、固有の偏執の文学化の道具になるモチーフとそうでないものがある。〈先行者〉のテーマは彼にはなじまないものだった[21]。同じようであっても、彼の場合背後についてくるもの、のしかかるもの、肩の上に顔をのぞかせるもの、いつのまにか、自分の顔とすりかわってしまうもののほうに〈親しみ〉があり、その〈分身〉を背負って深夜に他人の家を訪問する己れの姿を自分の家の訪問者として迎えるところまでが、彼固有の領域と思われる。

深夜の訪問者

その「深夜の訪問者」の第一の訪れは『旅順入城式』所

収「遊就館」。その書き出しは雨。

「午過ぎから降りつづけてゐた雨が、急に止んだ。」

玄関で声がするので出てみると「變な砲兵大尉が起つてゐた」（I・一〇七頁）。その大尉が「質は昨日九段坂でお見受け致したものですから」（I・一〇八頁）と言うのに覚えがないのは、芥川の「歯車」と同じ、いないはずのところで姿を見られる話だが、昨日、九段にいたもう一人の「私」が何をしたと言うのでもないのだから、その話はそれ以上は発展はしない。ただ、帝劇で芥川を見たという証人は、おそらく思いちがいをしていただけのことだろうが、この大尉はやがて「物凄い雨の音に驚いて気がついて見ると」（I・一〇八頁）姿が見えなくなっている。その出没が雨の中を伝ってくる亡霊のように、この世の論理と別の論理に従うのなら、その大尉が見たという九段の「私」ももうひとつの世界に属する「私」であるかもしれない。

姿を消す前の大尉が「表情が段段に變つて来」て、「狭い額が青褪めて、頰の光択も拭き取った様に消えて」（同前）いったのは、異界の住人、あるいは死神としての本性をあらわしていったのかもしれない。

次の段落で、「私」が九段の遊就館に行ったというのは、その大尉の話が気になったからとも思われるが、「九段坂は風の爲に曲がつてゐた」という、ポリス・ヴィアンの幻想[22]を思わせる描写から、遊就館の入口は馬の脚でいっぱいで、足許が「妙に柔らか」く「ふにやふにや」で、門番には耳がなく、中には死骸が山積みしてあるというところまで読めば、あきらかに夢魔の光景としか考えられない。

つぎの段落の田舎へ行く友人の送別の宴を描写するくだりは現実世界であろうが、そこにも「いきなり襖が開いて、砲兵大尉が這入つて」来ると、世界は一挙に別の秩序に入ってゆくようである。たとえば、そこにいた芸者が立ちあがると「無暗に背が高くて」天井にまで届きそうだと言うのは、怪談のろくろ首を思わせる。そして最後にその友人が実は、ずっと前に田舎へ行ってしまっていて、そのころは九段になどいるはずがなかったとなるのだから、すべては夢なのであろうか。夢だとすれば「夜通し風が吹きすさんで、窓の戸を人の敲くやうな音が止まなかった」（I・

一一〇頁）せいで、深夜に戸を叩く不吉な訪問者の夢にうなされたのだろう。

　そのとき傍らで寝ていた妻が「獣のなくやうな聲」をたててうなされる。起こしてみると、死骸と一緒に寝ていて、その死骸にのしかかられた夢を見たのだと言う。そこで「私」は「大尉も、死骸も夢だったに違ひない。死骸は妻の夢で、大尉は私の夢なのだらう」（Ⅰ・一一二頁）と考えて納得するのだが、傍らに寝ている妻が夢で死骸と寝ていたのなら、その横に寝ていた「私」がその死骸だったわけである。そして「私」もそのとき、死神の訪問を受けて死者の国を訪れた夢を見ていた。二人が同時に同じ夢を見るのはフランチェスコ・コロンナの『ポリュフィリオスの夢』以来、夢文学の追及してきた理想のひとつで、同じ夢が二人以上のものによって確認されるならそれは正夢だということになる。

「南山壽」

　しかし同じ素材を使った昭和十四年の「南山壽」では、「ひどい吹き降り」の中をやってきたのは「私」がやめた学校でその後釜に坐った「新教官」であり、ここではもう夢であるという言い逃れができないのは、同じように「またひとしきりひどい雨の音が家の周圍に敲きつけて来た途端に」（Ⅳ・二〇〇頁）新教官があわただしく帰っていったあとで、例のように獣のような鼾をかいて寝ている妻を揺り起こしても、同じ夢を見ていたと言ってくれるかわりに、少しも目を覚まさず、そのまま死んでしまうからだ。雨の訪問者はまちがいなく死神だった。

　その新教官が持ってきた干菓子がそのまま霊前に供える菓子になったと言うのはトルストイの寓話から得たアイディアでもあろうが、[23] 雨の中を俥を走らせて先任教官の家へ教科の教授法を聞きに行ったというのは作者自身、他で白状しているとおり、自分自身の経験である。ここでは作者自身の戯画的な肖像は、もうひとつ、老教官が再就職を頼みに行った私学教授の上にも認められる。もと、同じ官立の学校に勤めていて、いささか不名誉な理由で退官させられて私学に転じた若い学士はほとんどそのまま作者自身のことと思われる。この学士の家の玄関先で、ふいに地震が襲ってきて、学士の妻がいきなり外へ飛びだして「お父さん、坊やを早く、お父さん」と叫ぶのは、前の「影」における不吉な訪問者と脅えた子供の関係を思わせる。

しかし新教官のほうは、これははっきりと「遊就館」の大尉の焼き直しであり、老教官が昔なじみの女と「南山の壽」を楽しんでいるところへきまって踏みこんでくるのも「遊就館」そのままである。そして最後には、この新しい女をもまた取り殺してしまうのが新教官である。[24] ちがうのは、「遊就館」では夢であったものが、ここではっきりした現実の人格を持っていることである。そして、学校で「私の掛け馴れた椅子に腰を掛け、私の机の抽斗に自分の物を入れてゐる」（IV・二一六頁）ということ、その他から考えても、これはあきらかに「私」の分身である。

分身は職と地位とを奪ったばかりか、[25] はじめは老妻を奪い、後添えまでも取り殺す。そもそもこの女と新教官は前にどこかで会っていて多少のなじみもあったようにさえ思われる。[26] 料理屋で、老教官と女のさし向かいの部屋へ踏みこんできたときも女はさして驚いた風も見せない。ばかりか、彼は老教官の家にいる子連れのおかしな女中とも、学校や老教官の留守のあいだの彼の家で会っている。その話では、女中が新教官のいる学校へ老教官を名ざして会いに来ると言う。そんなはずはない。しかし、このどこか不気味なところのある女中には、新教官と老教官の相互分身性が見えるのかもしれない。百閒の世界では「サラサーテの盤」の未亡人に通ずる巫女的な女である。[27] 一方の後添えのほうもその出現のしかた、立居ふるまいには冥界の消息に通じたところがあるようだが、彼女たちの問題はここでは触れない。ただ、分身としての新教官の性格を決定する上では彼女たちの役割は無視できない。分身であれば「事毎に……後をつけたり先に廻つたり」するのは当然で、その都度、忘れたはずの過去をつきつけ、これからの楽しみを先どりして美味を不快な味わいにしてしまうはずである。女と会えば必ずその場に顔を出すばかりか、その先にすでに女に手をつけてさえいるかもしれない。女がぼんやりしているのでどうしたのかと思うと「變な人の事を思ひ出して……」（Ⅳ・二二九頁）というのが新教官のことである。女中の場合も過ぎ去ったはずの過去を掘りおこすようなおかしな事をするときに、何の必要があってか新教官が彼女に会っている。女中も女もともに過去のある女である。それぞれに死んだ亭主がい、別れた旦那がいる。新教官は彼女たちのその過去につながっている、あるいは彼女たちにつきまとう過去の影の具現であるようにも思われる。さらに言えば、彼女たちはいずれもその半身に死の影を背負っている。その影が分離すれば新教官になる。しかしそれは彼女たちだけの死ではない。老教官にとって死はより身近の存在である。その死を新教官が具現して、どこへ行くのにもついて行く。他人の目には老教官の背中には新教官の顔が見えるかもしれない。新教官の背中にも、逆に言えば前任者の影がはりついているだろう。二人の二人三脚は、妻の死んだ日の、雨を通り抜けてやってきた新教官の訪問からはじまっている。老教官にとって、老妻の死のみならず、自分自身の死がそのとき告げられていたのだ。妻のかわりに家事をする女中と、孤閨を慰める女とは、死神が、もう一度彼自身を迎えに来るときまでのモラトリアムの間、仮りに彼にあてがってくれた幻なのであるかもしれぬ。そう思ってみれば、この世のすべては、死が刈り入れをするまでのあいだ冥途のみやげのみのりのために手配をしてくれている束の間の賑わいにすぎないのかもしれない。われわれの人生の一瞬ごとに行き会う人のだれにも死の影がつきまとっている。そしてそれは、実はわれわれ自身の背中にはりついている同じ影の投影なのだ。人は一人一人みな顔も名前もちがうはずである。それがあるとき、ふと目の前に自分と同じ人間が見えたとする。それは自己像幻視ではなく実在の他人を自己と同一視することなのだが、そのためには相手の個性も顔も抹殺されて、ただの黒い影にならなければならない。そのときには自分自身もアイデンティティーを失って、同様の黒い影になっているだろう。そこではじめて分身の実在が感覚されるのだ。そしてそれは死と直面する瞬間なのだ。(28)

死神としての分身、あるいはわれわれの背後につき従う日々の死の気配、それは百閒にとってごく若いときから親しいものであったらしい。

たとえば、「いままでに足がすくむ程恐ろしかった事が三遍ある」（IV・六一頁）という恐怖の原体験はすべて死神との出会いである。一番目は郷里岡山市外の山寺仏心寺での出会い。危篤の父のために医者を迎えに「山寺の玄關を一足外に踏み出した途端にぞつとこはくなつて、足が竦んでしまつた。庭先の闇に何本も突つ起つた大きな杉の木が暗い地面から暗い空へつながつてゐる」（「夜道」IV・六二頁）。

二番目は高校生のとき、病気をして治ったお礼に三十三ヶ所参りをしていた間のとある峠道の恐怖、「不意に何だか私のすぐ後からついて來る者があつて、それに氣がついた時の恐ろしさは後を振り向く事も出來ない」（VI・六二頁）。

三度目は茅ヶ崎で、療養中の友人を見舞った帰り、「提燈をさげて農家の點在する折れ曲がつた道を歩いて片側に低い石崖のある所まで來るとぶるつと水をかぶった様な氣がした」。それをあとになって思い返して、「あの時は山邊の死神が低い石崖の道まで出て來てゐたのを、私が背負って途中で振り落としたのだ」（VI・六三頁）と言う。

彼の描く幻想篇は、ほとんどがこの三つのどれかの変奏をふくんでいる。彼の作品には土手がよく出て来るし、彼自身、それを認めているが[29]、この三つの恐怖が、どれも糸をたぐってゆくとその土手偏執に行きつく。あるいは峠のはずがいつの間にか土手にすりかわったりしている。そのふたつを接続させるためなのか、あるいは本当にそうであったのか、遍路参りの峠は、大きな池の縁の土手からつづく峠になる。茅ヶ崎は、はじめは池か海のように広々とした田圃の中のまっすぐの道で、踏切の近くとされていた。それが海の上の崖道にまで近くなる（「龜鳴くや」）のは、茅ヶ崎の前にいた三崎の崖の上の寺との連関であろうが、いずれにしてもそれは、海なり池なり田圃なりの水面の上につづいてゆく道である。仏心寺で死んだ父の葬列は生家の裏を流れる百間川の土手をのぼっていった。もっともそのあたりではほとんどすべての死者がその土手を通るのである。土手は死者の道である。死者はそこまで来て生者と出会おうとする。

死者の土手は百間川ばかりではなく、思いがけないところにもある。岡山の後楽園に土手があろうとはまず思いもしないが、池があれば土手がある。土手があれば死神がやってくる。初期の名品「鶴」には、そんな土手道での「背後の氣配」の恐怖があざやかに描きだされている。

鶴

後楽園の池の汀にいる鶴が一羽、まともに「顔を見ながら」「私の方に歩いて来た」。群れを離れて一羽だけやってくるのが意味ありげである。数羽の鶴が群れているなら問題はない。一羽だけこちらにやってくるのは何の用なのか、それはすでにして鶴の形をしていながら鶴でないようにさえ思われる。

鶴は人の目玉をねらうと言う。(30) しかし、ここはそんなことが恐いのではない。群れの中の一羽の鶴に突然、異変がおこった、神がかりになったと言ってもいいかもしれない。ちょうど〈件〉のように、その鶴が何か言いだすかもしれない。「私は近づいて来る鶴に背を向けて、なるべく構はない風を装ひつつ、とつとと先へ歩き出した。」(II・一三頁) しかし背後には鶴の気配がする。「急にいろいろの事を思ひ出すやうな」気がして、「その中には……二度と再び思ひ出してはいけない事までも」あるようである。

背後の気配を気にしながらひたすら足を早めた記憶は遍路の峠の記憶である。

やがて鶴に追われるようにして橋を渡ると裏門がいっぱいに開け放たれていて、(31) その向こうが広い田圃になっている。その先には遠い山が見える。橋を渡り、門を越えてさらに山の向こうまで行けば、そこはもうこの世ではない。『死者の書』に見るような異界の光景まで、山越しの阿弥陀如来像まで、百閒は見はしない。しかし、そこに至るまでの単純な死の恐怖、門の手前の世界への執着が胸をしめつける。一面の水田の中をまっすぐに延びる道は、その先の行く手がどこへ行くのかわからない茫漠たる不安とともに、茅ヶ崎の田圃の中の道の恐怖を思い出させる。

そこへ行くまでの、鶴に追いたてられて池の縁をあわただしく走りながらつまづいては転んだ土手は、幼い日の水辺の禁じられた遊びの恐怖の思い出をも呼びおこしていた。

「川浪がきらきらと輝いて、その中にむくれあがったような浪が……」という、ふいによみがえった過去の断片は、「沙美の苔岩」などに綴られた水辺の事故の恐ろしい記憶につながってゆく。(32)

水辺で、土手で、浜街道の峠で、一面の海のような田圃の中の道でその都度、彼の背後にのしかかるようにあらわれた何ものとも知れない恐怖、死神による死への誘いとつたその背後の恐怖の源は、土手道でふいに彼の傍らにあらわれた「生まれそこなつた兄弟」であり、仏心寺の玄関で彼をいまにもつかまえそうになった死神であつた。死神は彼のかわりに、父親をさらって行った。いらい彼には傍らにいるはずの存在、父や兄弟の不在が、黒々とした「しみのやうな」影となってつきまとう。親に死なれた一人っ子の淋しさと言ってもいいだろう。やがては、父と同じ名をつけた息子久吉が不幸な家庭の相剋の中に死んでゆく。父がわりにすがりつくように師事した漱石も早く世を去った。互いの淋しさと不安をまぎらわせるように交友を深めた芥川も先にあの世に旅立った。その死者たちが頼りない息子の行末を見守るように、あるいは異常な言動をする友のふるまいを心配するようにいつまでも彼の背後につきまとい、頭より少し高いあたりから彼の心の中をのぞきこむ。

「歩いてゐるそのすぐ後ろから、矢張り同じ通りについて来るのは後ろの暗い中にぼんやり浮いた、輪郭のないしみではないか」、その「しみが追つ掛けて来る」(「遍照金剛」IX・四二二頁)。

峠の暗い木陰で、「山高帽子」の猫のように、黒いしみがちぎれたように落ちて旅人の背中にはりつく。峠をかけ下りて宿屋の玄関へかけこんでガラス戸を閉めたら、ふっと離れたが、その「しみ」は、公園の池のほとりでも現われて、光あふれる光景の中に忘れかけていた死の恐怖をかきたてる。そのとき、のどかな光景の中に突然あらわれた黒いしみは一層恐ろしい。ラヴクラフトなら、その「しみ」、白昼の黒点に、「ナイアルラトホテップ」といった名前を与えるかもしれないし、モーパッサンなら「ル・オルラ」とそれを名づけるにちがいない。

ただ百閒はその恐怖を一見さりげない抒景の中にそれとなく忍びこませておいて、恐怖に無縁なものには気づかずに読みとばさせるだけである。晩年になるとそこにはさらにノンセンスな笑いの仮面がつけ加わって、そうおいそれとは恐怖を感じさせない。しかし、たとえばノンセンス・ユーモアの代表作とされる『阿房列車』の中にも、死神の黒い影はもっとも親しい道連れとしてつきまとう。

たとえば「松江阿房列車菅田庵の狐」。

松江の宿について酒を汲みかわしはじめたら、何となく身体の片側がぞくぞく寒気がする。同行の山系氏を向かいの席から横にこさせて飲みだすと、空いた向かいの席が気になってくる。何かの音がする。

「風だらう。おい、そこにだれかゐるぢやないか」……

「山系のゐた後に坐つてゐる男が、もつとはつきりして来て、にたにたと笑つた[33]」。(VI・三一七頁)

しばらく、その貧乏神風の風采のあがらない男と話をしながら酒を飲んでいると女中が入ってきて、「あれ、又ここに……」と言う。相手は「稲妻の速さで襖の外へ飛び出した」(VI・三一九頁)。それが「菅田庵の狐」である。

一人で琴を弾いていると、いつのまにかもう一掉の琴で競いあうように弾きはじめるものがいる。あとで気がつくとそこら中が泥だらけになっている(『東京日記』)。

狐はつぎの「列車寝台の猿」では猿である。列車の中に「さつきから氣になる相客がゐる」途中で下りて宿屋に泊まって、また同じ列車に乗ると、同じ客が乗っている。そして夜になってコンパートの寝台に寝ていると、「入口のドアの硝子戸に人影が映つた……どうもさつきの男らしい。さう思つたが、さう思つたもう一つ奥の所に、もつとはつきりしてゐるのは、猿の影だと云ふ事である」(VII・三七七頁)やがてその影が中へはいりこんだ身体の上にのしかかる[34]。四十年前の「映像」の悪夢の復活である。

何の用もない旅の阿房列車に魔がさしたのかもしれない。そのときとりついた狐変じて猿は、「由比驛」に至って、いよいよその本性をあきらかにする。

「由比驛」

まずはじめに東京駅の改札の前に並んだ行列の中から一人だけこちらをふり向いた顔がある。「何だか氣になるので、そつちを見てゐたら、その顔が列を離れた。和服の着流しの男が、すたすた歩いて、私の方へ近づいて来る。かうしてゐては、いけないと云ふ氣がし出した。」（Ⅵ・四六二頁）

「鶴」の書き出しとふしぎに重なっている。事実、汽車が走り出して段々速くなると「線路だか車輪だかが、こうこうこうと鳴く様な音がし出した。」（Ⅵ・四六三頁）『死者の書』冒頭の死者の魂呼びの声を思いだす読者もあろう。

「こう　こう　こう

先刻から、聞えて居たのかも知れぬ……

こう　こう　こう

確かに人聲である。鳥の夜とは、はつきりかはつた韻を曳いて来る……」

百閒は、しかしその声から「御後園の鶴の声」を思い出す。ボーイがとおりかかって「お連れ様が別の車に……」と言う。「背後の気配」は列車の中にまでついてくる。そこへ見知らぬ女が来て隣りに坐る。由比で下りて宿へ行くとそこに、列車の中の女がやって来る。そして妙なことを話しだす。

「この窓の外の、あの松の木が重なり合ったうしろは崖で御座いますよ。もう一つ山になって、その上に榛の木が繁つて、木のまはりを大きな白い蝶蝶が」Ⅵ・四六八頁）。

女は、東京駅の改札の前にいた男の家内であると名告る。そこへボーイがあらわれて、いましがた宿の下の薩埵隧道で、大きな獣が轢かれたと言う。突然、すべてがあきらかになって目の中がぐらぐらと揺らぎはじめる。「鶴」なら土手が浪のようにうねるところである。「耳許ががんとして、耳鳴りがする。松も鳴つてゐる。ボーイの白い顔と白い上衣が境目がなくなつた。」（Ⅵ・四七〇―四七一頁）

少し百閒の文章に慣れている読者なら意味の明きらかな作品だが、慣れない読者がぼんやりと読んだら何のことかさっぱりわからないふしぎな文章だろう。

背後の気配、群れから一人離れてやってきたのは「死」

である。「死」のはじめての登場は仏心寺の父の臨終の時のことだった。瀕死の病人は、庭に金と銀の大きな蝶が舞うとうわごとを言った（X・三三九頁）。

山寺の風景は、薩埵峠の宿のあたりに似ている。海辺の崖の上の宿、あるいは寺は「龜鳴くや」で描かれた三崎の寺でもあるだろう。そこから死神がついて出てきて、それを石崖道でふり落とした。寺はのちに大火のときに火の塊になって崖の上から暗い海に転げ落ちた。燃える炎の塊は一瞬、ふわふわと崖の途中に舞いあがりもしただろう。海に転げ落ちる炎の寺は死の中にとびこんでゆく芥川の思い出と重なった。

岡山の生家の二階からふわふわと飛び出したという人玉、百間川の暗い土手をふわふわと揺れながら遠ざかった提灯の火、それらの思い出が合成した映像なのか、百閒は人が死ぬときは、あえて魂と言わないまでも、何かえたいのしれないものが、多くは火の玉が、ふわふわと漂い出るように想像していた。仏心寺の病人も、彼岸の蝶が舞うのを見たときにすでに死に委ねられていた。

そこで、薩埵峠で女が「白い蝶蝶が」と言ったときに、「それは違ふ。手の平ぐらいもあって」と言ってから「白い蝶蝶ぢやない。黒いのだ、眞黑な」（VI・四六八頁）と言う。

黒かったのは蝶ではない。蝶などいはしなかった。お寺の高い縁側から庭のほうへ「ひらひらと飛んだ」のは、「いち」という牛ほどもある黒犬である。長年飼いなれた黒犬は、そのとき病人の身のまわりに死の影がそっと忍び寄るのを感じて、ふいに縁側にとびあがって来たのだ。前には、狐つかいの女にとびかかったこともある犬である（I・一三六頁）。大江健三郎描くところの『空の怪物アグイー』だと、人には見えない「空の怪物」が舞い下りてきたときに、犬だけはそれに気がついて吠えたてる。この「いち」にも、そのような見えない存在を見ぬく透視力が備わっていたようである。その犬が死神を見て縁側にとびあがった。犬は追われて「ひらひらと飛んだ」。それが死者の見た彼岸の蝶の光景とひとつになって黒い大きな蝶となって思い出の暗い峠の上を飛ぶ。

犬が「ひらひらと」飛んだのはそれがはじめてではない。

他でも書かれているが「由比驛」でも前のほうでそのことは確認されている。ちょうど父が病気になったころ、何とはなく竿を持ちだして犬を追いかけまわしたことがあった。犬はおいつめられて居直ると、「井戸の上をひらひらと飛び越えて、向かうの側からこつちを振り向き、薄闇の中で白い歯をむき出した」（VI・四六五頁）。

それが「いち」である。そしていま、東京駅で列を離れて近づいてきた男は、自分がその「いち」であると名告った。であれば、その「いち」の家内と名告る女が「大きな白い蝶蝶が」と言うことにも筋が通っている。汽車に乗りこむときに思いだしてはならないことを「思ひ出し掛けて、胸元から戻す様な、いやな気持になつた」のも当然である。列車はトンネルを越えて、死者の国へ入っていつた。死者の思い出は、つきまとう「氣配」とともに汽車に乗っているうちにしだいしだいに鮮明になってきた。そして峠の上の山寺のような宿に着いたとき、彼はすでにこの世の意識ではなく、死者の思いであったのかもしれない。そのとき現し身の肉体はトンネルの中で列車に轢かれてもはやこの世にいないのだ。それが後から、過去から、ついて来た黒い大きな犬「いち」なのだろうか。

宿に来る前のことである。由比の駅のホームで「すぐ目の前を通過する急行列車を」、彼は「氣抜けがした様に」見ていた。「氣抜けがしていた」というのを「心そこにない」「魂が離脱した」と呼んでもいいだろうか。そのときはまだ魂はかろうじて彼の肉体の周辺にとどまっていたとしても、目の前を列車がかすめてゆくときには、魂はさらわれてしまうかもしれない。

「それは列車だつてあの勢ひで動いてゐるのですから、ぼんやりした旦那様のなんかを持つて行つて、擦れ違ふ時に今度の上りに渡したのが返つて来るまで旦那様はまるでお留守です。」（VI・四七〇頁）

前年（一九五一年）の『區間阿房列車』によると、語り手は時間をつぶすために所在なげに上り下りの列車の通過する様子に放心したように見惚れている。そのとき、信号手が「不意にけたたましい叫び聲を」あげ、ついで列車が非常汽笛を鳴らした。しばらくして反対方向の列車が近づいてくると、列車はさきほどと同じ場所で、また非常汽笛を鳴らした。どうやら「だれかがすれすれに機関車の前を横切つ「た」にちがいない。人家が線路にせまって建てこんで、浜へ往復する漁師の女などがたえず線路を横切っているところである。列車のほうはトンネルを抜けたばかりで、視野が広くない。そこは一種の難所でよく人死のあるところではあるまいか。語り手の想像はそこから、数十年前の茅ヶ崎の恐怖をありありと思い描いたとしてもふしぎはない。

死病の床についている友人を見舞っての帰り、えたいのしれないものに背中から追いかぶされるように思って駆けだしたあたりの記憶である。「あの時は山邊の死神が低い石崖の道まで来てゐたのを、私が背負つて途中で振り落とした」(「夜道」VI・六一頁)。そこも踏切事故や飛び込みのある所だったと言う。

読者としてはディケンズの『信号手』なども思いだすところであろう。トンネルの出口の怪としては、茅ヶ崎よりは由比のほうがディケンズには近づいている。

その魔所で、下りが非常汽笛を鳴らし、しばらくして上りがまた汽笛を鳴らした。下りがそこにいた人間の「なんか」をかすめとっていって、トンネルの中で、すれちがう上りの列車に渡した。そんな不安な想像が作者の心には生じたのだろう。トンネルは上りはひとつで、下りは二つである。トンネルをくぐるたびに死と生をくり返すとすると上りと下りでは数が合わない。死者の魂が生者の身体に移しかえられる輪廻転生が、そのトンネルの前後でも夢魔のミクロコスモスの中で展開していると考えると、列車が数のちがうトンネルを上り下りするたびに、行きどころのなくなってしまう魂がいくつかでてきそうである。

そしてボーイが言うには、いましがたその下りの第一トンネルと第二トンネルのあいだで「黒い獣が出たり這入ったり」していたかと思ったら、上りの列車に轢かれてしまった。それは東京駅で彼の姿を見かけて追いすがってきた過去の亡霊が、トンネルとトンネルのあいだで追い求めるものの姿を見失っているうちに出会った事故なのだろうか。それともそれは、下りの列車にさらわれていって上りの列車で戻ってこようとしていた彼の魂が第二トンネルの出口で迷ってしまって戻れなくなった果てのことだろうか。いずれにしてもそれは同じことではなかったろうか。数十年前、父を看取った山寺を思い起こさせる峠の宿に来て、ある種の喪失感と帰郷感とを同時に感じている彼にとって、父の死の床からひらひらと蝶のように飛んでいらい忘却の海に消えた黒犬が戻ってきて、彼を思い出の場所へ連れ戻して姿を消したのなら、今彼は魂を失って死んでいるのである。いままで彼につきまとって、ときには悔恨を、ときには死の恐怖をかきたててきた「分身」は、その黒い影だったのであり、それこそが彼をそこまで導いてきた、いわば「魂」だったのであるのなら。

あてのない旅の途中で、車中の相客の顔が気にかかる。ふと目にした車窓の風景が忘れていたはずの過去を揺り起こす。過去は死者の思い出で満ちている。淋しい死者たちが気がついてみれば人の生きてゆく身辺にいつも浮遊していたのだ。日常生活は、過去を忘却のかなたに押しやる防衛のシステムを幾重にもはりめぐらしている。旅はその防衛の殻の外へ踏みだすことである。いつもの見知った街の風景や親しいものたちの顔のかわりにそこには知らないはずの風景、知らないはずの人の顔がある。しかし、長い人生を踏みこえてきたあとでは、なんでもない街角、なんでもない人の顔に、どこかで忘れていた思い出に通じあうものを見出すことが多くなる。あれは何だったのだろう。あの顔はだれに似ているのだろうという問いは、慣れ親しんだ日常の光景の中でより、知らない街で知らない人のあいだにいるときのほうがより頻繁に生まれてくる。

若いころ、彼は日記に「知らない横町には神秘がある」（III・三〇三頁）と書いた。晩年に近づいた彼は「知らない横町にはいつもだれかが待ち構えている」と書いたかもしれない。待ち構えているのは過去からの使いであり、先に死んだものたちの思い出である。彼らについて知らない横町をまがれば、そこには、あの「低い石崖道」が、あの「杉に圍まれた山寺」があるにちがいない。いたるところで待ち構えている分身たち、それが「死」であることは、還暦をすぎて摩阿陀会を年々開いてもらうようになってからはもはや自明のこととなっていた。たとえば旧友宮城道雄の最後の旅について、その朝、「大検校宮城道雄は死神の迎へを受けて……目をさました」(VIII・四二四頁)と書き出す。車中で手洗いに立った検校は、閉まっているはずの境の扉がそのときにかぎって開いていたことを知らなかった。閉まっているはずの扉が開いていたのは「閉まらない様に死神が押さへてゐて宮城を通したのだらう」(VIII・四三〇頁)。やがて扉の数から数えて手洗いの扉と思われるところを開けたとき、それはデッキの扉であって、そのとき「驀進する列車の外側へ廻つた死神が、宙に浮いた宮城の片手を力一ぱい引っ張った」(同前)。

「死神」という名前をこれほど堂々と出している例はほかにないしまた逆にここではその死神がどんな風態の男であったとも書かれていないし、もとより目に見える存在として書いたわけではないが、ほかで名指さず、かつ、何でもない人間や獣のようにして描いてきたもの、あるいは、背後につきまとう「気配」として描いてきたものが「死」の恐怖であったことは、これをもってしてもあきらかであろう。

「葉蘭」

たとえば中期の写生文「葉蘭」で描いた「不在の狐」も結局は死神としての分身だったのではあるまいか。この、はじめ「狐」と題された短い文章は、作者によれば庭先の葉蘭を描くために、いもしない縁の下の狐をいることにして書いたのだとされているが、それがまた作者一流の韜晦であることは言うまでもない。

狐をもらってきて檻に入れて縁の下に置いておいたら、どうにも気になってしかたがない。夜になって外を見ると庭の隅の葉が光っている。それだけの「写生文」で、狐は葉蘭を描くための小道具なのだとすると、それでは葉蘭は何のために描いたのかということになる。夜になって葉蘭がざわざわと鳴るのは、それまで「心に止めた事はなかった」。それが「狐の檻を縁の下に入れてから、急に氣になり出した」。葉蘭こそ狐の「気配」を描くための小道具なのだ。そしてその狐が狐でないのなら、それはまさに縁の下か、夜の庭の隅にいる何ものかの「氣配」そのものなのである。夜になって庭の隅でぴかりぴかりと光っている何ものかの気配と言えば、「映像」などでなじみの硝子戸の外から中を覗きこむ「幽霊《ドッペルゲンゲル》」である。あるいは、夜風にざわめく木の葉のそよぎの「氣配」であるなら「夜の杉」の気配、すなわち仏心寺の玄関いらいつきまとった死の気配である。

家の中で一人で酒を飲んでいるといつのまにか向かいに女がいる。その女がどこかで見たことがあるようだと思っていたら、目白の坂でいつも見かける牛である。はっと気がついたら女は消えている。外を見ると「恐ろしく房の長い藤の花が、真暗な庭を照らす様に、きらきらと光つてゐた」というのは「藤の花」である(36)。藤の花の精が女に化けて酒の相手をしに来たというのなら中国の怪談だが、一人で家にとじこもっているときの酒中の夢には、半人半獣の妖怪が容易に入りこむらしい。というより、猫でも牛でも狐でも、彼のまわりには、いつもそんな地獄の幽鬼、牛頭馬頭の妖怪がうろついているのである。ふだんは彼らは縁の下か、庭の隅か、あるいは屋根の棟の上にでも隠れている。部屋にあかりをともして、戸を閉めきって酒も飲まずに理性をもって精神の「家」の守りを堅固にしていれば、豹であろうが牛のように巨大なうなぎだろうが、彼の意識の中にまで入りこんでくることはない。それでもそれはたえずどこかにいるのである。それがたとえば縁の下の狐であり、屋根の上の五位鷺(37)である(あるいは土手の鶴でも軒端の雀でもいい)。西欧の文脈では「屋根裏の狂人」とか「家つきの狂女」という表現がある。想像力は理性が統べている一家の秩序をふいにかき乱す狂った女中のようなものだというたとえ。わが国の文脈では座敷わらしでも、座敷牢の狂人でもいい。表向き立派な邸の奥深く、人には言えない秘密がある。百閒の住まいは「三畳御殿」と称するような手狭な家だから、秩序壊乱者たる身内の狂者は座敷牢というわけにはいかずに縁の下にほおりこんでおく。それがふとしたおりに顔を出す。それを言いかえれば、縁の下は無意識で、あかりのともった座敷が意識の領域だと言ってもいい。そして暗い庭は死の領域で、家の中が死神を待つ猶予の期間の束の間の生の賑わいだと言ってもいい。

いずれにしても同じことである。庭の隅の葉蘭の茂みの暗がりは、そのまま冥界の暗闇へも通じようし、それをじっと見つめているもうひとつの目、縁の下の狐の世界にも通じよう。座敷という虚構の空間の中に封じこめた意識は、暗い縁の下にその影をひきずり、それをあわせて「家」という人間存在の姿がうかびあがる。それを生と死が外がわから包みこむ。後年の百閒は、その冥界の鬼、ないしは「運命の塊」を縁の下や暗い庭先にほおりだすかわりに、好んで座敷の中に入れて手なづけようとした。それはたんに「ノラ」や「クル」と名づけられた猫だけではない。遺筆となった「猫が口を利いた」における「不在の猫」でも同じことである。そうやって彼は死を抱きこもうとして、結局は、あらゆる人間の定めどおり、死に抱きこまれてあの世へ旅立っていった。しかし、そこまで「死」という分身との共生を意識して生きぬいた日本の作家も他に例はなかった。

日本文学の伝統のひとつである「写生」[38]は、風景に仮託して心を語るという口実のもとに、自然の中に投影された「もうひとつの自分」を追い求めてはきたが、その「自然内自我」を自分という精神の構築物の一部として認識するほどに汎宇宙的視野、ないしは宇宙の主体たる意識を持ってはいなかった。風景もまた箱庭の中の狭い自然であって、すべては自我の囲いの中に囲いこまれたものであることを意識するに至っていなかったのだとも言えよう。しかし本当はそこにこそ、自我のもうひとつのあり方があったのであり、縁の下の狐の目を意識せざるをえなかった百閒においてはじめて「自然」は、「身邊の運命の塊」として西欧的分身像と対応しうる「人間」の姿をとってきたのでもあろうかもしれない[39]。しかし、あるいはそれもまた近代的な自我の輪郭を持たぬまま「自然」、それも囲いの中の箱庭的、塀の内的自然の中に拡散した前自我的日本的心性の姿であったかもしれない。それが、近代か前近代かは別にして、にわかに輪郭をあきらかにするのは、「死」が強力に自己を主張するときであった。ふだんは小さな自然の中にとけこんでいた自我が、死を自覚するときに、にわかに、自然内自我と「家」の中の自我とを区別し、その対立をまざまざと見るのである。それは必ずしも、ひとり百閒だけのことではなかったかもしれない。井上靖も、いや梶井基次郎も、さらには『野火』の狂人でさえもが、死の脅迫を前にして自己の分裂と、自然の中の死を見たのだ。しかし、その「自然の中の死」が気分や幻覚や、あるいは視覚の中の「闇」ではなく、すくなくとも猿であり狐であり、あるいは軒端の雀であり、そしてときには先行者であり、不意の訪問者であるまで形象化されてきて、はては、そののしかかる猿や侵入してくる新教官と格闘し、社会的地位や女をめぐって争うとなれば、そこにはすでに立派な「分身」がいるのである。

　百閒自身は「幽霊」に「ドッペルゲンゲル」とルビをふり、「私とそつくりな」人物と説明をしているように、いささか前近代的分身をドッペルゲンゲルとして認識していたのかもしれないが、彼が必ずしも「ドッペルゲンゲル」と呼ばなかった「死神」や、死をもたらす追跡者に、実は近代的な分身の相貌が読みとれるのである。分身は主体と外貌において相同である必要はない。まったく同じであれば、まさにそれは「幻」であり「幽霊」なのである。恐ろしいのは、しかしちがうはずの人間が後ろをふりかえったのを見たら自分の顔がそこから自分を見返していたということである。そのときには、同一人が二人は同時に存在しえない法則により、片方は死に委ねられているのである。「南山壽」でも、彼につきまとい、女たちの死の機縁になった新教官を逆に追いつめようとしたらその顔が自分の顔だったという、「書かれざる結果」を暗示しているように思われる。百閒の分身は、実は「書かれざる分身」であったかもしれない[40]。

(三) 岡本かの子、三島由紀夫、遠藤周作

日本的霊性と近代的自我の相剋から、近代文学のいくつかの作品に見られる「分身的表現」が生まれるという仮説をもって、本論の前章と前々章が出発した。[1] その前に考究した鏡花の類分身的妄想(自己像幻視)も、「近代」の圧制に対する不合理なもののあがきもだえる形であり、あるいは幼児期のファンタスム(主として原光景の覗きの記憶に起因するもの)が統一的自我意識を混乱させるものと考えた。

しかし、それらを西欧近代の「分身」と対置させてみるときにまず気づかされることは、日本の分身があまりに人間的であって、超越性や象徴性が稀薄であることだった。

西欧文学においては、いかに近代の作家たちが神を否定しても、そこには〈唯一者〉とその影がつきまとう。むしろ神から自立しようとする方向にこそその影が投影され、〈罪〉や〈悪〉の意識が負のエピファニーとして、分身的人物を造形させるのだった。[2]

もちろんそれに対しては、たとえば高橋英夫氏は『幻想の変容』において、『野火』や『山の音』や、あるいは『死者の書』における非日常的なものの出現を「エピファニア」と規定し、「神の影絵」とか「死の形象」といったモチーフが日本近代文学においてもあきらかに見てとれることを指摘した。[3]

たしかに日本的感性においても自然への畏怖や神秘的世界感がないわけではない。むしろ「感じ」としてはそれら非合理なものの現存を信ずる傾向は強いものがあると言っていいだろう。鏡花はそれを前代の妖怪信仰そのままに、梶井はそれに世紀末的近代の装いをさせて描きだした。しかしそれが「感じ」や幻覚の領域を出て、現実の登場人物として近代小説構造の中で機能させられるかどうかと言う点になると、まさに小説における人物造形の概念の彼我の相異がきわだつのではなかろうか。

日本の近代小説は、《近代的自我》という、当時の世界文学の中ではかなりにアナクロニックな、[4]かつ現実には存在していないものを追求することに急で、その自我の〈影〉に人物像を与えることにはなかなか思いあたらなかったかのようである。

ひとつには〈自我の輪郭が明確ではなく、家の構造の中に埋没し、あるいは小自然的風景（の詠嘆）の中にあいまいに拡散した形でしか把えられなかったからでもあり、またひとつには、〈影〉の領域が人格神やサタンやユダといった擬人化構造を持っていなかったからでもあるだろう。

またさらには、〈感じ〉としての影の部分が対立を迫られた「近代的自我」なるものが、アナクロニックな以上に、「黒船」や、侵略主義的宣教制度や、鹿鳴館的風俗といった表面的形象によってのみ規定されて、[5]物質文化と精神主義、新しさと古さといった皮相的対立関係しか見ることができなかったからかもしれない。アメリカの農村文化的開拓精神とその文化とが、「西欧」を誤認させ、どこにもない「西欧的近代自我」なるものの幻影を作ったのである。

しかし、それがいかに「幻」であっても、近代日本の文学が、「家」や、あるいは祖霊のうごめく共生的な自然風景から脱却した社会的自我を画定しようと努めていたことはたしかであり、その脱出の努力に対して「家霊」や「自然霊」が「もう一人の自分」の姿で邪魔立てをしていたこともたしかであるにはちがいない。『道草』における「島田」は、否認しきれない醜い尻尾として近代日本人の意識につきまとう。[6]

問題は、それをただの「影」、「貧しい縁者」と見なすか、人間存在を規定する超越者の影と考えるかであって、[7]「影」の自覚と解釈に、[8]近代日本の文学の形而上学がどのように機能したのかということになる。「影」を文学的テーマとして採用し、それによりかかるだけなら、大正八・九年代の芥川や谷崎の「探偵小説」のように「分身譚」は作りあげても、日本的分身のありようの追及にはならないし、その「影」の存在をいかように信じても主体意識がそれによって引きさかれないならば、円地文子の諸作のように、そこには妖美な物語世界が開けるだけであろう。[9]

「分身の形而上学」と言うのはあまりに大仰であろうが、自分の中のもう一人の自分、つきまとう過去、先回りする欲望の具現等の「前分身」的意識に、何らかの超越者の名前や観念を、すくなくとも鏡花や百閒や、あるいは円地文子ら以上に与えつつ、その「命名」と「新しい自我の覚醒」とを多少なりとも一致させようとした稀な例として、まず日本のウル・ムッター、吉祥天女なる岡本かの子がいる。(10)

岡本かの子

ただし、彼女において注意をすべきは、通俗的ながらも仏教研究者としての性格をかの子が持っていて、その「分身」の語法には、ここで言う「近代的分身」とは異なったものが混入していることである。たとえば大歳の客系統の説話として知られる山の神の富士と筑波への訪問の話を潤色した「富士」で、「西國にて知れる限りの山々を翁はみな自分の分身のやうに感じられた」(V・一八七頁)とか、「それへも骨肉を分けて血の縁を結んだなら自分の性格の複雑さも増す思ひで、分身を雲の彼方にも遺す思ひで……」(V・一八九頁)と語る「分身」は、まさに「身を分けること」の意でしかない。(11)

山の祖神は子どもたちを諸国の山へ遺棄してそれぞれの山の神とする。それを分身というのは「分国」、「分家」などと言う表現と、そうちがった言い方ではない。ただ、はじめひとつの山の神として、よその山を分身と観じた彼が、そこへ子らを遺してそのきずなを強め、それによって「自分の性格の複雑さを増す」という三段階の、自己と他者の間の相互関係の認識には、多少の問題がないわけではない。他者を己であると観ずることによって「自分の性格の複雑さを増す」とは、他者ももうひとつの自己のありようであり、状況、条件が異なれば、自分も、そうなっていたはずだと考えることであり、であるなら、他者はすべて自分で、他者によって犯された罪も己の罪であると言わざるをえない。

高貴に神さびた富士の神ももとは自分の娘で、自分が自身、富士に住まいすれば同じになったかもしれず、卑俗な筑波の神も、これまた自分の息子であり、自分のなるはずの姿である。自分には、富士の冷淡さも筑波の卑俗さもともに責任がある。と同時に、それはもうひとつの問題を示唆している。人は環境、教育、生涯によっていかようにも変わりうる。氏より育ちである。しかしその環境の最たるものは、ここでは「山」であり、他では「川」であり、いずれも人の生を規定し、とりまく大地自然である。老翁は自分の住まいした山に似た。山と老翁に区別はなかった[12]。だからこそ、彼と四辺の山々は、他人同士、あるいは人間と自然とでありながら「分身のやうに」感じられる。老翁と山々が、まず形と影、あるいは大地とその精霊としての分身同士である。自然は人に投影し、人は自然に己れの生の形を見る。もちろんそれ自体は分身観ではない。擬人的自然神格観でありアニミズムでしかないが、自分をとりまく小自然、日常的心象風景や、家や庭の肌ざわりの中にあいまいに拡散し、己れが悲しむときには月も悲しんでいるかのように思い、その月を己れが心の象ともする自己中心的自然との共生関係からそれは一歩出て、他から切り離され、他とはちがう自分を主張する山なり川なりに自己を同一視することであって、そのとき、自我にはひとつの輪郭が確定されるのである。

翁は富士に住めば富士になったかもしれないが、住まなかった以上、富士ではないのであり、旅の途中、富士を見あげて、そこに「心の鏡」を見るというようなことは許されないのである。

山には山の性格があり、個性があって、ひとつひとつ異っている。だからこそ、その山々のあいだに第二段階的な分身関係、相互責任連帯が生じたときに、はじめて、単純な性格が「複雑さを増す」。

自然と人間との神話的対応の構図は、『女體開顕』の奈々子と隅田川（そして弁財天によるその象徴的仲介）、『生々流轉[13]』の蝶子と多那川（そしてその人生の流れ）、「河明り」の日本橋川のほとりの男女、その他において、よりあきらかになる。これは『有田川』や『紀の川』において有吉佐和子の描いた、川の流れと女の一生の対比表現とは多分に異っていて、時間や運動の要素より、形象や性格の要素のまさった、神話的対応である。山や川がはっきりと輪郭のさだまったものとして他の自然から切り離されて擬人的にとらえられ、まず、それらの似姿的な神格が設定され、その神格の転生、ないし「分身」として主人公が描かれる。

通例、日本の文学は山川草木に対し、心の風景としての役割をふりあててきた。心の中に名づけえぬ憂悶を、恋情を、いきどおりを、あこがれを感ずるとき、手近の自然の風物の中から、その心の風景に対応するものを選びとって、それをもって心を代弁せしめた。名づけ、つきつめ、分析するかわりに、風景をして語らしめて、むしろ心の重荷を下ろしたのである。[14]

ところが岡本かの子は、自分の心を描く絵の具を自然の中に求めたのではなかった。また、自然そのものを叙景するのでもなかった。彼女は「山河大地に對して、その内部の存在を感じ」（Ⅶ・一三二頁）とろうとしたのだ。

「この天地の間には眼に映り、意識に上らせられる心象、具象の蔭に、圖らはれざる常に揺蕩の波があつて揉み洗つてゐる。……その存在の限量は、人の意識の桝秤をもつては校計に剰ると同時に、人はまた、心象、具象の媒介に於てのみ、その存在を認めることが出来る。」（同右）

彼女にとっての風景は、そのような意味での観念の記号である「心象、具象」であり、人物は、その綜合であった。

「川なるものが帯びる美しさ、暢やかさ、包容力、水性の自由と柔軟、せゝらぎのやさしい音―は、天女なるものゝ性格に性情化され、美しくて無礙の辨口と智才を持ち、福徳圓満な超人の美女を仕立てあげた。」（Ⅶ・一三三頁）

それが弁才天という「普遍化抽象」であり、「物像で、秘在されていて、非現實である」なら、「これを磨くには奈々子のやうな、一味、神秘に通ずる美しさを持つ現實の少女によつて現身に通譯して貫はねばならぬ」（Ⅶ・一三四頁）。

かくて、擬人化された川という自然と、その神格たる弁才天と、そのよりしろとしての奈々子とが認識のレベルを異にする同一存在の三格の分身同士として並立する。[15] あるいは自然の形相と、その神性としての本質と、その似姿、化相としての人間の、それは三格でもあろう。しかし、神性が「複雑さ」、ないし超越性を増しているときには、それと人間のあいだには、もう一段階、仲介的な表現が必要であろう。河の神格と少女とのあいだをつなぐものとしては、フロレンスのゴブリン織に描かれた「河性」の女ジュディスがあらわれる。

「あたし、どうしよう。奈々ちゃんが二人出来たわ」と、川沿いの待合の女中は、壁掛けと奈々子を見くらべて叫ぶ。

男の首を掻き切る魔性の女ジュディスと、永遠の母性である弁才天、そのふたつが奈々子の中でせめぎあう。そのいずれもが、死と生を包含する滔々たる川の本性であろう。池に泳ぐ小さな白蛇に川の性を見ていた奈々子は、己れの中に音をたてて流れる川の性の魔性と神性とを力強く綜合する未来を覗き見てもいただろう。ただし、その未来の綜合に至るまでには、内心の葛藤は、ときには河性の「運命」への反逆の相もとるだろう。川に対して、また川のほとりの生家や環境に対して、一度は戦いをいどんで、どちらかが勝つまでの勝負をしなければならないかもしれない。また、その川にまつわる由縁、因縁を持った秘仏の裸弁天にしても、その本性を顕現するには、さまざまな人間たちの「犠牲」を必要としたかもしれない。よりしろとしての少女が真に目覚めるまでは、それは幾重にも秘密のおおいをまとった「隠れた神」であり、その神体を「開顕」すべき奈々子のほうも幼な年だち宗四郎に対する母性愛とサディスム的感情の矛盾に迷って、己れも他もその真のありようを知るには至らない。

「生々流轉」

しかし、その彼女が人生を選びとって下っていった川の先の「生々流轉」の世界では、もはや弁財天もなければジュディスの壁掛もない。川も都会の中の暗く閉ざされた隅田川ではなく、武蔵野をゆるやかに流れる「多那川」である。川がその本性をあきらかにして、主人公に向かって、もはや象徴的仲介なしに、直接その川の生を体現するように求める。彼女もすでに一人前の女として、その存在を自然に向かってさらけだす。

ただ彼女には、なおも、自然の子としての生まれつきをおおいかくす系累と教養とその他さまざまな社会的条件とがとりまいていた。女として目覚めた彼女は、つぎにそれらのマスクをかなぐり捨てて、大自然の中の人間としての本当の素顔を必死に捜し求める。

隠された素顔の探究ははじめは他者の顔の模倣、それへの同一化の努力からなされる。自己探求の代わりの他者へのの接近は同性愛の形をとる。少女は学校の女教師に憧れ、そのすべてに追随しようとする。教師はまず先行者として、ついで誘惑者としてあらわれる。教師にはしかし異性の恋人がいる。少女はそのような教師の感情までも模倣して、同じ対象に同じような感情を抱いて接近する。相手の園丁は、女教師より学生の彼女のほうにより近づきやすさを感じはじめる。少女は尊敬し思慕する教師とライバルの関係に陥ってゆく。教師はそれを知って煩悶の末に自ら身を引いて山の中にこもる。感情の隠れみのを失った少女と園丁とは教師をたずねて山小屋へ赴く。そこで聞いた先生の告白は『こころ』のそれと同じように、ふしぎなほど少女自身の物語に似通っている。先生は告白ののちにさらに愛欲のしがらみを逃れようと山の中の湖上で姿を消す。先生は本来の生を求めて、社会生活の仮面を捨てて「山の神」になったのだと少女は考える。以後、彼女は、相似分身としての先生の足跡を別な方向にたどりながらその生涯を追体験しはじめる。先生が山の湖に姿を消したのなら、その湖から流れ下る川の精となって、地上を行きつくところまでとことん流れて見よう。しかしその放浪でも彼女は、先生の知らねばならなかったあらゆる社会的制約、恩愛のきずな、「家」のしがらみを味あわねばならない。すべてをなげうった原点への遡行のようでありながら、川を下る放浪は人生の川のすべての相をはじめから終りまで学習することでしかなかった。自然と一体化して川の神となるには、まず、『女體開顕』の奈々子と同じように、女として、人間として、世の中の荒波にもまれる必要があった。

彼女は乞食あがりの学者の妾の子として生まれた。富家の嫁にのぞまれた彼女は、それが彼女の本性にそぐわない生であることを恐れ、先生の生涯を思い返しつつ、原点に返って自分を確認しなおすべく乞食姿に身をやつして放浪に出る。

しかし自我探索の旅は川を川下へたどればたどるほど枝川が注ぎこんで、川の性格は複雑になってゆき、それに照応する自我の相もますますつかみにくくなるだろう。(16) 彼女の生い立ちや素性の中に乞食の性があり、彼女を求めた男の家での虜囚にも似た不自由な生活が象徴していたような、「良家の女」としての拘束に反撥するものがあったとしても、もとへ戻って乞食になることは、綜合体としての人間をあえて要素に分解し、その中の一つにのみつくことであって、それは仮面を脱ぐことではなくむしろ新たな仮面をかぶることだった。

人の世の「恩愛に絡められてゐる」自分を解放しようとする否定と脱出と解体の動きが、分裂の相をきわだたせるものでしかないことは、彼女を求めた男、葛岡の告白にもあるとおりだろう。

「三面の鏡に映る三つの自分の姿は、それが單純に三つと分れてゐるのではない。……既に在る映像と他より映れる映像とは、唾棄し合ひ、嘲笑し合ひ、威嚇し合つてゐる。……鏡の中の分身また分身、唾棄からは吐息が生れ、嘲笑からは悲憤が生れ、威嚇からは憂愁の限りない嗚咽が生れる。そしてそれ等の幾百千の分身は悉く自分の敵ではありながら、また自分自身なのだ」

「この三面の鏡のどの一面を壊し去っても、もう、そこには、形造られてゐる自分といふものは無くなつてしまふ」(VI・一四五頁)。

「先生」のあとを追って解脱に至る前に、まず、その「分身」の綜合が必要だった。「分身」は「身を分つ」こととして、まずは認識される。

「分身」という表現は、少し先で、花火を見るところでも使われる。「花中にいくつかの分身が秘められていて、花體危しと見れば辨尖は花を吹き出し、……かなたにも、こなたにも分身また分身……」(VI・一五五頁)。

いずれも存在の種々相であって、単独には存在しえない小部分である。

それは、その場の直前、蝶子に向かって男が言う。

「だが、仕方がない。めいく\自分ですらどうしやうもない虫が腹の中にゐて、勝手な筋へ引っ張って行くのだから」

というせりふに言う、身中の「虫」としても同じことだろう。身内に相い反するものがいるとしても、そのそれぞれはそれだけでは一人立ちはできない。

川のほとりの乞食暮らしのあいだに彼女の前に現われては去っていった人間たちは、夫に裏切られた人妻であり、男にだまされて狂った女であり、そんな女に生み落とされてさまよう白痴のみなし児の少年であり、あるいは女のために人生を踏みはずした男であり、そんな人生の業の外側に「ぼんやりお蝶」という傍観者の仮面をかぶって流れていこうとする彼女に、その本性を見抜いた男があらわれ、「蝶子さん、もうい丶加減マスクを脱いでもいいでせう」と言う。

そう言われて彼女は川で汚れ顔を洗い落として、「しばらくね、おなつかしう」と言うのだが、そこで再会したもとの蝶子は昔のままの世間知らずの娘ではない。彼女はすでに女であり、白痴の少年に対しては母親でもある。川の生活は、女の一生を彼女に教えたのだ。そして、それよりも、他のものになろうとしたこと、自然によって与えられたままの自分に戻ろうとしたことがいかに空しかったかも知らされている。

自分の内にありながら自分ではないように思ったもの、他から付加されたもの、あるいは自分に敵対するように思われるものも、外から見れば、刻々に変わる花火の種々相のように、やはり自分だった。それがわかることは、「他者」を自分の責任の中にとりこむことだった。その間のことは仏教説話の「鬼子母の愛」に描かれる。世の子供たちを愛しいと思うあまりその肉を啖いつくさねばやまない身中のどうにもならない欲望を、はじめは自分以外のもの（分身）の仕業のように思いなし、子供も自分の子は食わず、よその子だけを食っている自己中心者の煩悩を仏の愛が救う話だが、「別な自分を取出してそれを外側から眺めて見る」、「自己の心理を客観化する」はてに、「自己の姿を普遍の母親なるものとしてまざまざと」見る（I・一一五頁）ことができるようになった女は、失われていた自我の統一をより高い次元で獲得して、普遍の愛をあらわす鬼子母神となる。

彼女の煩悩は、心内の欲望を制御できず、その「心中の虫」に引きずられているという主体のない受身の状態そのものの罪だった。「自分の後に悪魔が居て、手の上に手を出し重ね、嘲りながら打慓はして居る」と言うのは離人症の症状だが、その「悪魔」がやはり自分であること、その悪魔に引きずられるかわりにそれを制御して自己の統一をかなえねばならないことを悟るのは、自分の子供と他人の子供を分けて考えていたことの誤りをさとることと同じであり、ここまでが自分で、ここから先が自分ではないとする利己的、御都合主義的自己世界の分断の誤りに気がつくことだった。

『新神秘主義』中の仏教説話「碁打ち羅漢」では、「菩提心を白い石に賭け、また煩悩を黒い石に賭け、一人盤面で争つて」いる老僧の姿が、他人には二人の碁打ちの対座のように見えていたのが、煩悩を去ったときに二人の姿はひとつに合わさったと説く。

分身の収束はしかし岡本かの子の作品世界では、観念の象徴としての自然の形象を求める。分身に分かれていれば自然とは対決ができず、その本質を知ることができない。自己統一が達成されたときに、自然がより大きな「分身」として見えてくる。

それを白隠禅師の悟道物語において、「富士」を書き直したものが「宝永噴火」である。ここで語られる禅師の修業のきっかけは、富士に向かいあって立ったときの離人症感覚だった。富士は眺めるうちにだんだん消えてゆく。身の回りには白い雲が流れている。「間もなく聖者は自身の存在感を失って、天地にただ眞白く、肉のやうにしねしねした質の立方體だけが無窮に蔓こつてゐた。どこからそれを眺めて居るのか、眺めてゐる自身がその白さなのか、はつきり判らぬ」(V・一四六頁)。

彼が自分の名を呼ぶと「音もなく飛びすさるものがあって、」富士が目の前にあらわれる。モーパッサン描く『ルオルラ』の「欠落の分身派生」の場の鏡像消失にあたる。

これを白隠伝作者のS夫人は「聖者が美しい富士と肉體

的にも融け合つ」たものとみなして嫉妬を覚えるのだが、無論ここは作者かの子の反対鏡像のS夫人に、あえて誤解をさせているところで、若い僧は、圧倒的な富士の質感の前に自我意識を喪失していたのである。

彼はのちに、この「富士の冷く取り澄した姿」に憎しみを覚える。富士にはとても及ばない。その清澄さと質感とを前にして、自分はあまりに軽く、存在すらしていないか、あるいはあまりに分裂していて、富士という統一に立ち向かうことができないからだ。修業をしても高く揚がる部分と「取り残された部分」の乖離の意識が強くなる。「われを忘れた有頂天」になれない。「遂には自分といふ意識が二つに割れさうな氣さへもする」(V・一六〇頁)。

その彼が「一體どこに自分があるのだ」といらだって、自己探索の旅に出たはてに、ふたたび立ち帰ってきたとき、富士は、自分の存在感を奪いとってしまうものではもはやなく、どこか不安げなもので、その不安はむしろ自分の不安が投影するもののようにも思えた。不安という形でも、禅師はすでに対象を支配しはじめている。[17]そこにはまた「不思議に情熱の籠つたものがあつた」(V・一七三頁)。

彼は「強ひてそれを押へ、富士の姿に向って寺の縁で座に努めた」。

精神の集中はついに対象を動かすに至る。富士は大音響とともに煙と灰を噴きあげる。それを見て白隠は思う。「あのむくむくと噴き上る白と黒の煙は、富士のではない。自分のである」(V・一七六頁)。

白隠はここではじめて、離人症的にではなく富士と一体化する。分裂していた自己は統合され、意識は対象に吸収されることなく、対象を支配するようになっていた。

対象に対して淫欲を覚えていて、その煩悩を制御できないうちは、相手は彼を吸いとってしまう分身だった。自己滅却の修業が、むしろ雑念を去って、自己の統一をとりもどさせる。

もっとも岡本かの子の作品の中で、ここで概観した自己探求の作品『生々流轉』、『女體開顯』(あるいは『肉體の神曲』)や、象徴的仏教説話の「宝永噴火」、「富士」は必ずしも高く評価されるものではなく、代表作と目される「金魚擦乱」、「河明り」、「花は勁し」などでは、花火のような刻々の分身をひとつひとつ追いもとめて自我の統一の大海に至るというテーマは表面には押しだされない。「分身」と主人公との対話劇「或る日の幻想」なども、思いつきであって、深刻なものではない。

〈家霊〉は幾度も追及しようとしたが、「つきまとう過去」という形で、たとえば島田的人物としては描かなかった。〈家〉から飛び出すことが、とりあえず彼女の人物たちの目標だった。蝶子における乞食女の素姓も、たえず源泉へ引きよせる力であるよりは、先へ先へと自己の可能性を貪婪に追及してゆくための、現状への不満の原動力であった。川や大地への共感も、あらゆるものを吸収してゆく大母性への憧憬に引きずられてゆく。主人公の身辺にあらわれるさまざまな男女も、多様性の豊饒さから、やがては、同一性の認識に集斂してゆく統一性の諸要素であった。奈々子の心をかき乱したたいこ持ちの少年と、月足らずの美少年とは結局は同一人物だったし、彼女をとりまいていた老人たちも、やがては対立を解消して、弁才天信仰により集ってゆく。「巴里祭」の主人公のまわりにつぎつぎに現われて彼の心を引きさくように見えた女たちも、種をあかしてみれば、美少女ジャネットは思い出の女カトリーヌの忘れがたみであるというように、集合の方向をたどる。

彼女の主人公は多くみなし児であり、捨子であり、放浪者であり、野心にとらえられた一匹狼である。(18)孤独であるということは、通例、それだけ肉親の情を渇望させることであり、不在の兄弟の影におびえる心をかきたてるものである。家族の中ではっきりと意識にのぼることの少ない自分の影と、つい顔をつきあわせ、孤独な対話に引きずりこむものであろうが、かの子の作品では、〈分身〉はほとんどそのような対立的な影や敵としての性格を持たない。人恋しさの心は同名の雛妓や、自分と同じように孤独に人生を切り拓いてゆく娘(「河明り」)に過度の思い入れ、共感、同情を持たせるが、そのような、対人関係における安全な距離の逸脱が引きおこす葛藤はかの子の主人公にはほとんどない。ちがった性格同士が接近しすぎたときに生じる微妙な感情のもつれに対して、この作者は不感症めいたところがある。あるいは対人関係がつねに対等ではなく、年長者と若少者の保護―被保護関係にあるからかもしれず、しかもそこで年長者は、若いものの自我の主張の前に、つねに身をゆずって、『生々流轉』の安宅先生のように山中に姿を消してしまう。慈母神、大地神になってしまう。またそれが彼女の理想でもあったようだ。

そこで彼女には、「つきまとう過去」としての分身も、「先回りするライヴァル」、「欲望の先取りをする悪霊」としての分身もあらわれない。そのかわりに、すべてを包含する大地母神となるのぞみをさまたげる対象に対するいらだち、その対象に、弱い自我が引きずられてしまって自我を喪失することへの憤りがあって、たとえば圧倒的な富士を己が克服すべき対立分身と見、その富士に引きずられてしまう己が部分を自分の中にとり戻さねばならぬ分離分身と見る。

征服すべき、一体化すべき富士が目の前にあらわれてこないあいだは、「食魔」の主人公も、奈々子も、蝶子も、いたずらに身もだえし、あえて社会の欄外にとびだして、絶対的な反抗者の姿勢をとる。しかし、たとえば「食魔」の主人公にとって、立ち向かい征服すべき富士は、〈社会〉そのものだったのではあるまいか。この、いたずらに多才有能なみなし児の前に立ちふさがっていた大いなる障害物が、もやをはらって、はっきりとその姿をあらわしてきたとき、彼は、はじめてラスチニャック的な積極的な挑戦を、それに向かって投げつけるだろう。「花は勁し」や「金魚撩乱」では、その目標は比較的小さな、人間的尺度に合ったものだったから、主人公も作品もある程度の成功を得た。「食魔」ではそれはあまりに厖漠とし、[19]「富士」や「宝永噴火」ではあまりに超地上的であったがために、世人の評価を得るにも至らなかった。

しかし、金魚屋のみなし児が、自身の生い立ちの悲しさと、崖下の家の身分の不合理さへの怒りをぶつけ、転化させるに、崖上の令嬢と、その転身としての金魚だけでは、いささかみじめにすぎる。「家」という保護膜の外へ、意識的にも運命的にもほおりだされた自由人が、本来の自由性を主張して戦いを挑むべき〈分身〉は、社会機構そのものか、絶対の美か、大自然全体か、宇宙か、いずれにせよ、それはある種の〈不可能の絶対〉であるべきではあるまいか。

バルザックの『知られざる傑作』に言及した「花は勁し」の主人公は、はたして彼女の〈生花オブジェ〉が、フレンホーフェルの時代を先どりしたアブストラクト画に匹敵するものだと自信をもって言いえるのだろうか。[20]白隠禅師はまたあまりに簡単に解脱に至ってしまったのではないか。奈々子や蝶子の生き方はまたあまりにお伽噺的すぎはしまいか。

絶対の孤児の前に立ちふさがる理想、それを踏みこえなければ社会に受け入れられない宿命的な障害、それを己が分身として日々自己を練磨し、いつかそれと対決して、どちらかが滅びるまで戦うこと、そのような文脈での〈分身〉は、戦後、三島が登場して『金閣寺』において描くまで待たねばならない。

「罪」の自覚にはまだ遠くとも、「観念」にまとわせる衣裳の着付において、またその趣味において日本的情緒の繊細さからはなはだしく遠いこの二人のけばけばしい自己主張ぶりにはあい通ずるところがあると言ってよい。

三島由紀夫

三島に擬似分身的テーマが多いことはこの際むしろ考えないでおきたい。[21]「孔雀」のそれなど、芥川の「探偵もの」と同種の気の利いたトリックにしかすぎないかもしれない。多くの評者が『鏡子の家』の登場人物たちを分身同士とすることも[22]むしろ問題を混乱させるおそれがある。『豊饒の海』の「転生」ももちろんここで言う「分身」とは切り離したいし、透と本田、そして本田と清顕の関係[23]も人形師と人形、影と形の関係で、純粋の分身関係ではない。と言えばもちろん『金閣寺』の柏木と主人公や、陰画と陽画と言う鶴川と主人公も正しい意味での分身ではない。分身についてここまで論じて来た以上は、概念の正確な意味について多少ともこだわってみる必要がなくはない。

たとえば遠藤周作の『スキャンダル』について書評紙が「分身小説」という見出しをかかげたとしても、そこには『悪霊の午後』で下書をされた二重人格のテーマはあっても分身の相貌は稀薄で(むしろ彼を執拗に追跡する新聞記者のほうに分身性が濃いが)あることは言うまでもない。ただしキチジローとなると問題は難しい。そこには、この章で触れかけている超越者の影があるからである。[24]それよりは、三島が好んで語った冗談で、本当の自分は物置の二階で小説を書いている小児麻痺の双生児の兄弟だという話[25]のほうが、いわゆる「小説的分身」のイメージには近づいてくる。

「小説的分身」とはすなわち同時に存在する二つの同一存在であるとここでは規定したい。同時性ということで多重人格症は排除される。難しいのは同一性だ。同時に存在する人間はいくらでもいる。しかし、その複数の同時存在が唯一のはずの自己同一性を共有し、あるいは争って奪いあうときに分身関係が成立する。同一性が認知されるには、必ずしも、すべての要件が同一である必要はない。顔貌性格が反対であってもいい。似ても似つかぬ他人でも、いつのまにか自分のかわりに家族や職場で自分として通用していれば分身である。[26]だれも同一性を認知しないもの同士でも、本人が、自分の中の喪失と、その対象への存在の移行を感じれば、その対象と離人症的主体とのあいだに分身関係がなりたつ。日本文学の中では往々にして「家」と、自我喪失者とのあいだに分身関係があると言ってもいい。ただそれが明確に意識されないだけである。

『金閣寺』

『金閣寺』の主人公には「家」意識はない。父母はあったが、金閣寺にあずけられてからほとんど縁は切れた。[27]むしろ金閣寺のほうに帰属意識が強かった。自我の喪失感は強烈だった。と言うより、自分が何なのか、何を欲しているのか、何のために生きているのかがわからずに苦闘していた。自己を主張しようとするたびに彼の前に立ちふさがるのが金閣寺であった。[28]あるいはそれを代表する老住職だった。

家を離れて小僧に出された青年が、寺と住職とに新たな「家」と「父親」を見ようとすることに不思議はない。まじめに勤めればやがては住職のあとをついで寺に永住できるという展望もあればなおさらである。住職に子がないこと、青年が寺に住みこんで早々に父を失うこと、その父と住職がほぼ同じ年の同窓の僧であったことなども、そのような寺と「家」との同一視を推し進めるだろう。

金閣寺を焼いたことは、たんなる父や「家」への反抗の発作とも考えられる。あるいは自分の唯一の「家」であった金閣寺から、放蕩のはてに排除されたための絶望であり、自分の「家」を他人に渡すまいとする行為であったとも考えられる。

しかし、彼には金閣はただの「家」以上であった。作者が彼に語らせているところではひとつにはそれは「美」の極致であり(29)、またひとつには彼が社会に向かって踏みだすときに立ちふさがるものだった。

ただし、ここで言う「美」とは、己れを必要以上に醜く感じていた自我意識の裏返しである。そもそも己れの住まう住まいであり、その中から眺め、所有するものである以上、現実の金閣は客観的な「美」とか、到達不能な対象ではありえない。ここで言う「美」とは「美」以外の何かのメトニミーであり、いわば理想化された自我の姿でもあるだろう(30)。

それがまた、外に向かおうとする自我の前に立ちふさがる障害物であるならば、まさに『プラハの大学生』的な敵対分身が考えられる。彼は理想の美に合体するためと、かつは、外界とのコミュニケーションを獲得するためと称して金閣に火を放つ。本人の言う理由づけはこの際、さして問題にはならない。行為のみが問題になる。分身同士は対社会的文脈では互いに戦って殺しあわなければならない。屋根の上で決闘をしようと牢内のメダルドゥスに執拗に迫るヴィクトリンのせりふが思いだされる(31)。

そのとき分身的偏執の投影が肖像的存在ではなく、また幻影や思いこみの幻でもなく、実在の無機的で、到底人間的機能を持ちえない建築物であったことも問題とするにあたらない。分身偏執は所詮は妄想なのだから、たとえば石くれがふしぎな力を持っていて自分の意志を吸いとってしまい、分身として行動すると思いこんだとしてもかまわない(32)。

問題はその「対象」がどれだけ存在意識を吸いとって「内的対象」になるかだ。

金閣寺は性的欲望の昂揚のさ中にあらわれて、彼と性的対象のあいだに立ちふさがる。あるいは彼のかわりに性的対象を所有する。あるいは性的対象がにわかに硬質の近よりがたい建築物に変貌する。あるいは彼の中の勃起力が金閣寺の幻に吸収されて彼のほうは萎縮する。いずれにしても彼と女とのあいだに輝くばかりの金閣寺の幻があらわれると彼は不能に陥る。金閣は、性的ファンタスムの中における敵対分身である。

不能者の性的妄想にあらわれる分身としてはアルトーの例が思いだされる。彼の描く妄想の中では、もう一人のアルトーが虚空に漂っていて、彼の精液を吸いとる。あるいはチベットの谷間の子宮をかたどった神殿の中で彼の分身たちが彼を呪う祈りを捧げていて、その都度彼は不能に陥る(33)。

三島の他の文脈で、勃起した肉体を「寺院」にたとえている(『午後の曳航』)ことを引く必要はあるまい。不能者と性的欲望のあいだにたちはだかるものは彼の実現しえない完全性を実現し、彼の持たない美を持つものであり、屹立する高楼であり、そしてやがては非能動性の彼の萎えた肉体を呑みこむもの、包みこむものになるだろう。「そのとき金閣が現われたのである。……

それは私と、私の志す人生との間に立ちはだかり、はじめは微細画のように小さかったものが、みるみる大きくなり、……この世界の寸法をきっちりと充たするのになった」(五章)。

それが「巨大な音楽のように世界を充たし、その音楽だけでもって、世界の意味を充足するものになった。……娘が金閣から拒まれた以上、私の人生も拒まれていた」と言うときには、その「巨大な存在」は、「野火」の「神」の幻をさえ思わせるが、「小さかったものが、みるみる大きくなり」と言うのは、現実に大きくならない肉体の代償の夢である。そして頭の中の幻が大きくなればなるほど、現実の肉体は萎えしぼんでゆく。まずは屹立する金閣が不能者を嘲う。ついで、しかしその金閣はますます大きくなって、もはや彼の身体の一部を代表するだけではなくなる。

「私の外に屹立しているように思われた金閣が、今完全に私を包み、その構造の内部に私の位置を許していた」（五章）。

金閣の「化身」は、はじめ彼の男性力になりかわり、ついで彼自身になりかわったはてに、いまや、彼を包みこむものになった。彼は「幻の金閣に完全に抱擁されていた」。このときにはむしろ彼が女性化し、もう一人の彼の幻である理想の男性像に抱擁されているのである。もう一人の彼が彼に性的充足を味あわせてくれるなら女はいらないのかもしれない。そのためには金閣が金閣ではなくなって、もう一人の彼になって彼を包みこまなければならない。ひとつには空襲の恐怖がその幻覚の接近を許した。つぎには宿直の夜の台風の猛威がその幻覚を形成した。

「私はただ孤りおり、絶対的な金閣は私を包んでいた。……私が金閣であり、金閣が私であるような状態が、可能になろうとしている……」（六章）。

女はその「絶対の金閣」を現出させる媒体にしかすぎない。[34]「絶対の金閣」の前では女も社会もすべてが変貌し、「砂塵に帰してしまう」。蜂が菊の花にたわむれるのを見ていた彼は、そこに性の営為の象徴を見、それを見ていた彼の視線こそ、彼の欲望を見守る金閣の目であることに気づく。どうすれば見られるものでなく見るものになることができるか、どうやって絶対の金閣を出現させ、それと一体化することができるか、それが彼の課題になる。

自分は何なのだろうという問いに対して、彼はいままで鶴川に、ついで柏木に、さらには老住職に自分を投影してみて、ときに彼らの陰画になり、ときに彼らの秘密の保持者になってみてきた。自分というものの存在の輪郭をさぐろうとして、住んでいる金閣をなでさするように見つめてもきた。しかし対象はつねに彼から逃げていっていた。

あるいはそれは、彼が彼の分身としての彼らに執着していたからかもしれない。磁石の極は同じ極の接近に対して遠ざかろうとする。柏木は、不具者同士の同情を求めての接近を冷笑して斥けた。夜の町を歩く老住職は同じ町をさまよう彼を叱咤して遠ざけた。

彼はあまりにも金閣によって所有されていて、己れというものを持っていなかった。無目的のまま大学へ行っても講義にも出ず、ただ無為に蟻や草の葉を見ていた。そんなとき、「私は自分という存在に首までどっぷり浸っているような気がした」と言うのは離人症の逆説的表現である。自分が自分を支配していず、自分という存在の中に他人のような自分が浸っている感覚、そのとき世界は意味を失って連続性のないばらばらな形象の累積に見える。「外界のところどころが冷え、また熱していた……自分の内部と外界とが不規則にゆるやかに交代し、まわりの無意味な風景が私の目に映るままに、風景は私の中へ闖入し、しかも闖入しない部分が彼方に撥溂と煌めいていた」

その中につかりきっているがゆえに世界を見失った人間、彼は世界と、そして自分とを見出すために、それらすべてから離れてみようとする。「金閣を含む私の全環境から、私だけが突如として奪い去られる必要があった」(七章)。

分身の支配から逃れようとして旅に出た彼は裏日本の海を見た。荒涼たる海である。金閣に出あう以前の彼と、彼に至るまでの幾代もの人々の生を規定してきた暗い海である。彼はその幼時の海にむかいあったとたんにひとつの「意味が……閃めいた」のを感じた。「命令的な支配的な見えざる海」がその前から彼を圧倒していた。陸地が切れて視界が一挙に開けたときに、彼はその「見えない」ものの命令の意味を悟っていた。

「それはまさしく裏日本の海だった！ 私のあらゆる不幸と暗い思想の源泉、私のあらゆる醜さと力との源泉だった」「暗い沖の空に累々と」雲がかさなっていた。そこには「たえず動いている暗い力と、鉱物のように凝結した感じとがあった」

それは存在の暗い源泉、生以前の闇の呼ぶ声だった。美と光とを一枚はげばあらわれる死と悪だった。[35] 彼の内面の醜さと悪だけがそこでうごめいていた。ふいに、醜い相手の姿が思い浮かんだ。このときばかりは柏木も彼の分身像を明確にする機能を持ってあらわれた。うららかな春の午後、われわれは「突如として残虐になる」と彼は言っていた。「この荒涼とした自然は、春のさかりの芝生よりも、もっと私の心に媚び、私の存在に親密なものであった」(七章)。それをいままで忘れていたのは金閣に盲いていたせいである。父性的、陽極的分身像が彼の前に立ちふさがっていて、母性的、陰極的自然像を隠していたからだ。いま海は、すべての光あるものの破壊と死を命じていた。「金閣を焼かねばならぬ」という想念が生まれ、その想念は生まれるとすぐに「たちまち力を増し、巨きさを増した」。彼はいまやその想念に「包まれた」。いずれにしろ彼はつねに何ものかに包まれている。ここでは父なるもの、都会的なものを逃れてきて、母なるもの、原郷的なものに包まれた。自分の中に考えをさがしても何もない彼は、風景に、外界に意味を問う。いま、荒れた暗い海の波と波のあいだにのぞいた「なめらかな灰色の深淵」は、彼の荒んだ心をすっかり吸いこんでくれる。それは、まずは死であり、休息である。

そもそも海は、(36)舞鶴で育った少年にとって、すぐ近くにありながら見ることをさえぎられているものとして、ある種の予感をともなって感じられていた。海は西にあった。一方の東は山で、山の端に日が昇った。その「山あいの朝陽の中から、金閣が朝空へ聳えているのを見た」(一章)。もちろん幻の金閣である。海と同じく予感としての金閣である。

「それが現実に見えない点では、この土地における海とよく似ていた」朝日の幻と落日の幻、そのそれぞれを代表して東の山の端の金閣と西の海の、いわば陰画としての金閣があった。いま、故郷の海に帰って彼はそこに、その金閣の陰画を見た。波と波とのあいだの深淵にひとつの陥没としての伽藍がさかさまにそびえるのを見た。死は、もはや、たんなる休息の誘惑、母性還帰の象徴ではなく、より能動的な意志、父性的なもの、地上的なもの、陽画的なものを破壊する誘惑としてそこにあった。死としての分身は「悪」の意志をここで明確にする。

事物の二面性、ないしは闇の本質に気づいてみれば、陰画としての金閣は、池に映る姿としてはつねにあった。(37)それが語られないだけに雄弁な黙説法によってそれはその存在を強調していた。あるいは、池のほとりの金閣を見るごとに幻の海の郷愁が彼を誘っていたのかもしれない。西の海の中に浮かぶ金色の寺、それはおそらく『豊饒の海』全篇を貫くメーン・テーマでもあろうし、海の妄執を持っていた作家の終生かわらぬ夢でもあったろう。そしてそれは死と密接したイメージだった。「死が海の輝きの中から、入道雲のようにひろがり押し寄せて来ていた……荘厳な、万人の目の前の壮烈無比な死……」(『午後の曳航』第Ⅱ部六章)。

『金閣寺』でも、放浪の旅が海の方向をとったことは偶然ではなかった。

「私の旅の衝動には海の暗示があり、その海は……幼時、成生岬の故郷で接していたような、生れたままの姿の荒々しい海であった。」(七章)。

旅はしかし、ただの旅ではなかった。それは父性的社会秩序からの出奔であり、反逆だった。その行為に、「荒々しい」自然の姿が本来の意味を開示した。

幼時の海に接し、そこで帰るべき方向を指示された彼は、すでに西の海の入日に輝く金閣を目のあたりにしている。あたかも俊徳丸の日想観のように。あとは、その観念に行為を従属させるだけでいい。行為の夜、闇夜にかすかな水の照り返りを受けて、幻の金閣がそびえるのが見える。その闇夜の幻を永遠にとどめるかのように彼は火を放つ。原初の海の上に浮かぶ幻の金閣がいまや彼だった。その幻の至福の永続をさまたげる現実を彼は破壊した。それは個人的文脈では分身殺害であり、社会的文脈では確固たる「悪」、法的犯罪であった。

分身殺害の観念はすでに放火の決意をかためたときに社会的犯罪者の姿で目の前にあらわれていた。彼が町を歩いてゆくと「放火者だ」と直感させる学生に出会った。彼はその学生のあとをつける。「彼をつけながら、私は私自身の行為を前もって見届けるような心地になっていた」

「分身」の語がその感覚を分析するときにはじめてはっきりと用いられる。「つまり私が二重になり、私の分身があらかじめ私の行為を模倣し、いざ私が決行するときには見えない私自身の姿を、ありありと見せてくれる……」(八章)。

他人を自分であると感ずる自我意識の不たしかさより、意志において決定した行為をいまだなしえない人間が、その行為の先どりされた形を見る感覚である。観念と行為にずれがあり自責があるときに、行為者と思考者、批判者と被観察者が生じる。そのふたつの自己の差を埋めるには一刻も早く行為をなす以外にない。行為は思考者を抹殺する行為である。

その最後の行為の前に、彼はもうひとつの行為による妄執の清算を試みる。妓楼で有為子の幻を抹殺することだ。有為子もひとつの金閣だった。女を求めるたびに有為子の面影がよみがえる。そして、面影はいつも金閣の幻に変成した。不能を条件づけるものとしては初恋の女のイメージのほうが納得しやすい。それが彼を軽蔑した女であればなおさらだ。しかも女はきわめて美しい。美しさは夢の中でますます完全になっていって、現実の女を嘲笑う。女は、彼のかわりに武装した脱走兵という一種の英雄的強者とともに山中の寺にこもって死ぬ。それを疎外された場で傍観していた主人公は、理想の女と合体するための方法として、過激なもの、反社会的な破壊的なものを、その場所として寺院仏閣を、その時間と背景として、落日の荘厳を夢見るようになったとしてもふしぎはない。美と愛の理想が破壊と悪の相をとって記憶されたのだ。であれば彼がその後「美」という言葉で何を想起するかもおのずとあきらかであろう（「虚無がこの美の構造だった」十章）。彼にとっての原初的な女のイメージは、かくて死と破壊のあたかもカリー神的なもの、別の言い方をすれば「男根型女性」となったのだ。

それにあえて重ねあわせるなら、彼にたえず社会的強者になること、立身出世を強いる母親も、「原光景」においては父を裏切って他の男と抱きあっていた「悪い母親」、「悪の原母」だった。

分身偏執の源に覗きの記憶、「原光景」があることはすでに見たとおりだが、そこで母親が欲望の対象より悪の具現であったことは、彼の分身像の形成に重要な役割を果たさざるをえない。有為子であれ、母であれ、彼にとっての「女」に一致し、受け入れられるためには脱走なり、父の否定なり、なんらかの破壊的な「悪」を実現しなければならない。にもかかわらず、そのふたつの原光景の覗き、ないし傍観において、父性的去勢強迫も存在していて、母の姦通の場では傍の父が少年の目を手でふさいで「見る」ことを禁じ、暗黙のうちに「語る」ことも彼から奪っていた。「どもり」がその外傷に起因する障害であることはあきらかであり、それが不能を象徴することも言うまでもない。

と同時にその「不能」、あるいは言語や行為の障害は、障害を越えたところにある「悪」の大いなる魅惑の持つ恐ろしさにもよっているだろう。あまりに大いなる「悪」、あるいは「美」は、惹きつけるとともに弾き返す。

有為子、あるいは「母」は、彼を恐るべき、目もくらむような「悪」へ誘いこむ。金閣はむしろ、そのとき少年の目をふさいだ父の手のように、「悪」への失墜をさまたげるものとして機能する。その金閣を燃せば、彼と有為子、すなわち悪の化身との合一をさまたげるものはない。あるいは有為子を抹殺すれば金閣が真の荘厳の中に光り輝く。彼の自己探索の旅は、かくて金閣と裏日本の海とを往復したときに、自己の存在の根本条件であり、かつその自己の表現をさまたげているものとしての父と母とにたどりつき、そこに「美」と「悪」が待ちかまえていることを知るに至った。有為子は陰画としての金閣だった。金閣は陰画としての有為子だった。彼はまず有為子の幻を破壊しようとして、妓楼に出かけた。店では「有為子は留守だった」。したがって金閣による障害はなく、容易に「他人の世界」の領界内に入りこんだ。しかしそれはいまだ彼の中の「他人」の境をとり払うことにはならなかった。「私はたしかに快感に到達していたが、その快感を味わっているのが私だとは信じられなかった。遠いところで、私を疎外している感覚が湧き立ち、やがて崩折れた……あらゆるものから置き去りにされたような感じに襲われた……」(第八章)。

典型的な離人症症状であり、有為子と金閣の存在しないところに、本当の自分がいないことの証明でもあるだろう。しかし彼は、それをはじめての行為のための非充足感だったかもしれないと思い、行為の完遂を求めて再度、同じ店を訪れる。行為を「想像上の歓喜に近づける必要があった」。「想像上の歓喜」とは「思い出せぬ時と場所で、(多分有為子と)、(分身としての彼とが) もっと烈しい、もっと身のしびれる官能の悦びをすでに味わっている」その歓喜である。「源の記憶」の悦びである。

「源の記憶」はある程度は確認される。女は光り輝く金閣には変成しないが、その乳房は彼に「舞鶴港の夕日を思い出させる。夕日の中には陰画としての金閣が見えるはずだ。死の想定に結びついた幻。「この目前の肉も夕日のように、やがて幾重の夕雲に包まれ、夜の墓穴深く横たわる」。その夕日の幻はたしかに色あせたものだ。しかし、「遠い過去に……比びない壮麗な夕焼けを見てしまった」以上、そのあとの夕焼けがみな「色褪せて見え」てもしかたがない。現実に属する行為はいずれも大なり小なり夢の幻より色褪えてみえるだろう。しかし、それも「やがて幾重の夕雲に包まれ、夜の墓穴深く横たわる」はずだという、死の優越の展望は、彼に一種の「安堵」を与える。有為子の不在のあいだの行為でも、行為が観念に優越し、いかに「色褪せた」ものでも、何ものかの形を造出しうるものであることがわかったのだ。金閣のほうも、もしかしたら不在であるかもしれない。しかし、それでも「行為」はそれなりの意味を持つだろう。分身にさまたげられていた彼の生はその分身を抹殺する行為によって「生」を実現するだろう。たといそれがどんなに色褪せた「生」、「牢屋の「生」」であってもいい。彼は金閣に火を放つ。燃える金閣を見て彼ははじめて「生きようと……思った」。もはや分身妄想はないのである。それをあえて言いかえれば、住まいとして与えられていた唯一の「家」を燃しつくしたときに分身偏執から解放されるのだ。

モーパッサンの『ル・オルラ』の主人公も「家」に住みついた分身を滅そうとして家を焼いた。しかし、家を焼いたあとも彼は「分身」の存在の感覚からのがれることはできなかった。形を持たない分身は火によっては破壊されない。オルラは依然としてそこにいる。であれば、どちらかが死ななければならないという分身間の戦いの原則に沿って、今度は彼が死ななければならない。「死ななければならないのは私なのだ！」

『金閣寺』の主人公は海までのがれても、そこに陰画としての金閣を見た。どこへ行っても「家」からのがれられない彼はまた金閣にもどってきた。そして金閣を燃した。モーパッサンの人物は「たれぞ知る」でも家具に霊のとりついた家から逃げだして、二度とそこへ戻らない。分身のほうが彼を追いかけて旅先に顔を出す。

岡本かの子の分身である山や川は（あるいは家霊は）土地に住みついていて、そこに人間をしばりつけている。主人公はそこから逃れられない。モーパッサンの霊はモン＝サン＝ミッシェルに吹きすさぶ風の中にもいればセーヌのほとりにもいる。そもそもそれは三本マストの帆船に乗ってブラジルからやってきたのだ。土地の霊や建物の霊ではなく、人間の意識につきまとう移動する霊なのだ。

『月は東に』における安岡章太郎の「分身」も、過去は過去であっても、つきまとう過去であるより、引きよせる過去だった。あえて言えば、機内で出された巻寿司の手ざわりと同じ、「日本的なもの」だった。それは、日本的な自我認識が己れの鏡とした「月」だった。

鏡花の「霊」が日本的地霊、自然霊であることは言うまでもない。恨みの場所に執着して土地の霊、土地の呪いとなる亡者の魂である。「星あかり」でも、散策者を待ちうけていた「もう一人の己」は、部屋の蚊帳の中から出なかったのだ。「春晝」でもそれは「三角形の地妖」であり、海へ通ずると言う矢倉の穴の中から立ちのぼる、いわば瘴気であった。あるいは沼や天守閣に住みついた伝承の妖怪であった。

百閒が「南山寿」で描いた「死神」としての分身は例外であるかもしれない。『野火』の「神」も土地や「家」に住みついた地霊ではありえない。しかし『幻化』の「死」は坊の津の海岸で主人公を呼びよせていた過去の呼び声だった。彼につきまとった「自殺志願者」も、阿蘇の火口では、彼の追及者ではなく身替りであり、あるいは同行者でしかなかったことがわかった。

鷗外の「妄想」に分身の相貌があるとすれば、それは西欧と日本に引きさかれた帰朝者の喪失感、一旦は西欧に同化しようとした人間が半ば無理矢理に日本に引き戻されたところに生じた意識の剥離であり、土地に根づいた自我と、そこをのがれようとするもうひとつの自我の相剋にほかならない。「家」として考えた漱石の「島田」も、同じ文脈で読めば帰朝者の同一性否認欲求に対する日本的生活感情の自己主張でもあるだろう。川端の一種の分身物語『古都』も、古都というトポスを除外して読むことはできない。育てられた家を出て自己を主張するべき年齢に達したある日、運命の曲り角で待ちかまえていた「もう一人の」自分は、知らずに育てられた生家のある北山の杉山に取りのこされた自我だった。故郷を離れて流浪した捨子が知らず知らずに生まれ故郷に引きよせられて、しかしそれはオイディプースの物語とはちがって、そこに住みついていたもう一人の自分に出会ったのだ。

オイディプースも、そこで自分の本当の姿をつきつけられたのかもしれない。しかし、彼における「帰郷」は分身派生の契機ではなく、物語の発端における離郷、あるいは捨子が分身を派生させたのであり、故郷に帰って、父を殺し、母と交わった彼は、そこで本当の自分を取り戻したのだと言ってよい。もしそこで彼の生が完結しないのなら(『コロノスのオイディプース』)、そして、そこで新たに漂泊の旅に出るのなら、彼のあとにはオレステースにおけると同じように復讐の女神としての分身が行く先々につきまとうにちがいなく、故郷において、一時見失っていた自分と一体化する機会を失った彼は、そこで新たな分身の影を己れの後ろに生みだしてしまったことになる。そしてその「影」は、もう一度、真の帰るべき故郷にたどりつくまで彼につきまとうのである。

オイディプースはともかく、ウィリアム・ウィルソンでもゴリャートキンでもメダルドゥスにとってのヴィクトリンでも、そこにはつねに永遠の漂泊者メルモスの影がつきまとう。それに対して日本の「分身」たちには、そこに「神」や「死神」という西欧的観念が登場しない限りにおいて、漂泊性は稀薄で、土着性や「家」の構造に密着した家霊性がつねにきわだつだろう。(38) そのことは、いままで概観してきたところの、一見、非日本的な自己主張の強い文学においても指摘できたところである。かの子においても三島においても、自己という観念は、家や山や川や海や、父性的象徴の土地に根ざした建築物の支えを欠いてはありえなかった。

いな、『武蔵野夫人』を書く作者の『野火』においても、海を渡る船の上で、はじめて主人公は離人症的感覚を覚えるのである。フィリピンの戦場でも、彼は「帰りつつある」という意識を持ったのである。そして十字架をいただいた「建物」が彼に少年の日々の甘い追憶を呼びおこして、帰るべき方向を指示したのだ。百閒においても、冥途が土手という原郷に固定されていたことは周知のとおりであり、その「故郷」のトポスに「道連れ」があらわれることのほうがふつうであった。

日本的分身像の追及にここでひとまず区切りを与えるなら、いま、百閒や大岡昇平にふれて持ちだした「神」の日本的あり方について考えておかなければなるまい。それはすでにかの子や『金閣寺』においても暗示されていた方向であり、三島の到達点である『豊饒の海』でも、さまざまな分身の幻の中に自己の姿を追及してやまない本当の主人公、覗き屋の本多に、「何もない場所」である「月修寺」において示された方向でもあるだろうが、それをもっとも雄弁に語るものは、やはり反語的ながら遠藤周作の『沈黙』でしかないだろう[39]。

遠藤周作

『沈黙』のキチジローがロドリゴと対をなす同伴者として設定されていることはだれの目にもあきらかである。もちろんロドリゴと対をなしうる人物はほかにもいる。彼と同時に日本に潜入した宣教師ガルペ、彼より先につまづいて教えを捨てたフェレイラ、そしてもちろん彼らがそのために生命をかけたつもりのキリストなどがロドリゴを外側から映しだす鏡、あるいは彼の意識に形を与える外殻の役をしている。ひどく主体性のない衝動的な、おそらく作者の思い入れの強い、まさに文芸批評で常的に用いられる表現としての作者の「分身[40]」であるロドリゴを描くのに作者はこれだけの「陰画」を必要としたのである。そのことは一部、作者の表現技法というテクニカルな問題に属するだろう。

その中でしかしキチジローは、ロドリゴにとって、どこまでもついてまわる同行者であり、ときに己れの戯画であり、ときに「悪」そのものであり[41]、そして最終的には、彼の「生」の象徴でさえあると言っていいだろう。

ロドリゴはもちろん「キリスト」という観念を生きようとした人物である。彼はその「キリスト」の栄光を生きようとした。「キリスト」という観念を自分の中にとりこんで一体化して、第二のキリストとして生きようとしたときに、おそらくどこにもない幻として、栄光のキリスト像を作りだして、その幻影に酔って日本に来た。その彼の前に、ひとつの負のエピファニーとして嘘と弱さのかたまりのような存在があらわれる。本当はそれこそが彼であり、また彼がすがろうとし彼にとってのキリストなのだった[42]。

キリストが『死海のほとり』におけるように、人間たちの苦しみの前に何もできずに、ただともに泣くことしかしないみじめな存在としてとらえられること、その「理想」を体現する人物が、高潔で勇敢なマデイ師ではなく、「ねずみ」と呼ばれたコパルスキーでしかないこと、作者が「長年の間、……聖書のなかで自分をいつも投影してきたのは、イエスを知りながら彼を見棄てたり裏切ったりした弟子や祭司やその他のあわれな男たちである」（『死海のほとり』著者のことば）と言って、イエスとは実は、「そんな人間たちの眼」に映ったもの以外のものではなく、強い人間の目にも心にも存在しないものかもしれないと思うこと、そこに彼独得のキリスト観があることは言うまでもない。

そしてそれがすぐれて「分身」的な主題であることは作者自身が認めているとおりである。

「この旅で私に付きまとってきたのは、イエスだったか、ねずみだったのか、もうよくわからない。だが、そのねずみの蔭にあなたは隠れていたのは確かだし、ひょっとすると、あなたは私の人生にもねずみやそのほかの人間と一緒に従いてこられたかもしれぬ」（三二六頁）。

「私の人生を摑えよう摑えようとされている。私があなたを棄てようとした時でさえ、あなたは私を生涯、棄てようとされぬ」（三二七頁）。

そうやって人間につきまとい、誘惑し、罪と弱さを弁護し、あるいはそのアリバイになる影の存在、それは西欧キリスト教社会の常識論理の中では「悪」と呼ぶものであって、それを「イエス」と呼んだところに遠藤周作の必死な訴えがあるのかもしれないが、その彼も『死海のほとり』の「荒野」ではそのような思いこみの投影であるイエスには出会うことができない。

ロドリゴでさえ、日本に来なかったら「踏むがいい」と言って棄教を正当化してくれるキリスト観を抱懐することはなかったであろうと暗示されている。ローマ教会の屋根の下を離れて日本の風土の中に踏み入ったときから、彼は日本の「神」に包みこまれたのである。

「こうして司祭が踏絵に足をかけた時、朝が来た。鶏が遠くで鳴いた」

エルサレムで鳴いた鶏の鳴き声が聞こえるのはここまでである。その声はそのときを限りに遠い海のかなたに消えてゆく。ロドリゴは西欧を捨てて日本人「岡田三右衛門」となった。(43)

その彼になおもキチジローがつきまとってイエスの名を呼びおこそうとする。

「弱さの誘惑」は、転んだあとでは「つきまとう悔恨」となる。それがロドリゴが日本で出会った「神」である。罪をともにおかし、罪をともに泣く神、そして、すべての罪も悲しみももろともに包みこんで「踏むがよい、泣くがよい、私がおまえとともにいる」と言ってくれる抱擁的な自然霊。

『金閣寺』についてはユルスナールが、このような「僧院」の物語ならベルナノスもユイスマンスも書いたと言うとき、(44)しかしそこでは「悪」こそが弱い人間の同伴者として陰の主人公の役をはたしていたことが思いだされる。より分身物語的文脈でもジュリアン・グリーンの「地上の旅人」がキリストであると誤認したものは心内の「悪」の投影像でしかなかった。一方、グレアム・グリーンの『もう一人の自分』は、弱い罪人に、勇気ある正義の行為をうながす内心の存在であり、いずれにおいても、善と悪とははっきりと分かれている。悪の誘惑者、罪の容認者を「神」と呼ぶことはボードレールにまで至るロマン主義的サタニスムの文脈の中でも理解しがたいことである。そこでは「悪」

も力として、意志として称揚されるのであり、「罪」も積極的な苦痛として認識されるからだ。

それに対して遠藤周作の人物には「悪」の意志もない以上に、そもそも「罪」の意識がない。ロドリゴも踏絵を踏んだときに生理的な胸の痛みを覚えはしても、いかなる「悪」も「罪」も自覚しなかった。(45) 彼にあったものはただ父性的、集団的な教会秩序と教えの強迫感であり、それに対する個人的な弱さの自覚であり、母性的な赦しの期待であり、そして、イエスの「人格」の中に読みとった悲しみの同朋の共感だった。彼は罪を犯したとは思いもしない。ひたすら理不尽な苦しみを与えられたという被害者意識のみがあり、その苦しみを支えたのがイエスもまた苦しんだのだという意識だった。

明治初期のキリスト者たちは多く維新政府からはみだした旧武士階級の出身であり、彼らの信仰の根拠は主君への服従、忠孝、誠心と信義の心だった。彼らは失われた主君への忠孝の機会を父なる神への絶対服従の中に見出した。そのとき、その「信仰」に対立するものとして意識されるはずであったものは日本古来の八百万の神であり、山川草木の自然の中に住みついた自然霊であった。(46) その自然霊を彼らは一時の反抗的自己革新の動機によって否定はしたが、日々の生活感情はしだいに、そのような「不自然」な唯一神観を蝕んでいったろう。そもそも主君というもの、父性的社会秩序が存在したときから、そのような地上的権威の背後には原始心性的、あるいは大母的自然霊信仰があったのである。そして「天」と地上的権力者とを結びつける儒教的世界観の中で、あるいは父性的権威と自然霊を結びつける祖霊信仰の中で、主君への忠孝と抱擁的な自然力への帰依とはひとつに結びついていた。

生きているあいだの主君への忠孝が「天」の崇拝と矛盾せず、死後の西方浄土での救いの待望が禁じられないかぎりにおいて、彼らの「信仰」は純一でありえた。

『沈黙』で描かれたキリシタンたちの信仰も、現世の苦患を逃れるためのパライソ信仰であるかぎりにおいて、彼らに「天」の否定とは思われなかった。彼らは太陽が西の海に沈むときに空の雲を金色に輝かせるのを見れば、そこに具体的な天国、神の国の姿を見ていっときも早くそこへ赴くことを希ったのである。

　長崎の町を一日引き回されたロドリゴも、そんな日本の夕焼を見て日本人の心を理解するのである。

「午後の光にかがやいた湾のむこうに大きな入道雲が金色に縁どられながら湧いていた。雲はなぜか空の宮殿のように白く巨大だった」その、なぜか三島的な光景を見てロドリゴは、「参ろうや、参ろうや、パライソ寺に参ろうや」と歌う日本人たちの歌の心がわかったのだ。そのとき彼はもはや西欧的なキリスト教の宣教師ではなかった。彼が思ったのは自分と同じように苦しんだイエスの顔であり、「その顔に自分の顔はまさに近づいていくことを彼は心から祈った」。

　西の空の荘厳に酔いしれて、そこに西方浄土があると信じて海上の杭につながれながら嬉々として死んでいったものたち、その苦しみを彼はいまや共有しているという連帯感、そして、その共同の苦しみの原型として、十字架上のキリストの苦しみがあるという意識、さいなまれ、苦しめられることにおいてキリストとつながっているという意識だけが、彼を偽りのキリスト者としている。

　あるいは自分の受難が、ただそれだけで西の空の荘厳につながってゆくという思いあがり。いまや彼の心の中では、夕暮の海の中の杭につながれていた殉教者と、そして、十字架上のキリストとが、彼の受難の象徴としてつながってゆき、その日の暗い海の上に、突如として金色の太陽が姿をあらわすのである。あたかも海に向かう松の木の下で腹を切った飯沼勲のまぶたの裏に「赫奕とのぼった日輪」のように。

　その大日信仰に多少なりともロドリゴ個有の色彩があるとすれば、それは、その落日の荘厳の中にキリストの顔の幻を見ることであり、その顔に自分の顔を見ることでしかないだろう。

　彼にとって陰画としての分身像がキチジローであったなら、陽画としてのそれは幻のキリストだった（キチジローはイエス＝キリストのアナグラムであることは言うまでもない）。彼はその後も牢の中でたえずキリストの顔を思いうかべ、苦しみの同朋として、そこに自分の顔を見るようになる。その「分身」の幻の原型は西の空の落日の光景だ。

　彼はまた、フェレイラとの会見のあと、駕籠に乗せられて夜更けの町を通るとき、打ちのめされた心の支えを求めて空を見あげた。空には月が出ている。

「真黒な梢の上に出ている月が駕籠にあわせて西へ西へと動くように見える。その月の色は凄まじかった。」

　フェレイラは、「日本は底のない沼沢地だ」と言った。その言葉がどこまで真実なのか知ろうとして「格子窓から洩れる月の光を痩せた背いっぱいに浴びながら」彼は考える。

「闇の中に聞こえるのはただ地虫の長い嗄れた声だけである。」

　棄教をすすめる通訳の言葉を聞きながら心中に自問自答をくりかえしているとき「一匹の蝿が羽音をたてて飛びまわっている」のを彼は意識している。(47)

　踏絵に足をかけたあと、暑い夏が来る。夏の夕方、「家々の軒先に燈籠」がさがった。「向い側の家で垂髪の女が莚を敷いた棚の上に桃や棗や豆を供えている」その「精霊棚」の風習は彼にはもう「珍しいものではなくなっている」。

　自分の心を夕陽や月や、虫の声やの羽音に託して眺めること、四季のうつりかわりにあわせて祖先の霊をまつり、「永遠なもの」を自然の色と形で理解することを、彼は学んでいる。その風物のひとつひとつに、彼は、自分の心をのぞきこむもう一人の彼の顔を見ているのだ。踏む前はそれを、苦しみの同胞キリストだと思っていた。しかしいま、「フェレイラの優れた声とくぼんだ眼とそして肉のおちた肩を」みつめ、そこに、はじめて彼に会ったときと同じ陽差しがあたっているのを見ると、それこそ自分の姿だと思えてくる。「自分達は醜い双生児に似ていると、フェレイラの背中を見つめながらふと思う。おたがいその醜さを憎み、軽蔑しあい、しかし離れることのできない双生児」。

　この太宰と同じような表現は、彼らを照らしだす日の光の色感によって導かれる。日本的分身はわれわれをとりまく微温的自然の光の陰の中に表現される。互いに別れるフェレイラとロドリゴの分身同士を描写して、「奉行所の仕事が終るのはたいてい黄昏刻だった。蝙蝠が門と樹の間をかすめて、うるんだ紫色の空を飛んでゆく」という天地自然の添景を叙して、互いの別離の心の情感を描くのもまた、西欧近代文学の写実にはない日本的写生法である。

日本では、いかなる観念も、「神」でさえもが、自然の風物に仮託して描かれる。「分身」でさえその例外ではない。

そしてその自然の中には類似や反復や鏡像や象徴の観念や現象はいくらでもあったとしても、「罪」の観念はない。すくなくとも富士を己が分身と見た白隠禅師、金閣を焼いた溝口、踏絵をしたロドリゴに、「分身」はありありとあらわれながら、その分身は罪の観念の具象ではない。百閒の〈道連れ〉に父の影があっても、それは〈良心〉といった超自我の投影であるよりは、甘えっ子の父親憧憬のほうが強いものだろう。安岡章太郎の描いた分身も「見つめるもの」ではあっても、罪の所在と性格をあきらかにすることを迫るものであるより、まずはわずらわしい過去であり、今の存在を補完するものであって、最終的にはそのすべてのありようを許すものだろう。『幻化』においても「過去の罪」は現在の自我の分裂の原因であり、病因であって、社会的関心、人間関係の復活によって病気が快癒すれば忘れさられるものだ。むしろわずらわしい過去は忘れて「生きよう」とするときに彼らは救われるのである。

梶井ももう一人の自分を見たが、それは死の憧憬であり、自然の本質への回帰の希求をのみかきたてた。そこにはあくまで、すべての人事を包みこむ自然の現前があり、過去の亡霊は白日の光のもとに、天地への帰依のもとに消え去ってゆく。

そしてとりわけ観念的なものを三者三様に追求したかの子、三島、遠藤において、その観念が自然の形象においての主人公の分身的な存在としてあらわれ、あるいは自然の光と陰の中にとけこんで、その光の反照を受けた人物や夕焼空に分身のおもかげを投影するとき、日本の近代文学がいかに「自然」や「風土」に根ざしているかがあらためて確認されるだろう。日本の分身はブロッケン現象の幻なのだろうか。

おわりに

世界神話に分身を見た。一見したところとは裏腹に、オリュンポスの十二神にも、日本神話にも分身の神話は豊富だった。今後はアポロンでもアマテラスでも大国主と共に働いたスクナヒコナのような分身を求めずには神話を語れない。ゼウスだって二人いるのである。ましてや人間たちにおいておやだ。分身文学は影を描いたシャミッソーやホフマンだけではない。ドストエフスキーは、そのほとんどすべてにおいて分身偏執を明らかにした。日本では岡本かの子も分身を描いた。そして分身神話を新たにしたのである。鏡花、百閒、かの子、三島、遠藤らの分身については、以前準備していた「分身文学序説」を後半に据えて、筆者四〇年の思索のまとめとした。そこに入らなかった諸作、とくに村上春樹の作品についてはII部の方にまとめた。なお旧稿の整理とフォーマットの変換に当たっては編集の三宅さんのお手をわずらわせた。また図版の調達についても、いつも通り三宅さんにお願いした。合わせて御礼申し上げる。

二〇二四年八月

篠田知和基

註記

はじめに

（1）神話ではアラクネはアテナに機織りの腕前を競って敗れ、クモに変身させられた。

（2）『とりかえばや物語』では姉弟が、性をとりかえて、姉が兄になり、弟が妹になる。

（3）道化師的理髪師のメダルドゥスが、危難にあうたびに現れて彼を救いだす。メダルドゥスにつきしたがう影のような存在。

I 神話にみる分身

（1）アルクメーネーはタポス人たちに殺された兄弟の仇を討つまではアンフィトリオンと床をともにしなかった。アンフィトリオンはそこで、タポス人との戦いにでて帰ってからアルクメーネーと床をともにしようとしていた。ゼウスはその間にやってきて、戦場の様子などをまことしやかに物語りアルクメーネーを信用させた。

（2）ヘルメスもすぐれて分身的な神格である。

（3）アンフィオンは舟に乗って海を渡るとき、水夫たちによって海に投げこまれたが、イルカが彼を救って、陸におくりとどけた。

（4）ヘラクレスは鷲を射落とし、プロメテウスを縛っていた鎖をほどいた。ゼウスがそれを許したのは、テティスが神の子を産んだら、ゼウスの覇権をくつがえす神になるだろうという予言を教えた見返りだという。

（5）プロメテウスの兄弟エピメテウスはパンドラを娶ってピュラを産んだ。デウカリオンと結ばれたピュラたちだけが洪水で生き残る。彼らに、母親の骨を投げれば人類が生まれると教えたのはプロメテウスである。

（6）アンチオペには夫はなかったので、生まれた双子の一方が人間となり他方が神となることはなかったが、いずれも不死ではなかった。この二人を身ごもったとき、アンチオペは父親の怒りにふれ、シキュオンへのがれエポペウス王と結婚した。しかし父の怒りはとけず、シキュオンまで追ってきてエポペウス王に殺された。父は死ぬとき、兄弟のリュコスに遺言し、復讐を命じた。リュコスは兵を率いてシキュオンを攻め、エポペウス王を殺し、アンチオペを捕らえ、テバイへ連れ帰った。その途中、山中で双子が生まれたが、山中に遺棄され、羊飼いに育てられた。アンチオペはのちに息子たちと出会い、互いに認知しあった。息子たちは復讐のためにテバイを攻め、リュコスを殺し、テバイを共同統治した。

（7）セレネについてはエンデュミオンとの恋の物語が語られる。エリスの王エンデュミオンに恋したセレネは恋人が永遠の若さを保つように永遠の眠りにつかせた。ヘリオスについては、息子のパエトンが父に願って、太陽の馬車を御してみて失敗した話が伝わっている。

(8) アテナは鎧兜に身を固めて、ゼウスの頭から飛び出した。

(9) 吉野裕子は『隠された神々』(河出文庫、二〇一四年)で、伊勢の太一信仰をとりあげる。陰陽五行説の髪が隠されているというのである。

(10) 投げ込まれたのは馬そのものであったように思われているが、馬一頭を屋根から投げ込むのには無双の膂力が必要で、スサノオにそれだけの力があったのも当然とも思われるが、ここは「天の斑駒」であるのが大事で、皮を剥がれた馬では斑かどうかわからない。ここはどうしても皮だけとみたい。

(11) ヤマトタケルの武勇伝では山の神が鹿や猪になってあらわれる。

(12) これを馬供犠のなごりとする説もある(小島瓔礼ほか)。

(13) この鎧はアキレウスがその母の海神テティスからもらったものである。みだりに他人に貸すようなものではなかった。

(14) 河合隼雄『中空構造日本の深層』中公叢書、一九八二年

(15) 顕宗天皇、仁賢天皇

(16) 金関丈夫『新編 木馬と石牛』岩波文庫、一九九六年。書紀によるとタケルは双子として生まれている。童幼にしてタケルは早くもデーモンとしての本性を現す。

(17) 雄略は忍歯の王を殺している。皇位を襲うときに邪魔な同胞を抹殺するのはよくあることである。

(18) 天皇の産殿にミミズクが飛び込んできて、同じ頃、竹内宿祢のところでも子が生まれて、ミソサザイが飛び込んできた。そこでそれぞれ鳥にちなんだ名をつけたが、天皇と大臣とその子の名前をとりかえた。

(19) 猿田彦の陰部はその隆々たる鼻である。男根と女陰の争いであり、女陰が猿田彦の突出したものを飲み込んだ。イザナギ・イザナミの問答も思い出される。

(20) なお月神も神話では影が薄い。太陽中心の神学で月が閑却、あるいは抹消されたのだとみる説もある(坂田千鶴子「消された月の女神」『新日本文学』59(2)、二〇〇四年、三三～三八頁)。

(21) 山折哲雄『日本人の霊魂観』河出書房新社、一九七六年

(22) デュナンのイシス論に陰部をさらけだすイシスの図があがっている。

(23) ミュラは父親に恋して、闇にまぎれて父親と床をともにする。後に事情をさとった父親が追いかけるとミュラはのがれ、樹木にしてもらうように神々に祈った。願いは聞き届けられてミュラは同名の木(没薬の木)になり、胎児は木のなかで育った。やがて月満ちて、アドニスが生まれる。

(24) チュエステスは兄弟アトレウスの妻アエロペと通じた。アトレウスはチュエステスの子供たちを捕らえて殺し、調理してチュ

エステスに食べさせた。チュエステスは、自分の娘との間にできた子供によって復讐をせよとの神託にしたがって、娘ペロピアを犯した。ペロピアからはアイギストスが生まれる。アトレウスはペロピアを見て欲情を発し、妻にした。長じたアイギストスはチュエステスを殺すことを命ぜられる。しかしチュエステスが実の父であることを知ったアイギストスはアトレウスを殺す。アイギストスはその後、クリュタイムネストラと通じ、アガメムノンを殺す。

(25) パンドゥはリシが鹿の姿で、妻と交わっているところに矢を射かけたので呪われた。

(26) フラー・トリー『双子が語る精神病のルーツ』紀伊國屋書店、一九九八年

(27) 沸流は海岸の多湿地に都を定め、土地が悪いために滅びた。

(28) D・M・ジョーンズ他/井関睦美訳『世界の神話百科：アメリカ編』原書房、二〇〇二年

(29) M＝L・フォン・フランツ/富山太佳夫他訳『世界創造の神話』人文書院、一九九〇年

(30) ポリュックスはローマ神話での呼称。ギリシャではポリュデウケース。この双生児をあわせてディオスクロイと呼ぶ。この二人とヘレネとクリュタイムネストラの四人が同時に生まれるが、図像ではふたつの卵から四人が生まれるように描かれることが多い。このうちヘレネとポリュックスがゼウスの子で、ほかはチュンダレオスの子とされる。彼らは死後、天にのぼって双子座になった。

(31) ヘラが幼子たちに蛇をはなったとき、イピクレスは恐れて逃げたがヘラクレスは平然として蛇をつかんで絞め殺した。それによって、この兄弟たちの素性がはっきりしたという。

(32) 造物主としてエノクを持ち出すこともある。

(33) アンテロスとエロスは兄弟だが、愛に対しては反対の機能をもっている。アンテロスは愛の返報をつかさどる一方、報われぬ愛にも関与する。

II 神話的文学の分身

(1) ジャン＝パウル、ムシール、ゴルドーニ、ゴンザーガ、ロペ・デ・ヴェガ、ゲーテ、アルニム、メリメ、ホーソン、アンドレ・ブルトン、リラダン、ディケンズ、キプリング、ストリンドベルヒ、ライムンド、ヘッセ、コルタサール、ベケットといった名前がピエール・ブリュネルの『文芸神話事典』(Pierre Brunel, *Dictionnaire des mythes littéraires*) の「分身」の項にあがっている。

(2) 恐ろしい接吻は、大蛇や野獣の姿に変えられた王子王女に思い切って接吻すると魔法が解けて美しい王子王女があらわれるというもの。

(3) フォン・フランツが、『おとぎ話における影』(氏原寛訳、人文書院、一九八一年) で紹介した「二人の旅職人」も同じような

話だが、カラスはでてこない。
（4）稲田浩二編『アイヌの昔話』ちくま学芸文庫、二〇〇五年
（5）『書物の王国11 分身』（国書刊行会、一九九九年）より。
（6）ピエール・ブリュネルはセルヴァンテスによって近代の分身文学が始まるとする。なおサンチョとドン・キホーテについては、サンチョが俗事を受け持って、主人が騎士道的武勲をめざすという分身関係であるとする。
（7）画家フランチェスコが魔女と交わって生んだ子供から捨て子のフランチェスコが生まれ、そこからメダルドゥスの一族が生まれる。
（8）ネルヴァルのオーレリアのもとは、このアウレーリエである。
（9）『オーレリア』は創作であり、作者の伝記的事実とはその内容は一致しない。作者は妄想などを含めて、彼の「病気」の忠実な記録であるというが、最初の発作から一〇年を経ての執筆であり、夢にも彼の読んでいた神秘主義的著作からの借用などがみられることからも、小説的にアレンジされた作品とみられる。
（10）ドン・ファンにおける分身を、ランクは「分身またはドン・ファン」で分析する。『ドン・ジョヴァンニ』における下僕レポレロは、主人になりかわったりして、主人の悪徳を代行する。しかしモリエールの『ドン・ファン』でも、主人公と石像の騎士は分身関係にある。

III 分身文学序説

一、泉鏡花における自己像幻視と分身

（1）「ホフマンと鏡花と幻怪」『ユリイカ』一九七五年
（2）『泉鏡花、芸術と病理』金剛出版新社、一九七〇年
（3）フロイトは『不気味なもの』において、ランクは「分身論」において、それぞれホフマンの『砂男』や『聖シルウェステルの夜』の〈分身〉を論じている。ほかに『悪魔の妙薬』は〈分身物語〉の最大の古典とみなされよう。
（4）ホフマンを「幻想文学」に分類することについては、近代的幻想文学理論の提唱者であるカステックスにおいても、その見直しを求めたトドロフにおいても異論はない。たとえばベッシエールは「狂気と理性の微妙な均衡が幻想性への到達を可能にする。このテーマがホフマンの全作品を貫している」（『不確実性の詩学』一九七四年）として、「幻想性」が彼の全作品にあらわれると見る。
（5）これらの作品を積極的に推賞した脇明子氏も、語りと語られる物語の二重構造に「幻想の論理」を見ても、必ずしも鏡花世界を「幻想文学」と言っているわけではないし、とりわけ一人称世界には「幻」への飛翔を期待させるものしか見ていない。
（6）「ネルヴァルと日本文学」『カイエ』一九七九年二月号、冬樹社
（7）「聖シルウェステルの夜」と『悪魔の妙薬』一部の訳がある。

(8) 大和資雄は「婦系圖」に鷗外訳「玉を懐いて罪あり」の影響を見ている(「鏡花と西歐浪漫派」『国文学 解釈と鑑賞』一九四三年)ほか、日夏耿之介は「竹風などから獨逸浪漫派小説の荒筋を聴かされたのが自作の構成の楔子になった」と推定した(『明治浪漫文學史』中央公論社、一九五一年、二七五頁)が、近年は鏡花における西洋文学の影響はメリメについて富田仁氏が指摘するくらいで、ほとんど問題とされない。むしろ民話その他の口承文芸とのつながりに、たとえばかつてはドイツロマン派的とみなされた「高野聖」などの成立史をたどるほうがふつうであろう。島田謹二氏は「春晝」について「離魂やドッペルゲンゲルや、能の形而上學を、ドイツローマン派や、マーテルリンクの默劇などから悟入したらしい新手法で描き出した」と言う(全集月報10)が、マーテルリンクについては裏付けがほしい。さらに、ここでも言及されたドイツロマン派については鏡花の評者の固定観念の観もある。似ているのはむしろシューとかヴェルヌではあるまいか。

(9) 弦巻克二「虚構の意味」(『国語国文』一九七四年十二月)は「江戸戯作の系統に立脚する洒落、滑稽」を指摘、ほぼ常識的なところであろうが、勝本清一郎は、鏡花は「江戸ッ子らしくはなかった」(『國文學』一九四九年五月)と言う。江戸戯作を模倣したところはあったが、「酒脱」には遠かったかもしれない。三田英彬氏は「諧謔の余裕」という表現をあえてする。(『泉鏡花の文学』桜楓社、一九七六年、一七七頁)。文章が達者になってくるにつれ余裕が出てきたのもたしかであろう。とりわけ「山海評判記」などで小説家矢野の腰抜けぶりを揶揄するところが目立つが、ホフマン的な自己嘲笑の徹底には遠い。見えすいた卑下、たいこもち的へつらいの雰囲気があり、読者は不快感を味わっても哄笑はわき起こらない。

(10) 鏡花にとっての音楽は、もちろん謡曲かあるいは三味線であろう。むしろ浮世絵調の視覚型作家であったことは三田の指摘をまつまでもない。

(11) 『異常心理学 改訂版』岩波書店、一九六三年、一六八頁他。ちなみに安斎千秋氏はその分身論(「佛蘭西文藝」3)で、河合隼雄氏の分類を援用するが、ここではユング派の説はとらない。

(12) メダルドゥスにつきまとった「分身」は実は異母兄弟のヴィクトリンであった。ヴィクトリンを死んだものと思いこんだ彼は、その彼に瓜二つの姿を自己の「分身」としてしか考えない。一方ヴィクトリンのほうは、崖から落ちて脳に異常をきたして以来、自分がメダルドゥスだと思いこみ、メダルドゥスの役を演じ、本物のメダルドゥスを彼自身であると思う。メダルドゥスのほうは、やがて謎が解明されるが、狂ったヴィクトリンは最後まで「自分はほんとうに修道士である、自分の自我はたがいに敵視しあう二つの生きものに分裂した」(中野孝次訳)と信じつづける。したがってヴィクトリンのほうが本当の分身妄想を生きていたことになる。しかし『悪魔の妙薬』にはさらに二種類の分身があらわれる。ひとつは祖霊フランチェスカであり、またひとつは理髪師ベルカンポである。フランチェスカは悪魔との契約の罪を償いつくすまで死ぬこともできずにさまよわねばならない。彼の罪は子孫によって反復され、それぞれが罰を受けることで少しずつ償われてゆき、いまやメダルドゥスとヴィクトリンの最後の試練によって完全に償われる。メダルドゥスの臨終のときその病室から出てきた紫衣の男は、それまでにも危機的状況のたびに姿をあらわした「老巡礼」あるいは「異国の画家」である。もちろん超自我性分身であった。一方のベルカンポは狂気と理性の二人三脚によってメダルドゥスに影のごとくつき従って、その贖罪の成就に手をかし、最後には彼も修道士となってメダルドゥスの死んだ僧院に入った。友好的分身、守護霊、あるいはよき忠告をする道化であり、良心である。ヴィクトリンのほうは罪と欲望の外在化であった。

(13) この「他人」が夢に入って〈分身〉となる。もっともここでも友好的分身と敵対的分身の二相があり、最後にその仲介によって救いを得るとされる分身は、現実界に存在する同じ病院の患者である。したがって逆に言えば、現実の分身は明らかな「他人」であり、それを「分身」であるとみなすのはやはり夢の中だ。現実に一人の人間からもう一人の人間が分離するという「怪異」は「影の喪失」という「寓意」をのぞいては近代の幻想にはあらわれない。一方、夢ではどんなことでもおこりうる。ただネルヴァルの場合、その夢が「白昼に流出」し、現実と分かちがたく混ざり合うところで、人格の混乱を生じる。これは鏡花の場合にも「劇中劇」や「過去」が現実の現在と混ざり合うことにおいてみられるが、その原因と形態はネルヴァルとは異なっていよう。鏡花においては現実や自我についての意識が明確ではなく、回想や想像に淫するうちに「ふら〳〵」と自我意識が非現実界にただよい出てしまう。ネルヴァルは夢や無意識を体系的に探険しようとしたところがある。自我を禁じられた境界外までつきつめてゆく冒険で、異常な光景を目撃する。

(14) ここでヨーロッパの分身論をあげておこう。

Rank, Otto: Der Doppelgänger, in *Imago*, III. Jahrgang, 1914

Zazzo, René: *Les Jumeaux, le Couple et la Personne*, 1960, P.U.F.

Rosset, Clément: *Le réel et son double*, Gallimard, 1976

Milner, Max: *La fantasmagorie*, P.U.F. 1982

Rõheim, Géza: *The Gates of the Dream*, International Universities Press, 1952

ちなみにゲーテにおいては『詩と真実』III・XI　の夏の道のむこうから馬に乗ってやってくる自分の姿を見たところと、「ウィルヘルム・マイスター』III・Xで、変装したウィルヘルムを伯爵が自己像とみなすところがあり、いずれも鏡花的な自己像幻視である。

(15) 「二重性はつねに、そしてだれによっても、抑圧された内容の表現である」(ローハイム)

(16)「時制がいずれとも決めがたいところに……不可思議な超自然の誘いの囁きの、抗しがたい魅力がある」(由良君美「鏡花における超自然」『國文學』一九七四年三月)。同氏は「繪本の春」についても「時制の混乱」を指摘する(『国文学 解釈と鑑賞』一九七九年九月)。野口武彦氏も「ひとりの人物の現在と過去とが、別々の存在として、同一の場所に居合わせる」世界を指摘(『泉鏡花』角川書店、一九八二年、五三頁)。しかしそれはいずれも異次元空間の造出の工夫と見ている。ここではむしろ自我意識、現実意識の混乱として考える。

(17) 鏡花作品の夢幻能構造は吉田精一「鏡花の表現」(『季刊明治文學』一九三四年三月)以来、繰り返し指摘されている。

(18) ロッセは、「それこそまさしくそれであった」という常套的表現は「認識と同時に否認をあらわす」と言う。「其奴」と「私」という対立は同一性の認識によっても消え去りはしない。

(19) ファンタスムの中での視覚の相互可逆性について、あるいは夢の言語の裏返し性についてはあえて言うまでもない。小屋と覗き窓は、両親の寝室と鍵穴(障子の覗き穴)の原イメージの主客転倒した転化である。猿と老人も父子像を思わせるとともに、父を猿にしてそれを縛ってこづきまわしたいという欲望の表現でもある。猿はすぐれて性的父親像の表現となろう。

(20) ジャック・ゴワマール&ロラン・ストラグリアチ『分身譚』序文、プレス・ポケット、一九七七年

(21) ロッセは「分身の正確な定義は、同時に同一人物であり、かつ他者であること」とする。

(22)「横合から雪の腕、緋の襟で、つと爪を反らして足を踏伸ばした姿が、眞黒な馬に乗って、蒼空を翻然と飛び」というのは「夢魔の馬」である。

(23) 蛇婿、三輪山説話等、蛇との通婚の話は馬以上に多いが、ここには異類婚説話に共通の「見るな」の禁忌が相互可逆的に機能する。異類女房の部屋は覗いてはならない。覗けば女はもとの姿に戻って去ってゆく。ここでの湯殿ももちろん見てはならないところだ。見る主体のほうが蛇にかわったが、散策子の視線がその蛇を見ていることも忘れてはな蛇は覗きの欲望の具現であるとともに覗かれる対象でもある。

(24) 丸、三角、四角はいかようにも読める。山田有策氏は『国文学』一九八一年七月で「具体的に何を意味するかは不明だが、姦通の象徴であることは確実である」と言う。しかしここで思いだされるのはルネ・ゲノンの言う、あらゆる秘儀信仰に共通の山中の洞穴の至聖所である。イスラエルの五陵星は山をあらわす三角に穴をあらわす逆三角が組みあわさったもので、「ソロモンの玉璽」と呼ぶ秘法の印である。入門志願者は、その宇宙の子宮であり墓廟である洞穴で儀式的な死を経て永遠の生を獲得する。ここでも山中の深井戸に身をおどらせば母なる大海に身はこばれて新生を得るという信念をあらわしたものとだって読めなくはない。三

角が山で丸が海とは女も確認している。四角は田圃と言ったところで、女には謎が解けない。したがって男の魂の行末がわからない。男がその三角、四角と丸を書いたのは山中の矢倉の舞台の上である。矢倉、すなわち横穴だが、鎌倉あたりの谷戸のそれは角穴である。舞台も四角で、さらには二人の拘束状況、宿の庵室も四角なら、女の住まいの「家」も四角。山をのぼりつめて、その四角な状況をとことんきわめつくせば、そこは丸い大海に通ずる深井戸である。それを散策子は「世間外に、はた世間のあるのを知って……幽冥に趣《おもむ》いた」と解する。四角い世間のむこうに霊山がそびえ、山のかなたに無辺の浄土がひろがる。散策子が「思はず海の方を」見ると「水平線上雪一山」。山は白山でもいい。矢倉は「黒百合」の洞穴でもいい。鏡花にとっての霊域はゲノン説を裏打ちするように、霊山妣中の奥座敷、そしてまたローハイムや折口の説を付加するなら□の国は海のかなた、水を渡った先である。「春昼」の評家はふしぎに巻末の「雪白な霞を召した山の女王」を無視しているが、この物語の背景には海上にそびえる白い山がある。

もちろん第一義的には、これは狂気の言語であり、夢の感応の符諜である。しかし同時に、あえて錯乱をかきたて、狂気にのめりこんでゆくような言語世界のトポロジーとして「山海評判記」におけるような海を渡った先の白い山の、さらにその中の岩屋(「黒百合」)、あるいは「高野聖」にあるような、変若水にとりかこまれた山中の一軒家が想像されていること、そして山から海に通ずる「反対概念の結合点」として、ひとつの神域の、岩屋の中の神楽舞台があるということも、参考にされてもいいだろう。鏡花における神秘主義の図像学はそれほど積極的、体系的には追及はされていないとしても、まさに「山海評判記」における(四角い)井戸をのぞきこむ三人の巫女や、衣桁形の台座に据えられたおしらさまの神体としての女の生首には、たとえば三種の神器の象徴的形態の連関にも似た形態の偏執があると言ってもいいかもしれない。なお仙厓の「○△□」と鏡花との接点は不明である。

「春昼」でも庵室の客人は、たんにかなわぬ恋にこがれて死んだだけではなく、死のかなたの生、山の中の海、地底の都の浄福に到達すべき神秘的恍惚を獲得して、この世に、魂の行末を暗示する符諜を残して消えたのである。そしてその霊魂の見えない導きによって散策子は、大地の神が海にむかって口を開いた結界点で、「奇怪な」三角形の地妖に閉じこめられたのだ。あるいは女は玉(玉脇)であり散策子は三角子であり、と言ってもいいが、これはやはり客人がはじめ、「遠目金を嵌めたやうに圓い海になつて富士の山が見える」浜辺の屋敷で、女が座敷牢にでも閉じこめられているかと想像したその地点を出発点として、ついで、魂になって女のもとへ通おうと山中にその対応点をさがしてついにみつけだした矢倉の地形図であり、あとを追うべき女に書きのこしたよみ路の地図であるとだけ見ておこう。解釈は読み手によっていくらでも可能であろうが。

(25)「縷紅新草」の状況はここでは、大なり小なり、あらゆる場面において見られよう。「散策子」は人の生き死にを手をこまねいて見ているだけである。しかしその「無作為の罪」、パルシファルの罪が、彼のかわりに窮地の美姫を助けるヒロイックな分身を夢みさせる。

(26) この場面はあとでも考えるが、これほど卑劣な主人公は小説の世界では例がない。多勢に無勢でも、一応抵抗のまねごとでもして組みふせられ縛りあげられた上でなら、目の前で愛する女が凌辱されてもまだ救われる。ところがここは、自分のためにどうか犠牲になってくれと頼むのである。その犠牲にふさわしいことはなにひとつする気もない。たとえば「脂肪の塊」で、女をプロシャ軍の将校に人身御供にさしだすエゴイストたちにもそれは比較されようが、それでもまだ、彼らにとって「見ぬもの清し」で、目の前で女が犠牲になるのを見つめているわけではない。似た状況はサンドの『笛師の群れ』にもある。男女の旅人が夜の森で荒くれの驟馬使いたちにとりかこまれる。男女には案内人がついていて、交渉をしてくるあいだじっとしているようにと言う。しかし男は不安にいたたまれなくなって女を連れて逃げだす。それがただちに見つかって最悪の事態を招く。その難局を毅然たる態度で切りぬけたのが案内役の男で、恋人役の男のほうは、保護者の役のはずながら恐怖心から約束に背いて失態を演じ、あとで大いに非難される。これが実は語り手である。語り手が「悪役」になるのはやはり珍しいが、しかしここでも逃げだしたのは一人ではなく、女を連れて逃げているのだから、臆病ではあっても卑劣ではない。女に向かって、いま目の前で男たちの言いなりになってくれ、そんなことはなんでもないことだと言う人物が作者の投影像である主人公であるというのは西洋的な倫理感からはとうてい考えられないだろう。

ちなみに川村二郎『銀河と地獄』(講談社、一九七三年)は、鏡花世界の「作家を含めて男たちの、……この世のものとも思われぬおどろおどろしい醜さ、みじめさ」を指摘する。通俗作品には一見さっそうたるヒーローが登場する。それに対して芸術とは自己嗜虐であると鏡花は感じていたのか、あるいは人間の観察と分析を旨とすべしと「自然主義」文学観にしらずしらずに毒されていたからか、「純文学」作品には卑小卑劣な主人公が描かれる。もっとも「山海評判記」は新聞小説である。ここにはもうひとつ、作者の年令の問題があるかもしれない。晩年の作になるほど自己陶酔の度が弱まる。

(27) 前記川村論文は鏡花における「超越の欠如」を斎藤信策に従って指摘したあと、それに対するドイツロマン派には「現実の欠落」があると言う。すなわち「生きた人間像の造形」がないと言うのだが、これはバルザックやディケンズに比較すればの話で、鏡花とたとえばホフマンだと、どちらにより「現実」があるかは微妙だし、すくなくとも「分身」について言えばメダルドゥスにとってのヴィクトリンほどの「現実性」は鏡花の夢幻的分身にはない。鏡花の現実については吉田精一の常識論「人物の木偶化」、「心理描写(の欠如)」(『國文學』一九四三年)を否定する必要はあるまい。

(28)「野望—警告—背反—呪い」が「幻想文学」の基本構造だとレモン・ロジェが言うとき(『幻想譚』ラルース、一九七七年)、それはむしろゴシック小説の構造を示している。カイヨワは幻想文学には救いはないと言ったが、それも同じ発想であり、こんにちでは結末のみによっては幻想性の有無を判断できないとするのが通説である(J・フィネ他)。しかし超自然の力の開示としての「警告」と、それ、及び現実の論理への「背反」、そしてその結果の苦しみの中の戦いは「幻想文学」の規定にとって必要であろう。鏡花には「警告」はあるが、「背反」(罪)はない。したがって分身派生においても罪と裁き(罪)、過去と悔恨というタイプは少ない。「草迷宮」では、「其の祟り、其の罪です」という言葉があるが、「罪」は手毬を拾ったことでしかない。

(29)吉村博任「夢魔のレトリック」(『国文学 解釈と鑑賞』一九七七年八月)は「全く思いがけないときに、思いがけない場面や光景が、思いがけない仕方で闇の奥の方から姿をあらわして来る」と言う。夢の自動性について言うわけだが、意識的な「行きあたりばったり」性もあると見たい。

(30)「同瞬間の不意の視覺は、時として、ものを三つにするらしい」(鏡花全集Ⅴ・24、二〇三頁)

(31)鏡花世界を笠原伸夫氏は好んで「ダリやエルンスト」に比較するが、ダリの通俗フロイト解釈や末端肥大症的画面よりはまだエルンストの硬質なタッチとコラージュ風のコンポジシオンがより近いだろう。例の丸、三角、四角はキリコだが、その妖艶美はベルメールをも思わせよう。しかし、手あたりしだいにシュルレアリスム前後のイメージを並べるより、吉田精一の評言「恍惚として天地の間に狂い舞う詩的乱舞」(『解釈と鑑賞』一九四三年)をもって要を尽くしていると見たい。

ちなみに「限りなく遠いものの結合」はルヴェルディ(「接近させられた二つの現実の関係が遠く、かつぴったりしていればいるほどその喚起力は強い」)、そしてブルトン(「できるかぎり遠く離れた二つの対象を比較し、あるいはその他の方法によって突然、衝撃的に描くこと」)によって、いわゆる「痙攣的な美」の原動力とされていることは周知のとおりである。

(32)三人の魔女のいたずらは「悪獣篇」では、より凄惨に、より魔術的になる。

(33)冒頭の怪異譚は、「眉かくしの霊」のそれのように、たんに全編の妖異の雰囲気を準備する布石のつもりが、全編の論理を怪異の側に引きさらってゆくプログラムになってしまう。現実がその挿話をとりこむことに失敗して、その後の現実のほうが「長太狸」の挿話、ないし解釈篇になる。

(34)「女体を恋いつつ、しかし侵犯することを禁欲した者は、しばしば視姦者たらざるをえない」（藤本徳明『研究資料』有精堂一九八〇年、八七頁）

(35) 河村錠太郎『ビアズリーと世紀末』（青土社、一九八〇年）参照。

(36) 能登の山中であれ湘南の海岸であれ、所詮は異郷である。そこでどんなことがおころうと此岸の生活は乱されない。「草迷宮」辟頭、「眞白に溶けた霄《おほぞら》の、何處に亀裂《ひび》が入ったか、破鐘のやうなる聲して」彼岸の警告の声が聞こえ、「此の呪詛のために、浮べる輩はぶくりと沈んで」となるのだが、そこまでは聞き伝えの伝説の部で、物語の現実では法師も明もまずは命をながらえる。「春晝」でも大地の神のかっと開いた口だの、僧による警告だのがあって、そこが超自然と現実の接する「魔所」であることはわかったが散策子の身の上にはついになにごともおこらない。つまりは現実を、否定しなければならぬ虚構であると本当に思いこんでいないところがあって、身の安全が保たれればまずは大平楽なのである。「龍潭譚」でも彼岸を見た少年の心を抹殺してしまうことに作者はなんのためらいも示さない。彼岸のほうが真実であり、大人の論理をくつがえして、身の危険を冒してもふたたび九ッ谺に赴かねばならないとは言いはらない。

(37) あるいは母なるものに抱かれる死、井戸にしろ洞穴にしろ孤独な密室での、他者との戦いのない安心感の渇望である。

(38) 覗きの至福感は乏しかったであろう。そこからは「父なるもの」の潜在が指摘されてもふしぎはない。もとより「父なるもの」が鏡花の世界で完全に消し去られているわけではない。「銀短冊」には軍人の夫が出てくる。主人公が射ち倒した熊はその身替りである。湖上の舟遊びで暴発した銃はその父親的人物構造につながっている。ちなみに、この湖の舟遊びの場、蜃気楼でもうひとつの沼とその中の小舟と、小舟の中の彼ら三人の姿が見えた。「あゝ、彼處にも私たちが」。すなわちそれは覗き見た光景である。三人とは女とその子であり、子供には男を「父様」と呼ばせている。舟が傾いて水中に投げだされたとき男は子供を見殺しにして女だけ助けた。「父殺し」の陰画である。

(39) フロイト『トーテムとタブー』参照。

(40) 西欧伝説、民譚中数多くの類話を見る「聖器室係修道女の伝説」（ベアトリーチェ尼伝）。恋に走って修道院を抜けだした女のかわりに聖母がその女になりかわっていた。悔いあらためて修道院へ戻ったときには、だれも彼女の失踪を知らなかった。ゴリャートキンについても、彼の不在や二重化は社会的には存在していなかったかもしれない。

(41)「鏡花の諸作品の背景に、日本文化史の底流に隠見するシャーマニズムの要素を指摘することは、あながち飛躍した見方だとは考えられない」（藤本徳明「母胎のロマン」『鏡花研究』一号、一九七四年）シャーマニズムについては吉村博任「夢魔のレトリック」（前出）にも指摘がある。

（42）「闇が呪的なイメージを描きつづけた時代、霊界を他界を日常的に意識させた時代は近代以前、膨大な歴史的時間の推積のうちにある。庶物崇拝的民譚、神話、仏教説話、そしてそれらの影を引くさまざまな物語、先蹤文芸、劇、絵画等の世界が、彼には、彼のものとしてあった（三田英彬「鏡花における幻想と美」『国文学解釈と鑑賞』一九七三年二月）。

＊最後に蛇足ながら文学にあらわれた〈分身〉を分類すると、

A 自己像幻視

B 二元論的世界観

C 人物の二重化

の三つになる。「分身を見るのは死の前兆である（ネルヴァル）」といった〈分身〉はAの幻視に入ろう。「人間には二つの魂がある(ゲーテ)」というのはBの分身的世界観である。夜と昼、死と生、善と悪といった二元観によって世界も人間も二つに分かれる。「夢は第二の人生である（ネルヴァル）」というのがその典型だ。ロッセは予言が現実になるたぐいの「出来事の二重性」を考えるが、それもこの分類に入ろう。人形に呪いの釘を打つのもこれであろう。それらに対して、ともかく二人の登場人物がひとつの物語の中で同一の役割を奪いあうものが真の文学的な分身、すなわちCのカテゴリーとしたい。

しかしCにおいても社会的、客観的に二人の人物が存在する二人のウィリアム・ウィルソンのタイプの「対立分身」（C-1）と、外見的には二人の人物がいても実は一人でしかないジキルとハイド型の「二重人格」（C-2）、それになんらかの超自然的存在の影響によって一人の人間が他者にすりかわる「身替り分身」（C-3）があろう。ベアトリーチェ尼の不在のあいだの代役をつとめた聖母がこれにあたる。

ランクの分析の主対象でもあり、西欧の文脈でも一番多く、かつもっとも正統的な〈分身〉とみなされるのが（C-1）だが、ウィリアム・ウィルソンIIが良心の化身ならヴィクトリンは罪の化身であり、ゴリャートキンIIは内的人格に対する社会的人格である。ネルヴァルの描いたカリフ・ハーキムにとってのユースフは欲望の化身であり、カラマーゾフの兄弟たちはそれぞれ罪や欲望や瀆罪の代行者たちである。これを分身派生の原因によって下位区分すれば、殺人によって分身を派生させるカイン型分身と、超自我に脅かされるドン・ファン型分身、それに欲望と禁忌にひきさかれるオイディプス型分身になろう。

C-2は「影の分離（霊肉分割）」や「二重の騎士（ゴーチエ）」を含むだろう。すなわちヤヌス型と離脱型、そしてその他があろう。C-3ではラヴィンスキーの肉体に忍びこんだオクターヴ（ゴーチエ）や、かぶと虫になる変身や、変装して他人になりかわったものと当の本人との鉢あわせ、あるいは「プラハの学生」のように行く先々に先回りして隠れた欲望を代行する悪霊もいよう。エルクマン＝シャトリアンの「法官の時計」や、その他多くの狼狂譚のように夢遊状態で獣的本性を発揮するケースもこれに入ろう。身替りをするのが聖母ではなく悪魔であればゴーチエの「二人一役」になる。一般に演劇空間にはこの種の人格の混乱が生じやすい。それは憑霊空間とも同じであり、自分を愛の対象に転化させるナルキッソス型分身もここに入ろう。もちろん身替り聖母、悪魔の代役、先回り悪霊は同種のもので、それと変身、転生、憑霊は別だし、ナルキッソスはさらに別であろう。仲介天使、守護霊、座敷わらし等が同じ姿であらわれるのは身替り聖母型に入れよう。

以上の分類で鏡花の〈分身〉がC-3に入ることは言うまでもない。C-1が社会的、すなわちレアリスム的、C-2が精神的、心理的であるのに対し、C-3はシャーマニズム的、あるいは物語的、あるいは夢魔的であり、すなわち「無意識的」であって、C-1よりかえって「狂気の現代」に通じるところを持っている。その線から考えると鏡花世界はドイツロマン派の観念論よりフランスの夢と狂気の文学と似たところにあるのかもしれない。

＊鏡花のテクストは岩波版全集により、引用にあたっては作品名の指摘だけで頁数は省略した。作品名は単行初出、雑誌初出の別なく一重括弧のみで示した。

二、近代文学における分身像

（一）森鷗外、梶井基次郎、大岡昇平、梅崎春生、安岡章太郎

（1）「鏡花の作品における自己像幻視と分身像」名古屋大学文学部研究論集、LXXXV.pp.141-181。そこでは吉村博任らの指摘例の他「山海評判記」を分析したが、いわゆる「湘南もの」の中では「悪獣篇」が、すくなくと自己像幻視については重要な「症例」を示している上に、かなり人格化された「分身」も登場すると考えられる。この作品の分析は本論に含める予定であったが、枚数の制限上割愛した。

（2）「一人種、一国民がその宗教、習俗、精神活動・芸術的活動、政治、歴史的発達にしめした特性は精神病の多少や臨床的形成にも現われてくる」クレペリン、「比較精神医学」『神経誌』三、一九〇四年。なお精神病の時代的相違については、たとえば継時的二重人格を「現代文化から縁遠い」と言う荻野恒一は、しかし同時的二重人格については「人間は近代に至ってつねに二重人格的に生きざるを得なくなってきた」（『現代精神医学大系 七 25』中山書店一九八一年、一一二頁）ことを指摘する。

（3）根本的には現実におこりえない「分身」を主題とするものは文学においても「幻想」に区分されるものであり、科学ではありえまい。後述するように病理的な幻覚や妄想は、厳密な意味での小説的分身とは言わないのである。それに対して「自己像幻視」の症例の研究は Sollier 以来少なくはない。また「替玉幻覚」は Capgras が記述して Capgras 症状と言うようであり、さらに広く

離人症についてはわが国でも研究が進んでいるようである。一方心理学やユング派精神分析では、河合隼雄に『影の現象学』があり、「分身」の用語を用いたものでは藤縄昭に「ある分身体験について」（心理学評論、1921, vol.14, No.1, pp.56-66）がある。

（4）相良守峯『独和辞典』。なお露語のДВОЙНИК もほぼ同語であることは、小沼文彦の岩波文庫版『二重人格』あとがき（一九四頁）でも書かれている通りであろう。

（5）「分身」という日本語がかかる意味に用いられるようになったのは比較的新しく、『大言海』では「一ツ身ノ二ッニ分ルルコト」という語義まであっても超自然現象としてのそれではない。現行の辞書はほぼその線を踏襲しているが、『角川国語大辞典』（一九八三年）には（3）として「小説などで実在のモデルの一部の性格を持って描かれた人」という語義があり「作者の分身」という用例が出ている（ちなみにこの意味での分身は、後述のとおりここでは論じない）。英独仏語辞典では一九五五年の『相良新々独和』（研究社）、一九五八年の『スタンダード仏和』（大修館書店）あたりから Double Doppelgänger の訳語として「分身」の語が定着、それ以前は「生霊」などの語をもってあて、alter ego に対して「分身」（現在は「他我」）があてられていたと見ていいだろう。しかしその alter ego としての「分身」も一九三一年の『大英和』（冨山房）あたりからと見られる。

（6）黒船の西洋、すなわち「近代」を「力」として受けとめたときに、近代日本の西欧理解のまちがいがあった。そのとき西欧の合理主義は病み衰え、息もたえだえで、かつて虐殺した神の屍体を掘りおこしてその腐肉にすがりついていたのである。そもそも蘭学にしても精神（神）を除外した技術であり知識であったが、その後も戦後の占領軍体験に至るまで、欧米は力と合理主義であり、留学生たちにとっての西欧も知識の殿堂でしかなかった。

（7）近代以降でも、たとえば円地文子の「遊魂」は禁じられた欲望がもう一人の自分になって漂い出し、相手の男と肉体の交わりをしてくる物語で、それを単純に六条御息所型の生霊ものとは言いがたいところがあるのだが一応、通常の「分身」は超えたものとして除外しておこう。

（8）岸田美子『森鷗外小論』至文堂、一九五〇年。なお竹盛天雄は「鷗外その紋様」No.23（『國文學』一九八一年九月）で『要求に安んぜない』気持がどんなに強烈であろうとも、その『境遇』から脱れられなかった」彼の「怨念」の表現と見る。そして「役」と本質との「二つの分裂」を鷗外のこのころの宿命と説く（一四九頁）。

（9）山崎正和は「ふたつの不安」（『森鷗外』河出書房、一九七六年、二八頁）で、「『日々の要求』をあまりやすやすと果して行ける自分に不安なのであった」と言う。

（10）自分を舞台の上の役者とその背後にあるものと感じているのはただの分離感覚である。上べと本質であり、社会的自我と、それを引き去ったのちに残るかもしれないものである。それに対して、観客としての批判的意識が、これを書いている自分である。そのあたりのことは長谷川泉が「森鷗外、ドッペルゲンガーの調整と拮抗」（『国文学 解釈と鑑賞』一九八三年四月）で、「舞姫」批判反駁に見られる二重の意識を「ドッペルゲンガーの最たるものといえよう」（一二三頁）という表現で指摘している。それは大岡昇平のシニシズムにも通じようが、鷗外には、本心を使って書いている自分を客観視しているところがあり、「妄想」の「翁」の回想文中の一人称はそのような「反作者」的話者の一つであり、同時に、批判的分身としての話者でもある。

(11) 三好行雄は、そのあたりを説明して、「識閾下にひそむものに向って垂直に下降する姿勢を、鷗外はかたくなに拒んでいる」、「意識の明晰な点検にさらされた観念の図型に終始する」と言う（「『妄想』の地底」『森鴎外II』有精堂、一九七九年、一八六頁）。なお、山下武は「森鷗外の分身」（『書物万華鏡』実業の日本社）で「明治の文学者のなかで鷗外ほど自己の内なる分身を強く意識していた作家はなかったのではあるまいか」（七五頁）と言っている。

(12) 河合隼雄は『影の現象学』（思索社、一九七六年）で「影」が危険であり、「影に魅せられたために命を失う」例として「Kの昇天」をあげる。河合は医師としての臨床者ではないが、ユング派分析者としてのカウンセラーでありその理念はやはり患者の治療という、「生」の側のものだから、患者の自殺はすべて治療の失敗となるのだろう。そのような視点から見れば、たしかにこの症例は「危険な」、「不幸な」例である。そこでは死んだものの視点などありえようはずがない。もっとも民話を材料にしたその後の考察ではフォン・フランツ流の「影」との統合の理想をかかげるようになるが、それにしても、それは、生の側における統合である。Kの立場を容認することはできるまい。

須藤松雄は『梶井基次郎研究 改訂版』（明治書院、一九七六年）で、「Kの昇天」に、「根源的自然も見えず、確乎たる自己も失われ、したがって前者が後者を確かに支え生かすこともない」（一五二頁）のを惜しみ、「月下海辺の景の詠嘆的描写に終始すれば、それはあまりにも純然たる日本文学的自然で」ある（一五四頁）と言う。それを梶井自身も自覚していたらしいのはこのころの書簡に「然し生活的の作品はとても書けないだろう。やはり風景的だ」と言っているのでもあきらかだ。

(13) 濱川勝彦は『鑑賞日本現代文学 17』（角川書店、一九八二年）で、この「窓」が「内⇅外の自由自在な濾過作用を発揮する」（九一頁）と指摘し、「視る自分と視られる自分」「主体と客体とが合一する凝視」（同前）を認めている。

(14) 「蒼穹」における「白日の闇」は自己の死の投影された視覚であった。そこでは見るものと見られるものが生と死に分離していた。高橋英夫はしかし『元素としての「私」』（講談社、一九七六年）で分身よりも変化として、そこに、本質的な人間の発見を見ようとしている。

(15) 福永武彦は「飛ぶ男」によって梶井的分身像を継承したかに見えるが、それは「Kの昇天」の系列においてであり、「ある崖上の感情」の方向においてではなかったろう。

(16) たとえば佐藤泰正は「陰画としての神」(『國文學』一九七七年三月)その他で、当然のことながら大岡の「神」を額面通りに受けとろうとしている。たしかに「神」を「妄想」であるかのごとく想定する作者の態度そのものに、真剣な宗教感を隠蔽しようとする「シニシズム」を見ることもできなくはない。ただし寺田透は「大岡昇平論」(『文學界』一九五一年)において、この「神は、文学的ですらない」と断定してはばからない。

(17) 既視感は三〇章「野の百合」で、より具体的になる。あたりの風景が日本で見なれた風景になる。「帰りつつある」という感じが意識される。それは、先に主人公によってベルクソンを引いて説明された「偽りの追想」であるよりは、やはり、死、あるいは人肉食いによってしだいに明確にされてきた原初の光景への帰還とその再認の感覚であると言っていいだろう。それに、ここでは、「いつかどこかで見た」風景ではなく、はっきり、昔、「鉄道の沿線で見馴れた谷」と認識される。

(18) 「奇妙な」という表現は、このちも、「奇妙な偶然」(6章、以下章数のみ記す)「奇妙であった」(11)「奇妙に思った」(13)「奇妙な経験」(21)「奇妙な感覚」(14・25)「奇妙な類似化」(27)「奇妙な運動」(29)などと何度も繰り返される。「奇怪」という語もある。いずれも、異常な状況や異常な感覚を表わす以上に、そのときの反応を「奇妙な」と見る批判的意志を感じさせる。

(19) 風景の変貌は一貫してシステマチックである。「伏した女の背のような起伏」、過去に愛したかたちに似ている椰子の樹、「媚態を凝ら」す樹々、「喰べてもいいわよ」と呼びかける花、そして言うまでもなく、それらの中心にある「女陰に似」た丘、あるいは「昔の女」にたとえられた農園、それらの風景の中で、過去との対応をさぐりながらさまよっているうちにたどりつくところは当然性的な原光景である。

(20) 彼に已れの肉を食うことをすすめた将校を「父なる神」とし、その肉をホスチアとみなすことはアイヴァンモリスや大岡信によっても指摘されているが(『大岡昇平・福永武彦』有精堂、一九七八年、八三・一一六頁)、彼は、その肉は食べていない。

(21) 埴谷雄高『大岡昇平集3』(岩波書店、一九八二年、四二八頁)。なお、『野火』の引用は新仮名のこの版による。頁数及び原文の傍点は省略。

(22) 種村季弘も『壺中天奇聞』(青土社、一九七六年)で、『月に吠える』のモチーフは分身である」(一五五頁)と言う。

(23) 後藤明正も、「本当は彼は、何ものかに手招きされるようにして、ふらふらっと精神科病棟を抜け出したのではなかろうか」と言う。(『現代の文学 梅崎篇』講談社、一九七四年、四四三頁)。『幻化』の引用はこの版による。

(24) 小堀桂一郎が『妄想』小論」(『森鷗外・I』有精堂、一九七〇年)で言った評言はこの場合もあてはまろうか。「自分が自分にとってどうあるかよりも、他人の眼にどう映るか、が気になってしかたのない日本人の虚栄のメンタリティは当時も今日とさほど違っていなかった」(二一四頁)。

(25) 山下武が前掲書であげた作品では和辻哲郎の「幽霊」、村松梢風の「談話売買処から買った話」、江戸川乱歩の「猟奇の果」、谷崎潤一郎の「友田と松永の話」がある。芥川については「つくりものの異常心理」(加賀乙彦『文学と狂気』筑摩書房、一九七一年、一九四頁)と見られることから嫌ってきたが、文学としては別に真実である必要はない。ただ「つくりもの」と思わせるのは作品としても弱いからだ。しかし「影」、「二つの手紙」、「歯車」は一応検討の対象たりえよう。川端については「慰霊歌」が心霊現象としてではあるが対象の二重化をあつかう。主体の二重化も他にありそうである。三島については「仮面の告白」や「午後の曳航」を検討しうるが「分身もの」ではない。『金閣寺』の場合、「鶴川は私の陽画だ」と言う「私」はもう一人の友人柏木をも自分の陰画と見るが、彼の本当の「分身」は金閣寺であった。

しかしおそらく日本文学の中でもっともあざやかな分身像を描いたものは百閒である。「映像」や「猫」の自己像幻視は別にして、彼の背後につねにつきまとっていたもの―死―を彼はたとえば「南山寿」で真正面から描いた。外部に投映された「魂」を描くことにはすでにしてすぐれていた彼であったが、高利貸しものを描いてゆくにつれてしだいに、そこにもう一人の自分を見るようになって、外なる自分を描くようになってゆく。おそらくは『金閣寺』ともうひとつの「金閣」たる「禁客寺」主人の作品と日本の分身像の二つの究極が見られるのであろうという展望をもって、この小論の第一部を終えよう。

*なお西欧の分身については井上二郎「分身譚覚え書」同志社大学商学部八〇周年記念論集、に教えられる所が大きい。

(二) 内田百閒

(1) 日本的分身像を追及する作業は、西欧近代文学における「分身」のテーマを前提として、その西欧近代文学の学習をとおして確立された近代日本「文学に「分身」がいかように現われるかを、もっとも顕著な例から検討するというプロセスを踏んでいる。そこでは「西欧」「近代」「日本の近代」という概念が「分身」概念の規定とともにまずはじめに明確にされねばならないだろうし、近代以前の東西の分身的超自然現象とその理解について考究されねばならないのは当然ながら、論考の手順としては、そのように通時的に、かつ大きな概念からしだいに時代を下り、下位概念に分けいってくる方法と、手近な具体例から論考の緒口をつかもうとする方法とが考えられるであろう。「近代」や「文学」の枠をとりはらって一挙に日本的心性のあり方を把握することは論者の力にあまることであり、日本においてはたして「近代」があるのかということもまた、この論考の出発点によりは到達点のかなたにほの見えている問題であることをここでことわっておきたい。

　したがって、自然との親近性と対立性とのちがいから自我意識の外的イメージのあらわれ方の彼我のちがいを論ずる大方の論（近年ではたとえば岡田晋の『日本人のイメージ構造』、中央公論社、一九七二年、など）は、ここでは論の出発点とはしていない。狩猟と農耕とを分けても、それが日本と「西欧」に対応するかどうか疑問だし、西欧近代文学は、ある意味で狩猟文化的起源を否定する都市文化であるとも言いうるであろう。自然現象的妖怪や神を否定する作業からはじまった西欧近代が、人間の問題に最後にたどりついたときに、そこにあらたな超自然的、あるいは非合理な「名づけえぬもの」を見出した。それがホフマンからフロイトに至る、一連の「もうひとつの自我」の非神学的、非迷信的追究であったのならその「近代」が否定した前近代の妖怪や自然霊を日本の幽霊との比較において追及することは、本論の当面の目的とは一致しないのである。

　ただ、先にあげた岡田晋がヨーロッパ的妖怪を「客体化された存在」と規定し、日本のそれを（ここで妖怪と幽霊が混同されるが）「主体的」なものとする論は、西欧における「客体化された分身」が日本においてはなかなか客体化された小説的人物になりえない事実（それが事実であるか否か目下検証中ではあるが）によって裏づけられなくもないであろう。とはいえ、それはあくまで小論の結論をさらに敷延した方向で出て来るかもしれない議論とし、ここでは一切の先入観なしに、具体的作品を目にふれたところから順次拾いあげて検討を重ねてゆくのである。

（2）乱歩をここで、一応論考の対象から外すのは、いわゆる「通俗文学」に対する偏見からではない。たとえば「押絵と旅する男」はポーよりもはるかにホフマンを思わせる以上に、さらに乱歩自身の文学であることのあきらかな作品であり、そこにも当然「生きている肖像」という類分身的テーマが存在しているのだが、これはまずワイルドらの寓話的モチーフを除外しているたてまえから除外され、その他の推理小説は、西欧の推理小説のトリックを詳しく研究した上で、既存の材料をパズルのように組み立てた一種の翻案、ないし知的遊戯であって、「自己」のあり方の追及とはおのずから作品の種類を異にしているものとみなして対象外とした。ただ、いずれ公房の『他人の顔』に論及するときが来ればそのときには乱歩の「一人二役」や（ただしそのときにはエーメの『他人の顔』も出てくるが）「石榴」には言及せざるをえまい。

（3）憑霊現象を扱った作品には川端康成の「抒情歌」「慰霊歌」もあるが、分身物語ではない以上に、むしろ作品としても前近代的荒唐無稽であろう。三島の「英霊の声」も、ともかく分身譚ではない。と同時に、彼らは円地をも含めて『日本の「私」を索めて』(一九七四年)で佐伯彰一が言うところの「神なき神秘主義」家であり、憑霊を信じずにそれを「戦略上」用いるところがあろう。

(4)『太宰治全集V・9』筑摩書房、一九七六年、四一五頁

(5)同上、四八六頁、四八四頁

(6)同上、四八五頁。なお「過去の恥と罪の記憶」は、たとえば『道草』の「島田」的人物像としては日本文学にも親しい存在だが、日本の作家は、そのようにつきまとい、具合の悪いときにあらわれる「過去」に正面から責任をとろうとはしない場合が多い。いわんやそれを「分身」ないし「自分」とは認めたがらない。

(7)同上、四二五頁

(8)Rogers は Conrad の Secret Sharer を引いて秘密の共有が分身派生の契機となると説くが、それはいささか分身概念を拡げすぎよう(R. Rogers: *The Doublein Literature*, Wayne,1979)。

(9)『田中英光全集 七巻』芳賀書店、一九六五年、四一頁

(10)同上、七四頁。

なお倩女離魂の話を表題にとりながら、主題は「見失った自分の魂」であって「目の前にあらわれたもう一人の自分」や「形をとって遊離した「魂」ではなかった点に分身譚たりえないところがある。

(11)講談社版全集、I・三二五頁。以下巻数と頁数のみ記す。なお「道連」の書き出しは峠である。後に書く遍路の峠路での背後の恐怖の思い出である。どこかで水音のする暗い峠を越えるとき、背後に気配がして、気がつくと連れが横を歩いている。道はやがて土手になる。さらにそのまま行くと道の片側が崖になる。崖の片側道は「茅ヶ崎の恐怖」の舞台である。さらに「淵によどんでゐる水を、無理に掻きまはす様な音」は、民俗の恐怖に源を持つ「小豆とぎ」偏執である。

(12)もと養子だった子供については「新秀楼の惣さん」(「今朝冬」)あるいは「大秀楼の長さん」(「六高土手」)として幾度か書かれている。「その間の因縁に確信がない」(I・五二八頁)と言いながら「惣さんは、その昔、私の家で拾った棄て子である……或は私が生まれかかつたので、急いでよそに、つまり新秀にやったと云ふ風にも聞いた」(同右)と言っているところが事実に近いだろう。

「惣さん」の思い出としては、土焼の貯金箱を持ってきて、それを「縁先の舟の形をした庭石に叩きつけ」て、中からきらきら光る銀貨が出てきたという場景がもっとも鮮かなものであったようである。

『冥途』表題作で、ビードロの筒を縁先の庭石で割る光景はその変奏にちがいない。「私は、日のあたつてゐる舟の形をした庭石をまざまざと見る様な気がした」

強情な子が、そのビードロをくれと言って聞かないので父親が庭石に叩きつけてこわした。子供と言うのは自分のことである。

その前に、暗い土手にどこからともなくあらわれた父の亡霊とその連れが話しあいながら、「提燈をともして、お迎へをたてると云ふ程でもなし、なし」と言うのは「私のことを云つたのらしい」と言うが、冥途からの「お迎へ」と言えば新仏にちがいない。「まあ仕方がない。あんなになるのも、こちらの所爲だ」という註釈は、中学に在学中、いく度か盗癖をあらわして放校になりその後「その方向で一筋に行」って、やがて旅廻りの見世物師の一座で「豹に喰はれた」「長さん」(Ⅷ・一一八頁)の行跡にあてはまるようである。「道連れ」の分身を自己と一体化した意識である。

(13)「神樂坂の虎」はノラの失跡後の文章である。(一九五九年二月)宮城道雄の死を悼む文章を収めた『東海道刈谷駅』の巻頭に置かれた。表題作が巻末である。『実説艸平記』を編むにあたって自信作「サラサーテの盤」を巻頭に、表題作を巻末に据えたように、巻頭作の選択にはそれなりの配慮が働いているものと思われる。名作「鶴」も、「薄暗く消えかかつた記憶の中に、大きな蠟燭の焔が……」という「十夜」も、「昇天」も、「夜の杉」も、とりわけ作者が大事に思うものが巻頭に置かれていると思われる。しかしそれにしてはふしぎな気味合の作品である。「豹」の場合は、「過去が洒落てるのさ」というせりふがあって、皆が笑っているうちに気がついてみると、いつのまにか豹も中にはいって一緒に笑っている。豹が夢魔の猛獣だとしても、それを文学的に解釈して「過去が洒落てる」としたところで、ただの夢の記録ではなくなっている。それにたいして「神樂坂の虎」は、虎に追われて押入れに逃げこんだのはいいが、戸の隙間からそっとのぞいてみると虎の気配がたちこめてしんとしている。それを感じて身体中が石のように重たくなる、と言うのだから夢だとすれば終始夢である。

途中でほかの一頭を大きな鮨桶で押さえたら、中でつぶれて死んでしまった、というのもいかにも夢にふさわしい。しかし夢なら夢でいい。豹が女を食い殺していたように、ここでも虎は女連れのところを襲いもっぱら女を相手にしている。それをこちらからどこかの「小父さん」が出てきて鉄砲でねらう。典型的な原光景の覗きの夢である。覗き屋の欲望が投影された禁じられた性欲の光景は、猛獣と女とのからみあいになる。それを去勢処罰者が鉄砲で射つ。

押入れの中から襖をそっとあけてただならぬ気配をうかがうと言うのも覗きのファンタスムのあらわれである。覗きの意識は、見ている欲望の対象へ容易に自己を同一化させ、むしろ自分が見られている意識になる。そのときには見ている自分が、息子を処罰しようとする父親の意識である。虎は、去勢処罰者であると同時に、結合両親像の中の男性像である。そう言えば虎が踏みこんできた家は大きな酒屋であり、作者の生家の造酒屋を思わせる。鮨桶で押しつぶした動物は虎よりは猫に近いような小動物であろう。犬や「雷獣」をいじめたという似たような話ならあちこちにある。その過去は、しかしそのままではすまない。わがまま放題に育った少年時代の過去は暗い影になって人生についてくる。一人息子のわがままの犠牲者は家族のものたちであり、あるいはその家族の団欒からしめだされていた「廃嫡者」である。廃嫡者のみならず、生者の団欒からしめだされた「死者」たちも身辺の小動物の姿になって戸を叩くかもしれない。それが夢に入れば身体も大きくなって虎にも豹にもなるだろう。その途中では民間俗信を援用して狐や狸が登場する。しかし、もっとも百閒的な夢魔は『東京日記』にある「胴体が牛ほどもある鰻」のように寸法がのびちぢみし、かつ流体的にぬらりくらりとしたものの不気味さである。豹も日記では見世物で炎の輪をくぐって飛ぶときに、胴がのびて、炎が長く尾を引くイメージで印象されている。

(14)「山高帽子」の書きだしは「今出て来た厠の中に、何人かゐる様な氣がした」というところだが、その厠の方へ猫が歩いてゆくのを見て「不安になって、早くどうかしなければいけない様な氣になる。そして「一寸待て」という声が出かかって「水を浴びた様な氣がした」。すると猫がふり返って「何だ」と言つた様である。今しがた厠にいたのは自分である。出てきたあともまだだれか中にいるような気がするのは、そこに自分を残してきたような気がするからだろう。猫がそこへ入ってゆくとなぜ恐ろしいのかと言えば、その厠の中へ残してきた魂なり何なりを猫に呑みこまれでもしたら大変だというからであるよりは、厠の中で脱落してどこかへ行ってしまった魂が、すでに猫に乗り移ってそこを歩いているからである。魂は猫に宿ってしばらくそこいらを歩いたあとで、厠の中のもとの身体へ戻ろうとしている。しかし、自分はもうそこにはいない。それで「早くどうかしなければいけない」。

(15)この猫は失踪したノラのことだが「輪舞する病魔」と題して、身辺の病魔や宮城道雄の死について語った文章のしめくくりに置かれた感想である。猫の出入りのたびに人が死ぬ。

(16)「しんとした窓の外の、どこか遠くの方で、何だかわからない物音がする。ことりと云ふただ一つの物音が……眞直ぐに私の耳に飛んで来る」(「昇天」I・七三頁)。「時時、小石か小さな土の塊りが、屋根の瓦の上を辷つて廂に落ちて来る音がした」(「南山壽」IV・二一〇頁)。家の中に閉じこもって息をひそめている。外にいるのは借金取りであり、過去であり、あるいは死である。現在の束の間の生の静けさは嵐の前のそれであり、過去や死や、あるいはたんに借金取りの恐ろしさを意識の囲いの外へ放逐している偽りの静けさである。

(17)「日没閉門」(X・三二四頁)

(18)一九三六年六月の『中央公論』所収のさいの表題。のちに『南山壽』に収められたときは「蜻蛉眠る」と改題。

(19)『旅順入城式』所収、作中の「先生」はむろん漱石ではないが、漱石の「追跡恐怖」の焼直しではあるかもしれない。

(20)『プラーグの大学生』シュテラン・ライ監督（ヴェーゲナー主演、一九一三年、日本公開、翌一九一四年）、ヘンリック・ガレーン監督（コンラット・ファイト主演、一九二六年、日本公開同年）、アルトゥール・ロビソン監督（一九三五年、邦訳、秦豊吉）。「映画と想像力」の中で「『カリガリ博士』と同じ系統の物をいくつか見た」（IV・六三頁）と言い、ユゲナーとかファイトとか云々と言うから「プラーグの大学生」も見ているだろう。

(21) 鏡花の「三人の盲の話」（一九一二年）に話柄が似ていることと、この話が百閒的でないことは関わりがあろう。

(22)『日々の泡』（*L'écume des jours*）に、少女の病状にあわせて収縮する部屋の壁が出てくる。一方、「遊就館」の九段坂の棚の上に右手ばかりが立って手首から先が動いているという夢の光景もきわめてシュール的である。

(23)「人は何で生きるか」一九一六年、塚本弘訳『トルストイ民話集』、洛陽堂、他。なお交際のあった米川正夫の全集訳は一九五〇年。百閒と米川は同郷、「文章世界」の投稿者同士でもあり、琴の桑原会の盟友でもある。「南山壽」のころは米川との交際の密なとき。

(24) 最後の第十一章は推敲の過程で削られ、「断章」として別に発表された（『東炎』誌、一九三九年三月）。新しい女が目まいがすると言って寝ている。もとの家に入用なものがあると言うので取りに行ってやるが、途中は出水で大雨の後のようである。女のもとの家は留守で縁側に子供の泥足の跡がついている。そこへ例の新教官があらわれて、いまお宅にうかがって来たがあのままではいけませんでしょうと言う。女は死んでいたのである。縁側の泥足というのは、仏心寺の縁側へ跳びあがった黒犬にも通ずるが、老教官のところにいて、新しい女の引越しとともに暇をとって出ていった女中の連れ子をも思わせる。この女中は老教官のいなくなったあとをつぎつぎに訪れて不気味な言動をする。

新教官は死の告知者、ないしは死神だが、女中の連れ子は、生まれそこなった分身の育ちそこなって子供のままとどまった亡魂の形かもしれない。自己の正嫡性に対する疑いと妄想のひとつの形は追い出された拾い子であり、もうひとつは「女中の子」であろう。一家の中に息をひそめて白い目をしている暗い存在は、作者生家の志保屋でも、つねに「権妻の子」「妾腹の捨子」「どこからか拾われてきた番頭（実はやはり妾腹の庶子）」、「養女（作者の実母）の入婿」といった形で存在していた。そのような、暗い存在におびやかされる一人息子のいわれなき罪障感が、主人公の身辺にその存在を補完し、暗い過去を思い出させるような少年や一寸法師や盲目の音楽師などを配させる。

(25) 地震の日に頼みに行った私学の口を、やはり新教官が兼務の形で奪ってしまう。「この感じの悪い若い男が、事毎に自分の後をつけたり先に廻つたりしてゐる」（IV・二一七頁）。

(26) 新教官は雨の中をやってきたが、女はやはり「夜の雨」があがったばかりで町が「白い水の底」に沈んでいるような時刻に、「不意に烈しい物音がして」一匹の裸馬が目の前をかけ抜けたときに、まるでその馬がどこからかくわえてきてそこにほおりだしていったように、道ばたにころがった形であらわれる。馬は「映像」ではあきらかに死者の骸を運ぶ亡霊馬車の馬であった。

『東京日記』では「植物園裏の小石川原町の通を、夜十一時過ぎになると裸馬が走」るとあり、一種の幻の妖怪として描かれる。その話を聞いて、ある風の吹く日に氷川下のほうへ出ると、「ずつと先の道の真中に新聞紙を丸めた位の大きな紙屑が落ちてゐて、それがあつちへ転がつたりこつちへ転がったり」していたかと思うと、それが「次第に大きくなり、仕舞に龍頭鷁首の頭の様なものが、きりきり舞ひながら、生垣に沿って走って行った」。

「南山壽」で駆け抜けていった馬も、この『東京日記』の馬同様、現実以外の場所から立ちあらわれた妖怪のようで、紙屑がころがって馬になったのが『東京日記』なら、その馬が走り抜けたあとに（紙屑のように）ころがっていた「南山壽」の女は、やはり冥界の馬の化身であってもふしぎはない。

この女が住んでいる家は青い森の中で、耳の聞こえない老婆との二人暮らしはまさに中国の怪談で死女の霊が男をたぶらかそうとする野中の一軒家を思わせる。

女は新教官について「私の方では知つてゐる」と言う。

(27) 子連れの未亡人には、捨てられた女とその子供たちのイメージがあろう。すなわち作者自身が捨てた家庭に対する悔恨の具象的イメージであろう。

(28) 死神との出会いは近代西欧の文脈ではたとえばリラダンの「前兆（Intersigne）」にあきらかに描かれる。深夜、旅人の部屋を訪れて黒いマントを手渡した司祭は、部屋の中をとび回る黒い怪鳥のように想像された。司祭はそのとき、その「死」のマントを旅人に押しつけようとする。しかしすでにしてとりついていた死神は、ほどなくして彼を冥界へ奪いさる。もっともリラダンは、この司祭を必ずしも旅人の分身としては描かなかった。近代的な文脈では、自我分裂の具象的表現としての分身は出しても前近代の寓意的存在である「死神」は、すでに中世において陳腐化するまで描きつくされているためか、めったに文学にその姿をあらわすことはない。（ポーの「赤死病」は中世趣味、すなわちゴシック小説の枠内の作品である）。もちろん、自分の分身を見ることは死の前兆であるという俗信は文学の中でも、たとえばネルヴァルの『オーレリア』にはとりいれられているが、それも分身的登場人物や、分身妄執の描写のさいの注釈として言及されるだけで、背後につきまとう黒い影を自分の過去であり、かつ自分を待ちかまえている死であると認識することは少ない。『オーレリア』冒頭で、深夜、街灯の下に顔蒼ざめ、目の落ち窪んだ女がいるのを見て死の告知だと思う場面も、分身妄想とは多少ずれているだろう。ただし、それに引きつづく夢の中では、ありありと分身を見る）。自分の埋葬の光景を見るという『野火』にあらわれた幻想は、鷗外訳で知られるシュトローブルの「己の埋葬」や、メリメの「煉獄の魂」、あるいはデュマの「自ら語る死者の物語」や「ドン・ベルナルド・ド・ツニガのふしぎな物語」など、近代でもロマネスクな綺譚には数多く登場するが、それらは死や罪の告知、告としての幻であり、分身としての死神ではない。

(29)「土手」(X・二六頁)

(30) 後年の「鶴龜」(一九三九年) には、「鶴は人の目玉が好きであつて、うつかりしてゐると眼をねらはれる」(IV・一七二〜一七三頁) とある。いかにもフロイトの「砂男」論 (不気味なものについて (Das Unheimlich)」) にそのままあてはまりそうな原光景偏執の去勢恐怖を思わせるし、分身妄執には原光景偏執があることとは百閒についても言い得ようがここでは詳説を避ける。詳しくは拙論「日本幻想派の覗きと触覚」に委ねたい (『文学研究の方法』有精堂、一九八四年)。

(31)「古里を思ふ」には、「裏門は大概いつも閉まつてゐた……たまに開いてゐるのを見るといつも見慣れたそこいらの景色が変つて不思議な気持がした」(VI・一一四頁) とある。閉まっているはずの扉が開いているのは、「死神が扉を押さへてゐるからだ」と「東海道刈谷駅」なら言うだろう。

(32) 一九六一年の「沙美の苔岩」は、「水で死ぬ」と言った易者の言から語りおこして、幼少年期の水の恐怖をいくつか連ねてある。その中のひとつに、貸しボートに乗って転覆した話がある。そこでも「暗い水の先に、大川の明るい川波がきらきら光ってゐる」(VI・一一一頁)。死の恐怖は、そのあかるく光る川波の中にあった。もっとも「鶴」の「小さな包みを袂から出して、渡し舟の舷にそつと手を下ろし……」と言う回想は、さらに物語化されたより古い過去につながってゆくだろう。

(33) どこへ行って何をするというあてもない旅である。しかし『阿房列車』が評判になりだしてからは、行く先々に取材陣が待ち構えている。宿では昔の知己や、鉄道関係の人を招んで酒宴を張るのがならいとなっていたが中には好まざる客も押しかけてくる。気散じのはずの旅が、車中や宿で会う人の顔を思いうかべると憂鬱になることもある。どんなに追いはらい、ふりまいて逃げだしてもついてくるものもいる。松江では無理矢理押しかけてきた取材陣の中に「一人、何だか見覚えのある様な顔がゐた。……話しを終つて席を立つ時、みんなに會釋をした目が、またその顔にぶつかつた」(VII・三二六頁)。部屋に引きあげると「女中が来て、鷹接間にまだだれかると云ふ」。行って見ると「さつき顔に見覚えがあると思つた男の様だが、様子が違ふ」。

見覚えがあるというのは自分の顔というのではなかろうか。何となく気持ちがちぐはぐで黙っていると、一旦、その「幻」は消えたようである。しかし部屋に戻って酒を飲みだすと妙な気配がする。現実にはどこまでもつきまとい、のぞきこもうとする記者なのかもしれないし、相手にしたくない不愉快な客なのかもしれない。しかしそれを「狐」と表現すると、にわかに宿命的な追跡者か、超自然的な敵対者のような相貌が生じてくる。
(34) 猿はこの文章の書き出しにも登場する。「蚊帳の裾から、きたない猿が這入つて来て、寝巻を引っ張った」(Ⅶ・三三三頁)。旅立ちの前の夢にはいりこんだ猿は、旅先の宿の夢にも顔を出す。「寝床の足許の所を、猿だか坊だかよく解らないが、這ひ廻って何かしてゐる様で、段段に呼吸が苦しくなった」(Ⅶ・三四五頁)。旅の列車は猿の名所、高崎山の麓を通ったが、列車に乗るたびに乗り合わせて悪夢のさきがけをする男は、そこの猿よりも「東京を立つ朝の猿に似てゐる」(Ⅶ・三七五頁)。それが硝子戸からのぞいて、中にはいりこんでのしかかるのは、忘れたつもりの、思いだしてはいけない過去の亡霊である。その「過去」は「猿、猿と云ひなさるが／その身になって御覧なさい／のぼせて、いらいらして／毛は生えてゐるし、方方が痒くて……」(Ⅶ・三七七頁)と言うからには「蚤に小丸」などで描いた、少年時代の性の目覚めの「のぼせて、いらいらし」た気分にそのまま通ずる感覚である。旅は高崎山の麓を通る前に故郷の岡山を通過した。岡山には当然思い出があるが、思いだしたくないこともあってと言うのか、あえてそこでは下りなかった。何の気なしにぶらりと出たつもりの旅が、思いがけずも過去をほり起こす旅になつて、昔の故郷の町での、少年の日々の動物じみた「春機動期」の生ぐさい、不愉快な思い出をかきたてるのではあるまいか。高橋義孝はこの文章を引いて「幻想と写実とユーモアとが渾然として一体を成してゐる」(Ⅰ・五五六頁、解説)と評するが、過去の妄執が若い日の旅寝の不安にはいりこんで下りなかった故郷の町へ無理矢理引きずってゆくその先には、百間川の狐花の咲く土手があって、さらにそのむこうは、人の魂が獣の形でうごめいている世界があるとするのなら、これをもってして「ユーモア」とばかりは言っていられない。『阿房列車』の旅はことごとく、この世の見おさめの旅であり、そこには狐や猿や鶴や犬が、過去からの使者のようにつきまとう。東京の住みなれた「家」を出て、自分の意志ではどうしようもない列車の進行に身を委ねたときから、作者の幻の冥界行がはじまるのであり、そこにあらわれる小動物は、旅の手引きをする過去の自分自身の亡霊なのではあるまいか。
(35) 「作文管見」と題する講演で、作者は「私の庭に葉蘭がある。その葉蘭の葉を叙述しようと思ふ。その叙事文に、私は文章の上の一つの方法として、檻に還入った狐が縁の下にて夜分になるとそれががたがた暴れる。さう云ふ事を書いた方が葉蘭を描写する上に適当だと思つたとする。さうしてそれを試みた」(Ⅳ・四一〇頁)と言う。
　しかし身辺の小動物は作者にとって親しい存在である。幼い日の思い出としては見世物の「雷獣」と称するいたちのようなものを棒でいじめていじめ殺したという話がある(「狭筵」Ⅰ・一三一～一三六頁)。その得体のしれない獣は薄暗い裏庭の地面に置かれた檻の中にはいっていて、目だけきらきらと光らせていた。それをわけもなくいじめたと言うのも、心中の名づけえぬ憂悶を散ずるためだったのであり、「雷獣」自体が、彼の心中の「獣」であったとも考えられる。彼の心の中にもそんな暗い檻があって、その中に得体のしれない獣が目を光らせている。

(36) 夕方から一人で酒を飲んでいるといつのまにか女が来て前に坐っている。その女がどこかで見た覚えがあると思ったら目白新坂の女だった、と言うのは「列車寝台の猿」などと同じ想像の筋道で、しかし目をさますと女は消えていて、ただ匂いだけがする。外を見ると藤の花が光っていると言うので、これも作者に言わせれば、藤の花を描くために、いもしない女を持ちだしたのだと言うことになろうが、逆に葉蘭も藤も、心の中の無意識の縁側の下にいる獣を描き出すための工夫なのだとも言いえよう。

(37) 寝ているとふいに女の悲鳴が聞こえる。あたりを見回して、何事もないのでまた寝ると、もう一度頭の上で叫び声がする。外を見ると屋根の上に五位鷺がいる。物をなげつけると鳥は一声ぎゃっと鳴いて飛んでゆく。するとその鳥の遠ざかる姿を見送ってゐた私の喉から、不意にぎやつとが出た」(I・一五四頁)。

最初の叫びは、夢に女を殺した声であろうと思う。最後の叫び声は、声が鳥のものではなく、やはり彼自身のものであった。あるいは鳥が分身であったことをあかしているようである。過去の悔恨の叫び声である。過去に追われているものの悪夢である。女を殺したもう一人の自分が追われる夢を見て悲鳴をあげている。屋根の上の五位鷺は、そんな心中の恐怖を描く口実である。

(38) 写生説に諸派ありといえども、その本質はやはり茂吉の言う「實相觀入」にあろう。「自然を歌のは性命を自然に投射するのである」(「源賓朝雑記」一九一六年)「写生とは實相觀入に縁つて生を写すの謂である」(「写生といふ事」一九一七年)。

(39) 百閒の本質を「俳諧味」と評するのはほぼ通説であろうが、その俳諧味とはすなわち漱石の言う「俳味」であり、あるいは「低徊趣味」であってつまりは写生である。百聞は少年のころの花袋の『文章世界』時代から、まさに俳諧的写生文をこころがけていたのであって、その「写生」とは、「意(こころ)」を写す写生であった。すなわち「意」を写すに必要のないものは「取捨選択」し、あるいは抽象化(単純化)することも辞さないばかりか、描写の真実のためには虚構をもむしろ積極的にとりいれる「実在しないもの」の写生にまで至ることをよしとするものであった。そうなればたとえば茂吉においてもみられるように、その「写生」は「象徴的、神秘的」になり、西欧のNaturalismeよりは当然Symbolismeに近づくものであったが、百閒の場合には、さらに一時代前のドイツロマン派の幻想を思わせるものがあって、猫の配置などはきわめてホフマネスクであるのだが、独文学を専攻しホフマンはいくつか翻訳を手がけたことのある彼が、そのホフマンの幻想にはほとんど不案内であったことは川村二郎氏もその『内田百閒論』(福武書店、一九八三年)の中で指摘しているとおりである。

(40) その筋をたどるなら、たとえば「自分は笑ってゐるつもりであったが、人にはもう一つの心の底の、自分ではつきり解らない気持が目に見えるのか知らと思った」と言う「残月」などはまさに「書かれざる分身」の「氣配」を描きつくした名品であろうかもしれない。晴眼者なら、傍らにもう一人の自分が立つのを見れば目を疑う。あるいは、本当はそこに己れの分身がいるのに、異相の外見にたぶらかされて安心している。目が見えなければそのような感覚の誤まる可能性がそれだけ少なくなり、常人には「見えない」ものも、かえって見えてくるかもしれない。「さてさて目明きは」である。「うつつにその人がゐるとしても、その人の姿も顔も見る事は出来ないのであるから、ゐない人を見るつもりになっても同じ事ではないか」。逆に、夢の中ではいまはなき人にめぐりあう。そこではもしかすると、亡者の姿が見えるのかもしれない。夢の世界は形象で満たされ、目覚めた世界は闇にとざされている。そんな存在しないものの形のあらわれる盲者の夢の中に、もう一人の彼もまた楽しげに亡者たちと語りあっているのではなかろうか。その形ある夢の世界でもう一人の彼が三木さんや伊進に会っているがために、うつつの世界では、彼はそれら親しいものたちからへだてられてしまうのかもしれない。いずれにしても夢は過去や前世と晴眼者における以上に自由にまざりあうようである。「今自分の聞いているその前の記憶と云ふのは、ついさつきの居睡りの続きであった」。夢とうつつは、晴眼者のようにはっきりと切り離されず、ただそのふたつの世界にふたつの意識があることばかりはたしかなら、そのふたつの意識は、「見えない分身」同士となつて、彼の存在を奪いあうのである。「残月」において、百閒は失われた自己の統一に到達するのではない。失われた統一の、その分裂の姿は唯一の人物の中に明確に見えたのである。

(三) 岡本かの子、三島由紀夫、遠藤周作

(1) 本論文の一では鷗外、『野火』、梶井、『幻化』、『月は東に』(安岡)を、その二では、太宰、英光にふれつつ主として百閒の場合を論じた。

(2) ホッグ『悪の誘惑』JamesHogg: *The Private Memoirsand Confessions of Justified Sinner*, 1837 (First edition, 1824) から、ジュリアン・グリーン『地上の旅人』Julien Green: *Le Voyageur sur la terre*. N.R.F., 1926 に至る「神学的分身文学」に唯一者の影はきわめて濃厚である。なお「西欧の一九世紀は〈神の死〉の時代であった」(柏原啓一「〈神の死〉に立合った人びと」『神観念の比較文化論的研究』講談社、一九八一年、一三四五頁)という見方が一般的であるが、神は死んでも、神概念は存在しつづけた。神の〈影〉の意識はむしろ十九世紀西欧文学の中心と言ってもいい。

(3) 高橋英夫氏の「幻想」の規定は、現在のフランス幻想文学理

論のそれとは異る。

(4) 十八世紀フランスにおいてもルソー以外に、いわゆる「自我」の追及が文学的主題になりえたかどうか疑わしいが、十九世紀も後半になるとむしろ没個性の「客観性」が第一に主張されるようになる。

(5) 「明治の初め、文明開花のシンボルのように見られた断髪や洋服も、あるいは……鹿鳴館の舞踏会でさえ、西洋では近代以前のずっと昔からやっていたことであって、近代化とは本来なんの関係もない」(山中光一「日本近代文学における『向う側』成立の条件」『文学における「向う側」』明治書院、一九八五年、二一八頁)。蘭学はかなりに西欧を理解していたが、侵略主義の宣教師によって教えこまれた切支丹信仰には西欧はなく、維新後のアメリカプロテスタンティズムにも西欧はなかった。

(6) 島田が主人公の「父」であることは象徴的だろう。〈貧しい縁者〉のテーマは西欧でも存在するし、家族間の葛藤はつねに文学にとりあげられるが、たとえば『悪の誘惑』では、腹ちがいの兄弟や実父と父のからみあいが表面に出ていながら、真の分身は内心の敵の外在化として、より観念的な「悪」の人格としてどこからともなく登場する。

(7) 佐藤泰正氏は『門』にふれて、「本源的なる罪意識の不在、宗教性の欠如をえぐり出さんとする」(『罪と変容』笠間書院、一九七九年、三〇頁)と言うが、「罪」を規定する超越的な論理が、主人公以上に作者によってもここではまだ見えていないことは、「門の下に立ち竦んで、日の暮れるのを待つ」という有名なせりふによってもあきらかであろう。

それに対してたしかに『道草』四十八章では島田を目の前にして「神」という観念に行きあたったかもしれないが、これを佐藤氏にならって「〈神〉の顕現」の場と呼ぶことはためらわれる。

(8) たとえば伊藤整の『発掘』がある。「幽鬼の街」の幻想性を出発点に持っているこの作者はやはり最初期の「性格の層」でも「分身」という言葉を使っていた(「亮太は自分が鵜藤の一分身になったやうな……」)。その語は『発掘』では使われないが、出世をとげた学者の前にある日突然立ち現われた落とし子は、もう一人の過去の亡霊「島田」である。

ここで、島田が父という父性的存在であり、理一が圭三の私生子という子性的存在であることは、このふたりのケースを必ずしも対照的にはしない。むしろ、双方ともを平行的分身ではなくタテ型分身の系の中に置くものだ。

理一は父に捨てられて拾い子となり養子となるが、このあたり、養父、養子、まま母、あるいは兄嫁との関係まで含めた、日本的家族制度の中の歪みの構図が日本的分身妄執の発生源のひとつであることはたしかである。その場合はタテ型分身ではなく、僭主的、替玉的(カプグラ型)平行分身である。

しかしそれでも、それは、自己同一性をめぐってわたりあう分身同士ではなく、理一は永遠の影法師でしかない。松林という友への引立役、黒子、「彼の設定したからくり人形にすぎない。彼は松林が与えてくれる女と寝る。松林の女には羨望を抱いても指をくわえているだけで、奪いとろうともしない。

生きようという積極的な意志、そしてそれと同じことでしかない自分自身であろうとする強い意志がないのだ。自分はだれなのかという問いがない。

「おれはこの家にゐる。しかし、本当はこの家にゐるべき人間ではない。おれはどこか別なところで、ちがった人間を父と母に持ち、もつと違った生活をしてゐる筈だった」（全集X・二頁、一九七二年）という独白は、彼のかわりに表舞台に立っている松林、彼を拾った父、あるいは彼のかわりにあらゆる権力を所有している社会機構には向けられず、ただの幼い「ファミリーエン・ロマン」の夢想にとどまる。

「捨子」というすすぐれてドストエフスキー的な構図の中にいる人物が少しもドストエフスキー的な個人と父性社会へあつれきのドラマをつむぎださない。「私はだれなのか」という問いが結局はないのだ。自分を父殺しによって証明する必要がない。「私小説」の伝統で一番欠けているのが、この「私」に対する疑問である。

「私」を問いかけても逆に主体が欠如する場合がある。「影」のみがあって、主体がない。山崎正和が『世阿彌』で描いた「影」の存在、それがドラマの主人公になるということはバルザックからドストエフスキーに至る人物世界ではありえないことだ。世紀末のジャン・ロラン描く「仮面の孔」でも、「無」は主人公にはなりえない。アンデルセンの「影」は主人公の人格を乗っとってしまう。しかし世阿彌は影であり、無であるまま終る。主体に対する「影の反乱」はおこらない。

「影」を自覚しても、それを人間の二重性として、主体の存在を脅かさないものにするなら同じことだ。その例として伊藤整の作品で『泉』がある。妻に隠れて酒場の女と交渉を持とうとする大学教授に対して、その現場を覗き見た学生は「島田」的追跡者として描かれる。「あの青年は、おれをつけまわし、どこでどういう失敗をするか、どういう行為をするか調べて歩いてゐるだらう」（全集Ⅷ、四九三頁）、「意地悪い目を光らせながら、どこかおれの近くにひそんでゐる」（四九四頁）。

しかし教授は、その青年の警告によって、自分の中の醜い二重人格の姿を認識すると、人間は二重なのだと言って言い逃れ、さらにもう一歩踏みこんで自己を分析するかわりに、「零からの出発」をすると称して、卑小な家庭生活の中へ逃げこんでしまう。

「人間は二重だ」という認識がまさに「分身小説」を不可能にする、不合理なものの合理化の努力の詭弁であることをこの小説はあきらかにしている。

「人間性の中には、善を行いたいという願いとともに、悪にひきつけられる強い行動がある」(五〇三頁)と教授が言うと、彼を追及するはずの青年があっさりとその説に同意して分身同士の対決が、似たもの同士のなれあいになってしまう。

遠藤周作の『スキャンダル』でも、作家の二重生活を追及するジャーナリストの告発は人間の二重性の自覚を作家によびおこすだけで終る。人間は唯一で、その全行動に責任をもたねばならず、そのためにも、無意識の行動や隠れた欲望も洗い出して、そのすべてが自分なのだと認識すること、神の前での全的自我の責任敢取の努力と、それに対する分身の嘲笑とが、二重性の肯定の前には薄れ後退する。

それは日本文学全体における「罪」の意識の弱さから来るのかもしれない。「罪」を意識することにおいて激しかった藤村においても、「罪悪感そのものを更に突き放して客観するもう一つの分身の欠如が、あの韜晦の原因」と亀井勝一郎は『新生』について評する(全集V・一一〇頁)。

(9) これは『遊魂』について言うのであって、凄惨と言ってもいい『女面』についてはあてはまらないかもしれない。しかし、たとえば「悪」の化身とも言いうる栂尾八重子と、その人形遣いにあやつられる泰子との関係も、同一人格の共有というところまでは行かない。

(10) 「かの子は……語るべくして語らない憾みを置残して死んだ夥しい家霊の言葉を代弁する巫女であった」と批評する円地文子の評言(『近代女流文学』有精堂、一九八三年、一六頁)はさらに「かの子ほどその執着に纏綿し、血統の呪縛の中で自我を大に太らせた作家もいないであらう」とつづけ「近代の社会構造の中では、止むを得ず縮小され変形されなければならない個人の自我が癌細胞のやうに無際限にひろがって、大きく花咲いたのがかの子である」とみごとに要約する。家霊と自我主張、それがぶつかりあうところに、かの子の分身文学が成立する。

なお、以下の引用は冬樹社版全集により、数字は巻、頁を示す。

(11) 山岳神話はもちろん原初的な自然崇拝に端を発する。しかし万葉においてさえすでにその自然は擬人化され、人間化されてきている。風土記レベルでは神々は国の神として「地上的な性格をあらわにし……神話がすでにそれ自体かなり本来の原始的宗教性から脱皮し、豪族時代の文化社会的意識を急速に反映しつつ、極端に人間化していく」(西田正好『日本文学の自然観』創元社、一九七二年、三〇頁)。

原初的宗教感情は宇宙論的宗教体系に集合される前に風土記的伝説レベルで人間化される。仏教の伝来は、無常観という解釈体系を導入し、直接的自然仰の念の発露を禁じようとする。そのような仏教的解釈体系を美的に援用したものが自然そのものではなく、四季の「うつろい」という変化の相の詠嘆表現であり、「もののあはれ」の美学であった。しかし、仏教伝来の歴史は真言密教の法布をもって第二の段階を迎える。ここにおいて、神仏習合観の発達とあわせて、山岳宗教、霊山信仰が復活して、「天地大自然を仏教の示現と見て尊崇する……自然聖体視」（前出書、一〇七頁）がおこる。かの子の仏教的自然観はそのレベルのものであろう（「仏教を自分流につくりかへる教祖的ミスチシズムの方がかの子には濃かったのではないか。その意味でかの子は真言密教に一番近い人だ」円地、前出書、一六頁）。

（12）もとは老翁もその子供たちも人間である。しかし「山のことにかけては何事でも暗んじてゐるこどもを、麓の土民たちはその山の神と呼んだ」。やがて彼らは「山に冥通を得」て、「山に土民たちの望むことを聴き容れさしてや」（Ⅴ・一八九頁）るようになる。山の行者が山の自然を操作する通力を得るようになる。そして、「老年に及び死を迎へるまへに生命を自然の現象に置き換へる術を學び得」た。かくて彼らは真の「山の神」となる。「離れたときには山と自分と相對した二つとなり、融ずるときには自分を山となし、或は山を自分とする一致ができた」（Ⅴ・一八八頁）。山の精と形との関係は人における魂と肉体との関係にも似ていよう。しかし、ここではその双方はなお形であるのである。「山と山神とは性格も容貌も二つに分のべからざる關係を持つ」（Ⅴ・一九八頁）。もっとも富士はしだいに神さびて、入界を生きながら超越してゆく。彼女は「形よりも影、體よりも光り、姿よりも匂ひ」となる。

（13）死後、一平によって発表されたこの二作（および「富士」）、とりわけ『生々流轉』については、一平による補筆が瀬戸内晴海の指摘（『かの子撩乱』一九六五年、二十二～二十四章）以来、おおむね信じられているようであるが、ここでは作品に主に即して、作者問題にはふれない。「分身」のモチーフは生前発表作でも顕著である。たとえば「丸ノ内草話」に「他人ではない。正しく私だ」（Ⅳ・三〇三頁）といった表現もある。

（14）心理描写や感情表現に自然の風物を援用することは、とりもなおさず、自然そのものの内在的生命や神性の否定であろう。文学史的に言えば近世町人文化における即物主義、自然軽視につながろう。「自然を人物描写のための背景として副次的に活用する人事中心の自然描写法」（西田、前掲書、二二四頁）が、そのころの流行であった。そこへしかし、心像の「写生」理論がおこり、俳諧趣味と心の風景の描写が自我の追及とあわさった近代小説が登場して、世界文学の中ではアナクロニックとも特異とも言える叙景や添景描写（自然へのレファランス）に富んだ一人称的心理小説の盛行を見る。

（15）かの子が描いたものは究極的には「観念」である。しかしその観念を自然の中に見、自然を擬人化し、その擬人化された「神」のよりしろを設定して、その「よりしろ」としての人物がいかにその本質としての「自然」を追及し、それと対決してゆくかを描いた。その一連の操作が観念臭、あるいは説教臭さを消している。「観念を具象化してゆく操作が女史を観念から解放してゐる」（石

川淳「岡本かの子」『近代女流文学』有精堂、一九八三年、六四頁)。

(16) 帰着すべき到達点として、川の流れゆく先の大自然がある。それは「海」といった単一な概念のものではなく、すべてを綜合し、あるいは合体したものである。石川淳がそれを「曼荼羅」と言うのは正鵠を射ていよう。曼荼羅の中の諸仏の一体一体は全体の分身ではない。曼荼羅としての自然の全体像と、それを心に抱懐する人間とが、一対一で対応するのである。そして自然が十全に見えてこないうちは人間は目の前の己れの似姿の不完全さに苛だって自己否認的発作をおこすのだ。しかし、曼荼羅が永遠に諸仏の増殖をくりかえして定まらないなら、そこに「普遍化抽象」の自己像を見ることはできないだろう。未来の綜合は永遠の課題となる。石川淳も言う。「この曼荼羅はどこまで行っても完成することを知らず、いつも遠くのはうに現象の変化と事件の起とのあるべきことを想はせる」(『近代女流文学』既出、六二頁)。

(17)「この肉體を天地に叩きつけて、天地を自分の命令通り動かせる自分の肉體とする。……天地と自分と一枚の肉體となって、そこに金剛不壊の自己を打ち樹てる」というのが白隠の目標だった。「富士」における山の神と山の関係のように、「通力」が自然を支配しうるということは、とりもなおさず、「観念」が実体を支配するということだ。しかし、肉體が実体であるなら富士が観念である。観念としての富士と実体としての富士とが一致したときに、はじめて主体の「分身」が対象として把握される。

(18) "Where the double is, the orphan is never far away, ...the orphan may seve as someone's double." Karl Miller: *Doubles*, p.39. Oxford University Press, 1985.

(19)「食魔」の主人公がぶつかった分身は「闇」であったろうか。「呑むことだけして吐くことを知らない闇。もし人間が、こんな怖ろしい暗くて鈍感無限の消化力のようなものに捉えられたとしたならどうだらう」、「夜はしんしんと更けて、いよいよ深みまさり、粘り濃く潤う闇。無限の食慾をもって降る霰を、下から食い貪り食い貪り飽くことを知らない。……こんな逞しい食慾を鼈四郎はまだかつて知らなかった。死を食い生を吐くものまたかくのごときか」食うことに生をかけ、すっぽんとあだなされた主人公が、食い続けた生のはてに死の間に己が似姿、いな、敵しがたい競争相手を見たのである。

(20)「万有そのものの理想」という「花の姿と形」は、桂子の庭において、「幾百本、幾千本とも数知れない、茎や葉や幹」の集合として、「一つの大花輪」を形成する。そこにはジュル・ロマンの「ユナニミズムの精舎の姿」も、クローデルの「韻致カトリシズムの象徴」も含まれる。花の曼荼羅である。それを彼女は花展において展示館全館を使って表現した。それこそが彼女の存在の投影だった。「桂子それ自身が一つの大きな花體となつて行っている」。

(21) 初期の短篇「軽王子と衣通姫」でも「王子に傅はる天皇御自

らの分身」という表現が用いられたし、晩年の「荒野より」では、たしかに思いがけぬ「分身」の闖入を描いた。はじめての長編『盗賊』は似たもの同士のふたりのカップルを描いた。しかしそれらは大なり小なり、「似たもの同士」であり、「影」と形であって、分身相互の抗争は描かなかった（「内なる二重性や自己分割については、三島は知りすぎるほど知っていた。しかし、いわば二重人同士のからみ合い、互いに食いつぶし合う葛藤とはついに縁がなかった」佐伯彰一、文芸読本『三島由紀夫』河出書房新社、一九七四年）。

(22) たとえば佐伯彰一氏は『日本の私を索めて』（河出書房新社、一九七四年）その他で、この物語の四人の主人公を分身同士であると繰り返している。しかしそれはまさに、かの子の言う「三面の鏡に映る三つの」顔であり、ひとつの人格を人為的に四つに分割してみただけのことでしかない。

(23) 「清顕と本多は、同じ根から出た植物の、まったく別のあらはれとしての花と葉であったかもしれない」『春の雪』。

(24) 一般にキチジローは作者の分身と言われ、作者自ら、自分の弱さを具現するものと言うが（『基督教文化研究所年報』12、一九八〇年、宮城学院女子大学）また「同伴者」という言い方も避けてはいない。弱さの戯画としてのみじめな同伴者の影を投影させる意識は、遠藤周作にとって、彼の神をその反対側の光源に暗黙のうちに据えさせているだろう。

なお、神学体系によって明確に説明されるものであれば、「分身」とい説明不可能なものではありえないが、遠藤の人物は、イエスでさえ、非神学的であり、それゆえに文学的人物たりえている。

(25) 『中央公論』一九五七年九月号、宇野千代との対談他。「もう一人小児麻痺の三島がいて、……家の納屋の中に閉じ込められて……」。

(26) 『他人の顔』では、自分が他人になりかわる「物語」は描かれても、他人が自分の存在を脅かしに来ることは最終章で暗示されるにとどまる。変身、化粧、仮面、替玉、あるいは蒸発、自己喪失、記憶喪失等、すべて、類分身テーマであっても、分身そのものではないことはすでに述べたとおりである。

(27) 水上勉の『金閣炎上』ほど、主人公の孤児性は強調はされていない。しかし、姓名が名指される回数はきわめて少ない。

(28) 金閣は自己主張をしようとするときの言語障害の象徴とも考えられる。しかし、その言語障害も一般に考えられているほど作者は大きなファクターとはしていない。むしろ覗き偏執のほうが大きくとりあげられている。言語の問題も性的不能も、「覗き」に対する去勢処罰と考えられる。すなわち去勢脅迫者としての父性的存在が「金閣」として、欲望の対象の前に立ちふさがる。「金閣とは『天皇』ではないか」という大木英夫の指摘も、三島の文脈で「天皇」という観念を父性存在の究極とするとき至当であると思われる（「神の死の神学」『ユリイカ』一九七六年十月、六八頁)。それは金閣を超自我と見る磯田光一(『殉教の美学』)においても同じことである。

いずれにしても「金閣とは美である」と言うよりは、「金閣とは父であり、人生の障害である」と言うほうが、小説の筋には合致する。それが美となるのは禁じられた覗きや欲望の対象としてである。

(29)「私が人生で最初にぶつかった難問は、美といふことだった」という表現が多くの評者をつまずかせ、「美」の問題に盲いて「私」のそれを見えなくしている。しかし、「美」は追求しなくともそこに存在している。問題は、美が存在しているなら「私」はどこにあるのかということになる。「私という存在は、美から疎外されたものなのだ」。その疎外された形、ありようをさぐらねばならない。
「この世のどこかに、まだ私の知らない使命が私を待ってゐるやうな気がした」。

(30)『私』と金閣との関係は、そのまま自己対世界の関係である」(野口武彦『三島由紀夫』角川書店、一九八〇年、三〇一頁)。この「世界」とは自己内の世界像の意であろう。内的自我と外的自我、否、見るものと見られるものの、それは関係でもあろう。田中美代子が、逆に主人公は「営々孜々と自分だけの観念の金閣寺の建設に従事する」(同前、一四〇頁)と言うのも従って正しいが、いずれも、金閣が観念内の構築物であるとともに主人公を外側から規定する型枠でもあり、超自我でもあることは見落している。

(31)ホフマン『悪魔の妙薬』I部三章、Hoffmann: *Die Elixiere des Teufels.*『金閣寺』の主人公が金閣に向かって、「いつかきっとお前を支配してやる。二度と私の邪魔をしに来ないやうに、いつかは必ずお前をわがものにしてやる」と言うとき、そのホフマン的分身性はきわだってくる。ただし「つきまとう悔恨」としてのヘルモーゲンとつきまとわれるメダルドゥスの関係は溝口と金閣のあいだにはない。(もっとも「金閣はあのエウリュディケーさながら……」二章、という箇所もある。エウリュディケー、すなわち、つきまとう悔恨である)。

(32)その点、『他人の顔』では保留された分身性が「壁」ではかなりな点まで認められよう。名刺とか、名前というものが一人立ちしてゆという「寓話」は、「影」の離脱の物語とそうちがうものではない。

(33)Antonin Artaud: *Suppots et Supplications.* Gallimard 1978.

(34)普通は女をなかだちにして、それを争うライバル分身が派生する。しかし、この場合には問題はいささか微妙である。女を所有しようとするときに立ちふさがる障害としての「金閣」は、性愛の対象が目前の女とは別なもの、別な方向にあることを指し示す指標のように思われる。それは前世で見た「比いない壮烈な夕焼け」であるかもしれないし、有為子の幻かもしれないが、いずれも現実の女性ではなく、性愛の観念であったろう。その観念はむしろ『仮面の告白』における聖セバスチャンの「薄暮の背景の前に置かれて輝いていた」「白い比いない裸体」（第二章）に近いものではあるまいか。貧しい現実（の肉体）に直面したときに幻の荘厳が立ちふさがって幻滅を与えるという図式ははじめて金閣を見たときにすでに報告されている。現実の金閣はただの貧弱な建物だ。幻の金閣（あるいはそう呼ぶところの観念）は性の歓喜と生の充溢とをあらわすようなものだ。それは『仮面の告白』で「私の内部から暗い輝やかしいものの足早に攻め昇って来る気配が感じられた」というそれであろう。

　完全な歓喜は内部から金閣的なものが攻め昇ってきてあふれだし、彼を包みこむときに実現される。しかしそれを現実の女に、現実の金閣に、あるいは現実の生の中に、外的なものとして求めようとするときに、内なる金閣が外なる障害物となって立ちはだかり、自己が分裂してしまう。そこでその外在化した自己としての「金閣」をいかにして自分の中にとりこむか、あるいは破壊しつくすかが、自己実現のための最大の課題になる。

（35）田中美代子は『金閣寺』の「美」を「『倫理』の裏付けを欠いて独りあるきする……『悪』……」（『三島由紀夫』角川書店、一九八〇年、一四〇頁）と見、そこには「人々を魅し、人々を迷わせてやまぬ……魔的な力」があると言い、野口武彦も「『金閣』の動機《モチーフ》は『悪』の動機《モチーフ》に転換され」る（同書、三〇一頁）と言うが、ここはむしろ悪魔的な「悪」の顕現の場であると考えたい。負のエピファニーである。女性的な陰画としての金閣は、悪魔的な分身像のもとにあらわれる。

（36）奥町健男は「『海の蠱惑』は彼を特殊な浪曼的雰囲気に酔わせるらしい。海は神秘的な宿命の力の象徴であり、死であり、かくされた無意識の憧憬で」あると言う。（『三島由紀夫』有精堂、一九七二年、三六頁）ここでも海が帰るべき方向を指し示していたことはまちがいない。そしてその原郷には、悪と死があったというのが主人公の発見なのである。

（37）作者自身、先のところで「池は海の象徴を思わせた」（第一章）と語っている。その海の上を「金閣はおびただしい夜を渡って来た」。池とそのほとりの貧弱な建物が海と永遠との象徴になるのは夜の闇の中であり、闇の中に船出する船は、死者の船、亡霊船でもあるだろう。

（38）ここで柳田国男以来の妖怪と幽霊の区別を考えることも許されよう。まず妖怪は「化けもの屋敷」というようなひとつの「場所」にあらわれ、幽霊は、場所を選ばず特定の人にとりついて、どこまでもついてまわる。逆に妖怪は「人々の共通心理にもとづいた、幻覚とか幻聴から説明されてくる」（宮田登『妖怪の民俗学』岩波書店、一九八五年、一七頁）鏡花の類分身的幻像は、妖怪型の場所（地妖）に結びついた怪談である。『眉隠しの霊』他）。それに対して『真景累ヶ淵』や『蔦紅葉雨宇津谷』などの怨霊は人についてどこまで行ってもつきまとう。しかしそこでも「累ヶ淵」

や「宇津谷峠」という妖怪の出る場所で、亡霊は逃げるものを待ちかまえている。『日本の幽霊』で「場所に出る妖怪」につづいて「人を目指す幽霊」を分析した池田弥三郎も、その典型例たる六条御息所の怨霊を「家につく怨霊」であると結論する。もちろん浮遊する霊魂はいくらでもあった。しかしそれが形をなし、かつ人にとりつくためには、「家」の構造や特定の風景のシンボリスムが必要であった。風景や「家」という枠をとりはずした観念的な個我の認識は薄弱で、であれば、そのような人間そのものにとりつく漂泊性の幽霊は少なく、とりわけその幽霊の要求が社会的自己同一性の獲得であることは稀であったろう。「神」ですら、家系の祖霊か、自然の中にいきづく地霊以外の観念的絶対神ではありえなかったのが日本的思惟の風土ではなかったろうか。

(39) 三島から遠藤に移るにあたっては「白い人」と「金閣寺」の近似性について注目しておきたい。斜視の主人公と醜貌の神学生の相互被虐的な関係は柏木と溝口のそれに近い。主人公のアラブ少年との情事はジッドの、そのサディスムはサドの模倣であろうが、『仮面の告白』のそれらとも軌を一にする。戦争や嵐や放火といった破壊的な世界の相でのみ生の充溢を感じる感情は「白い人」の行動も説明する。「白い人」の最後も「夜空を無限に焦がす」火に包まれる。その火は女学生を凌辱し、神学生を死へ追いやった主人公の内心の狂おしい欲望に一致していた。主人公は神学生のうちに体現され、そして彼を疎外していた「十字架」の幻影、「処女の幻影」を打ちこわし、踏みにじるために鞭をふるった。「十字架」を「金閣」に置きかえて、犠牲者と加害者を入れかえれば二つの作品はほとんど同じになる。ちなみに「白い人」は一九五五年、『金閣寺』はその翌年の発表である。

(40) 先に述べたように、作者はキチジローのほうに自己を投影していると自らも述べているが、ロドリゴとくらべるとキチジローのほうがはるかに「強く」かつ執拗である。江戸までロドリゴにつきまとって彼を「悩ませ」るのは作者をはじめとする並の人間のすることではない。キチジローの汚なさ、破廉恥さ、「無私性」には人間をこえたものがある。それに対してロドリゴははるかに並の人間性をそなえている。

ちなみに『死海のほとり』のイエスの影について上総英郎の言う「無力者にはなし得ない徹底的な同伴」(『遠藤周作の研究』実業之日本社、一九七九年、九三頁)はキチジローについても言いうるであろう。

(41) ここでは「悪」はむしろ「ユダ」と言うべきであろう。銀三十枚のためにキリストを売った男。その行為をしかし『沈黙』以後の作者は、絶対的な「悪」とはもはや断罪しない。むしろそれは弱いものの愛情表現であるかのように語る。しかしロドリゴが「神の声」として自己正当化の言い訳の幻聴を聞くまでは、弱さは「悪」であったはずだ。

それにしても作者は、その「踏むがいい」という「悪魔のささやき」を本当に慈愛の神の言葉と信じているのだろうか？　作者がいたるところで、半ば江藤淳の母性宗教説にこれさいわいとよりかかって偽悪的に）広言しているのは、これもまた彼の性の悪いいたずら、自己韜晦ではないのだろうか？

石丸晶子が「〈悪〉が現実のものとして行為されているその最中、ふと〈私〉の心に忍び寄ってくる一つの影を遠藤は追求せんとする」（『罪と変容』笠間書房、一九七九年、一五八頁）と指摘するところは、はたして「白い人」から『海と毒薬』までのサイクルにしかあてはまらないのだろうか。ロドリゴは弱い作者の心の投影であり、そこにつきまとうキチジローはアンチクリストとしての誘惑者ではあるまいか。それもキリストという観念「影」であるとしても、その影は映像としての形ではなく、対立像としての暗影ではないだろうか。キチジローを「負のエピファニー」としてとらえるときにおいてのみ、分身像の追求としての本論の中に彼の位置はあるのである。
（42）高橋たか子は「ロドリゴ対キチジローは、キリスト対ユダの関係に擬せられて最初あらわれる、……まるでキチジローが、ロドリゴの影であるか　のように……だがやがてロドリゴはその形と同化してゆく」と言う（『椎名麟三、遠藤周作』角川書店、一九六三年、四一三頁）。しかし、ロドリゴが自らをキリストになぞらえているときにはユダとして認識されたキチジロ1は、しだいにロドリゴを支配するより大きな力になってゆく。そもそもキリストに自らをなぞらえることが若いロドリゴの思いあがりであった。それが試練を経たのちにしだいにその幻が裏返しの形で彼にとりついてくる。ちなみにロドリゴははじめは少しもキリストを知らなかった。キリストを知らずしてキリスト教を教えひろめようとして来た。その迷妄、ないし「罪」が踏絵という自己否認（神の否認ではない）の行為によって明確になる。そののちにはじめて彼はキリストを知りはじめる。しかしそれは罪に堕ちた一キリスト者としてであって、宣教者としてではない。
（43）西欧を捨てて日本人になったと言うことは西欧の宣教師が、日本的な宣教師になったと言う意味ではない。一キリスト者としてならば、きわめて困難な状況で形式的な踏絵をすることもあるいは許されるかもしれない。しかし宣教師としては棄教の罪はいかなる状況下でも軽くない。すくなくとも棄教ののちにも宣教師としてとどまることは論理的にもありえない。
（44）Marguerite Yourcenar: *Mishima ou la visiou du vide*, p.36, Gallimard,1980. 彼女は金閣が愛の対象から憎しみの対象に転化し、敵となると言って、そこで「自分自身に」と付け加える。そのすべてを西欧のロマン主義なら珍しくないことと評する。この「観念小説」は彼女にはそれほどの傑作とは見えなかったようである。観念の構築には西欧のありふれた小説の構造を、愛の情念が破壊に至るところにはロマン主義を、そして、分身観には仏教観を見てしまったのならそうだろう。

(45) 永藤武はゲーテについて「彼は罪の何たる乎を知らなかった」と評した内村鑑三の言を引いて、「もし内村をして今に語らしめるならば、おそらく遠藤に向かっても同じ批判を発するであろう」(『文学と日本的感情』ペリカン社、一九八三年、二八五頁）と言っている。佐藤泰生も、「彼（ロドリゴ）が余りにも擁護され、彼を否定すべき対立者たち、殉教者の死によっても、弾圧者によっても、決定的に問われていない」ことを指摘する（『椎名麟三、遠藤周作』前出書、四一八頁）。

(46) 大内三郎「日本キリスト教思想における神把握の問題」（『神観念の比較文化論的研究』前出書）参照。

なお、遠藤の場合を含めて、宗教や文化の父性的傾向と母性的傾向については諸論があるが（河合隼雄、松本滋、永藤武、宮野光男他)、自然崇拝を大母信仰に直結することは、自然＝天＝父とする儒教とも、宇宙＝父の傍で「とりなし」の役しかしない聖母を考えるキリスト教（カトリシスム）とも一致しない。

(47) 佐藤泰正はこのような「自然描写」にふれて、「たえず繰り返される蝿の羽音、蝉の声、鶏鳴、舞い上る埃、熱い陽光、神の沈黙への詠嘆的な問いかけ、その絶えざるリフレイン、すべてが読者の情念をゆるやかに刺激しつつ展開し、読者はこの文体のうちにとどまって思惟することは許されぬ」（前出書、四一七〜四一八頁）と、その余計な抒情性を非難する。

しかし、かかる自然描写は日本文学の習である以上に、そのような包擁的自然の中に「神」が遍在することの確認であった。山川草木はすべて「神」ないし「仏」の慈愛によっていきづかされている。その中に「神」がいて、背教者の傷ついた心をもあたたかく見つめている。「踏むがいい」と言ったのは幻聴である。ロドリゴのもうひとつの声である。神はいついかなるときも人の声では語りはしない。それは自然の発する声によってのみ語りかける。あるいは、あらゆる「罪」をあえてとがめずに、「沈黙」によって許容している。そんな読み方さえできなくはないかもしれない。

主な参考文献

カール・ケレーニィ／辻村誠三訳『プロメテウス』法政大学出版局、一九七二年
C・H・セグペン、H・M・クレックレー／川口正吉訳『私という他人』講談社、一九七三年
河合隼雄『影の現象学』思索社、一九七六年
M＝L・フォン・フランツ／氏原寛訳『おとぎ話における影』人文書院、一九八一年
ルネ・ジラール／鈴木晶訳『ドストエフスキー』法政大学出版局、一九八三年
マイケル・グラント、ジョン・ヘイゼル／西田実ほか訳『ギリシア・ローマ神話事典』大修館書店、一九八八年
オットー・ランク／有内嘉宏訳『分身　ドッペルゲンガー』人文書院、一九八八年
クレマン・ロセ／金井裕訳『現実とその分身』法政大学出版局、一九八九年
マイケル・リチャードソン編／柴田元幸・菅原克也訳『ダブル・ダブル』白水社、一九九〇年
桑原知子『もう一人の私』創元社、一九九四年
ジョン・ラッシュ／佐伯順子訳『イメージの博物誌34　双子と分身』平凡社、一九九五年
渡邊正彦「近代文学の分身像」『分身　書物の王国11』国書刊行会、一九九九年
Pierre Brunel, *Dictionnaire des mythes littéraires*. Editions du Rocher, 1988

初出一覧

I　神話にみる分身
書き下ろし
II　神話的文学の分身
書き下ろし
III　分身文学序説
一、泉鏡花における自己像幻視と分身
「鏡花における自己像幻視と分身像」名古屋大学文学部研究論集（文学）、一九八四年
二、近代文学における日本的「分身」像の表現
「近代文学における日本的『分身』像の表現」その一～その三、同上、一九八五～一九八七年

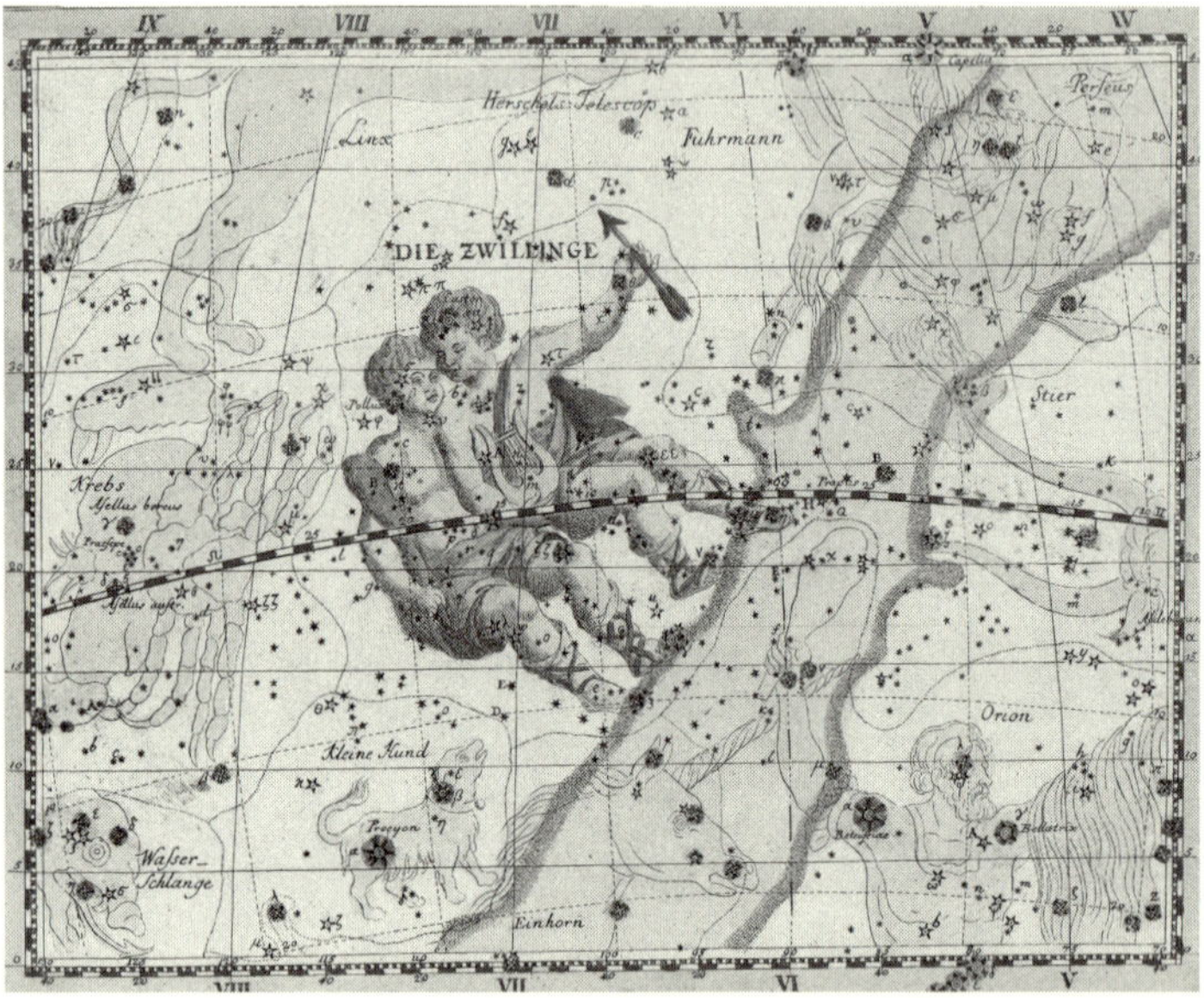

ヨハン・ボーデの星図に描かれた双子座（1805 年）

著者紹介

篠田知和基（しのだ ちわき）

1943年東京生まれ。パリ第8大学文学博士。名古屋大学教授ほかを歴任。比較神話学研究組織 GRMC 主宰。

著書：『幻影の城－ネルヴァルの世界』（思潮社）、『ネルヴァルの生涯と作品－失われた祝祭』（牧神社）、『土手の大浪－百間の怪異』（コーベブックス）、『人狼変身譚』（大修館書店）、『竜蛇神と機織姫』（人文書院）、『日本文化の基本形○△□』『世界神話伝説大事典』〔共編〕『世界神話入門』『フランスの神話と伝承』（勉誠出版）、『空と海の神話学』『魔女と鬼神の神話学』『光と闇の神話学』（楽瑯書院）、『世界動物神話』『世界植物神話』『世界鳥類神話』『世界昆虫神話』『世界魚類神話』『世界風土神話』『世界異界神話』『世界失墜神話』『愛の神話学』『ヨーロッパの形－螺旋の文化史』（八坂書房）、ほか多数。

訳書：ジョルジュ・サンド『フランス田園伝説集』（岩波文庫）、ジャン・レー『新カンタベリー物語』（創元推理文庫）、ジェラール・ド・ネルヴァル『東方の旅』（国書刊行会）、ジェラール・ド・ネルヴァル『オーレリア』『火の娘たち』『ローレライ』（思潮社）、ほか多数。

世界分身神話

2024年 9月25日　初版第1刷発行

著　者　篠田知和基
発行者　八坂立人
印刷・製本　シナノ書籍印刷(株)

発行所　(株)八坂書房
〒101-0064 東京都千代田区神田猿楽町 1-4-11
TEL.03-3293-7975　FAX.03-3293-7977
URL: http://www.yasakashobo.co.jp

ISBN 978-4-89694-369-6